前 言

根据军队院校新的科学文化基础课程设置方案，我们组织编写了这本《世界史要论》教材。本书通过十二章内容，综合考察了不同历史时期各地区、各国、各民族的历史，汲取了当前世界史学界的最新学术动态，阐明了人类历史的发展与演变，揭示了世界历史发展的规律和趋向。在本书编写中，着重体现了军校学员人文素质教育应掌握的基本历史知识，又注重了学员研究性学习与创新能力的培养；在教材体例与框架上，摆脱了其他世界史教材面面俱到、陈陈相因的固有模式，以相互关联、相互承继的章节全面概述了世界历史发展的脉络，并注重了对影响世界历史发展的重大历史事件的研究与阐述，以世界重大历史事件和重要制度、文化为主线，勾勒出世界历史发展不同时期的历史进程。同时，本教材在编写中避免了与“当代世界经济与政治”课程在教学内容上的重复，对1945年以后世界当代史的内容并未涉及。

本书是分工协作和集体合作的成果。罗军、张颖、刘丹任主编，边云霞、华小勇、王喜才、范冲浪任副主编。全书共十二章，经讨论后共同编写提纲，初稿完成后，三名主编对全书进行了统稿，并对部分章节进行了重点修改，最后由罗军定稿。编写分工为：导言：罗军，第一章：刘丹、边云霞，第二章：张颖、华小勇，第三章：王喜才、范冲浪，第四章：边云霞，第五章：张颖，第六章：张颖、华小勇，第七章：边云霞、范冲浪，第八章：边云霞，第九章：罗军，第十章：边云霞，第十一章：刘丹，第十二章：王喜才。

在本书编写过程中，吸收了学术界相关成果，得到了武警工程大学各级领导多方面的指导和帮助，特此致以诚挚的谢意。编写本书曾参阅了相关文献资料，在此谨向作者深表谢忱。

由于水平所限，书中疏漏甚至错误之处在所难免，敬请读者批评指正！

编 者

2015年5月

世界史要论

主　编　罗　军　张　颖　刘　丹
副主编　边云霞　华小勇　王喜才
　　　　范冲浪

西北工業大學出版社

图书在版编目（CIP）数据

世界史要论/罗军，张颖，刘丹主编．—西安：西北工业大学出版社，2015.8(2019.7 重印)
ISBN 978-7-5612-4592-7

Ⅰ.①世… Ⅱ.①罗… ②张… ③刘… Ⅲ.①世界史 Ⅳ.①K1

中国版本图书馆 CIP 数据核字(2015)第 202742 号

出版发行：西北工业大学出版社
通信地址：西安市友谊西路 127 号　　邮编：710072
电　　话：(029)88493844　88491757
网　　址：www.nwpup.com
印 刷 者：陕西奇彩印务有限责任公司
开　　本：787 mm×1 092 mm　1/16
印　　张：14.25
字　　数：279 千字
版　　次：2015 年 9 月第 1 版　　2019 年 7 月第 5 次印刷
定　　价：38.00 元

目　　录

导 言

世界历史，简称世界史，又称人类史，一般是指有人类以来地球上历史的总和。世界历史是历史发展的结果，正如马克思所说："世界史不是过去一直存在的：作为世界史的历史是结果。"人类由彼此隔绝、互不往来的闭塞状态发展为相互依存、全球一体，经历了漫长的变迁过程。作为历史学的一门重要分支学科，世界历史的研究内容就是对人类历史自原始、孤立、分散的人群发展为全世界成一密切联系整体的过程进行系统探讨和阐述，并从世界全局的观点，综合考察各地区、各国、各民族的历史，运用相关学科如文化人类学、考古学的成果，深刻阐明与揭示人类演变的规律和趋向。

虽然世界历史本身早在人类文明出现之前就存在，但人类一直到近代才真正用这个概念来研究和述说世界历史。从古希腊历史学家希罗多德开始，世界史就被认为是"欧洲的历史"。希罗多德认为东方世界是野蛮、专制、落后的代名词，因此只有以古希腊为代表的欧洲社会才拥有真正的历史。这一观念也深深影响着其后西方史学界。18～19 世纪，黑格尔，孔德等人更是在此基础上发展出"西欧中心论"的世界史观。他们认为：世界分为新旧世界，新世界并不属于世界历史的范畴内，因为新世界所发生的种种，仅仅是旧世界的一种回声，是一种外来生活的表现而已，从而将西欧以外的地区排除在世界史之外。"西欧中心论"的世界史观显然不是世界历史真正的客观反映。进入 19 世纪以后，以汤因比、施本格勒为代表的文化形态史观，麦克尼尔、斯塔夫里阿诺斯的全球史观以及沃勒斯坦为代表的现代化史观开始兴起。这些新的世界史观从人类多元文化发展的角度、全球化源动力角度以及人类社会现代化历程变迁的角度对世界历史进程进行归纳，较为全面地体现了世界历史的内容以及发展脉络，并为我国史学界所吸收采纳。

在中国，约从 20 世纪 50 年代初开始，主要由于历史专业的分工，人们习惯于把中国史和世界史对举，几乎把世界历史作为外国历史的代称。实际上，世界历史绝非把中国历史排除在外的域外史，而中国历史也和所有其他国家历史一样，是人类历史发展为世界历史全过程的组成部分。

人类历史发展为世界历史，经历了一个漫长的过程。这个过程包括两个方面：纵向发展方面和横向发展方面。这里说的纵向发展，是指人类物质生产史上不同生产方式的演变和由此引起的不同社会形态的更迭。马克思主义者根据人类社会内部生产力与生产关系基本矛盾的不同性质，把人类历史发展的诸阶段区分为原始公社制、奴隶制、封建制、资本主义制和共产主义制五种生产方式和与之相应的五种社会形态。它们构成一个由低级到高级发展的纵向序列。这个纵向序列并非一个机械的程式，不是所有民族、国家或地区的历史都一无例外地按着这个序列向前发展。有的没有经历某一阶段，有的长期停顿于某一阶段；即使属于同一阶段，其发展形式又往往互有差异。但总的说来，人类历史由低级社会形态向高级社会形态的更迭发展，尽管形式各异，先后不一，这个纵向发展的总的过程，却仍然具有普遍的、规律性的意义。所谓世界历史的横向发展，是指历史由各地区间的相互闭塞到逐步开放，由彼此分散到逐步联系密切，终于发展成为整体的世界历史这一客观过程而言的。在史前时代，处于原始状态的人类以氏族部落或村落为单位，分散地生活在地球的各个点上。在进入农耕和畜牧之后，随着物质生产力的发展，私有财产的形成，一些地区先后出现阶级社会。这就突破了原始氏族部落的极端狭小的孤立状态，开始结成有一定领域范围的国家。在国家与国家之间，地区与地区之间，也开始出现较多的交往，包括和平的和暴力的交往，但各民族、各国、各地区间相对闭塞的状态依然存在。到了15～16世纪，随着"地理大发现"，西方国家的海外殖民扩张，以及世界市场的形成，过去长期存在的各国、各地区、各民族间的闭关自守状态才在越来越大的程度上被打破，整个世界在经济、政治、文化等各方面也才逐步形成为密切联系的、互相依存又互相矛盾的一体。

关于世界历史的分期，至今国内外史学界还没有一致的意见。早在文艺复兴时期，西方就已有了把历史分为"古代""中世纪"和"近代"的说法。这种主要基于欧洲历史的分期，在西方史学界长期沿用。有不少史学家又在三时期之后加上"当代"或"现代"，从而形成四阶段分期法。马克思主义史学也采用此分期法，即把社会形态的更迭作为历史分期的主要依据，将人类历史的发展分为古代时期（人类产生—1500年），近代时期（1500—1900年），现代时期（1900—现在）。其中，古代时期又具体分为上古史和中古史，现代时期可具体分为现代史和当代史。上古史以原始社会和奴隶社会为主要内容；中古史以封建社会为主要内容；近代史以资本主义社会的确立和发展为主要内容；现代史则以资本主义和社会主义社会的平行发展为主要内容。

世界历史发展的第一个时期即古代时期又具体划分为世界上古史和世界中古史，其历史时间分界点是公元5世纪西罗马帝国的灭亡，标志着西欧奴隶制的结束和封建制的开始。世界上古时期，人类社会经历了第一次历史性大变革。具体体现在：生产方式上由狩猎、采集转向种植，人类文明由采集、狩猎文明进入农业文明。在社会组织结构上，人类由原始的群居逐渐向有组织的分工社会进化，从以血缘为基础的家族部落制转向以阶级对立为基础的国家机器制度。这一时期，世界各地形成了其独特的古典文明。在欧洲有古希腊古罗马文明；在北非以及中亚有埃及文明以及两河文明等；在东方有以儒家文化为代表的中古儒教文明以及以佛教为代表的印度文明。上古时期，世界各地区的关系总的来说是分散、独立的，但是星星点点的文明交往也在不断开展，如公元1世纪丝绸之路的建立使中国儒教文明同印度佛教文明以及中亚、西亚文明有了交融点；而公元前325年亚历山大帝国的建立更是标志着东西方文明的第一次融合并使西方世界进入多元文化相交汇的希腊化时代。

公元5世纪以后，世界历史进入世界中古时期。在这一时期，世界各地区文明进一步发展成熟。欧亚大陆自西向东分别形成了基督文明、伊斯兰文明和儒家文明三大板块。人类社会生产力也得到了进一步发展，世界各地区的联系也逐渐加强。而阿拉伯帝国、蒙古帝国、奥斯曼土耳其帝国等横跨欧亚非大陆的大帝国的建立，更是进一步加强了各地区的政治、经济、文化交流。这一时期人类文明的发展，为其后工业文明的到来以及人类社会进入近代时期，做了充足的准备。

世界历史发展的第二时期即世界近代史始于1500年，止于1900年。这一时期，世界发生了翻天覆地的变化，人类文明由农业社会进入工业社会，从前资本主义社会进入资本主义社会，之前相对孤立、封闭的各个地区开始进入相互联系交往更加紧密的新时期。

在这一时期，贯穿人类社会发展的主线是工业革命与工业化时代。开始于14世纪的文艺复兴，将欧洲从中世纪的枷锁中解放出来，使人类高举理性和科学的大旗，激发了人类开拓进取的精神，在思想上为随后到来的工业革命做了充足准备。而16世纪新航路的开辟，将巨大的财富与资本积累起来，为工业革命与工业时代的到来做了充分的物质准备。而随后发生的商业革命、宗教改革、工业革命以及资产阶级革命更是直接推动了人类社会向工业化时代前进的滚滚车轮。

同时，这一时期世界历史发展的另一大特点是不平等性。体现在以欧美为代表的率先进入工业文明时代的地区对落后地区残酷的殖民与掠夺行为，并建立了由欧美资本主义世界支配世界的世界体系。这一现象对落后地区造成了深重的灾难，使世界进入一个矛盾丛生，充满危机的不平等时代。而一些先进的觉悟者与政治代表率先发现了这一问题，开始对不公正的现实与制度展开了理性的批判。工人阶级在此时崭露头角，开始带领广大人民群众展开反压迫与反剥削的斗争，并进行了无产阶级专政的伟大尝试。

世界历史的第三时期即世界现代、当代史起于1900年。具体又可划分为1900—1945年的世界现代史与1945年至今的世界当代史两个阶段。

世界现代史阶段，是世界近代史时期各地区政治、经济、军事发展不平衡矛盾的集中爆发期。具体体现在资本主义世界内部矛盾不平衡而导致的冲突、无产阶级同资产阶级的反剥削斗争以及世界被压迫地区民族反抗殖民主义的民族解放运动。

1914年爆发的第一次世界大战（以下简称一战）与1939年爆发的第二次世界大战（以下简称二战）是资本主义发展不平衡而导致的。一战给人类造成了巨大的灾难的同时也给予旧世界以沉重的打击。沙俄帝国，奥斯曼土耳其帝国以及德意志帝国纷纷解体并建立了新的民族国家,同时,一战也导致了各国工人运动的高潮。

1917 年俄国十月革命标志着无产阶级反对资产阶级斗争的伟大胜利,第一次建立了无产阶级专政的社会主义国家,是世界历史与人类社会发展历程中重要的转折点。

一战之后,资本主义体系出现了裂缝,世界广大被压迫地区与民族也开始了伟大的反压迫民族解放运动。在广大亚非拉地区,民族解放运动广泛而深入的开展并取得了巨大成就,为随后彻底摧毁世界殖民体系积蓄了能量。

世界当代史以二战结束为分界点,这一时期世界发生了巨大而深刻的变化。其中最深刻显著的变化就是全球化趋势的不断加强。二战之后,世界进入了由苏联和美国主导的两极格局。这一时期的世界被分成两大阵营互相对抗,但迫于两次世界大战所带来的阴影以及核威慑并未产生大规模冲突,世界被冷战的阴霾所笼罩。但是 20 世纪 90 年代随着苏联解体与东欧剧变,世界历史进入了一个多极化格局的新时期。在这一时期,随着第三次科技革命带来的交通、通信大变革,世界各地区联系越来越紧密,相互依赖程度也越来越高,世界进入一个以和平、发展、进步为主题的新时代。

一部人类文明史就是人类不断在以往历史的基础上有所发现、有所发明、有所创造、有所前进的历史。胡锦涛同志指出,浩瀚而宝贵的历史知识既是人类总结昨天的记录,又是人类把握今天、创造前进的历史。中华民族历来就有治史、学史、用史的传统。在新形势下,我们要更加重视学习历史知识,不仅要学习中国历史,也要学习世界历史,不仅要有深远的历史眼光,而且要有宽广的世界眼光。

世界历史不是各国分散而孤立历史的简单罗列,而是相互联系、浑然一体的历史集结。在世界范围内,任何国家和民族都不可能与外界隔绝,而且人类文明越发达,国际交往就越密切。当今世界已经进入了全球化时代。中国同世界其他各国各地区的相互依赖关系也越来越紧密。在中国不断走向世界的同时,“世界”也在慢慢靠近我们。学习世界历史,可以帮助我们在改革开放,面向世界的新形势下,更多地了解世界其他地区的政治、经济与文化发展历程,不断总结外国的历史经验,鉴往知来,引以为戒,努力培养世界意识和全球眼光,自觉顺应世界潮流,从而更好地把握全球化时代带给我们的机遇,更好地应对全球化带来的挑战。同时,学习世界史,有益于在对世界各国历史发展的比较中,提高思想政治素质,不断坚定振兴中华的责任感、自豪感和使命感;有益于在深刻掌握世界历史知识的基础上开阔视野,不断提高人文素养,为个人的学习成才打牢坚实的文化底蕴;有益于在把握世界历史发展客观规律的基础上提高思维层次,培养科学认知、驾驭全局的素质能力,成为军队现代化建设需要的高素质新型军事人才。

学习世界史,必须掌握科学方法。世界历史是一门涉猎面极广,研究内容十分丰富的综合性学科,政治、经济、军事、科技、文化、天文、地理无所不包,内容纷繁复杂,矛盾纵横交错。因此,如果没有科学的理论和方法,就会如坠烟海,如入迷宫,不可能正确地把握历史发展的真实过程，揭示历史发展的规律。首先，必须以马克思唯物主义历史观为根本的方法论与指导原则，运用辩证唯物主义和历史唯物主义，对世界历史进行全面辩证地分析；其次，学习和研究世界历史不能局限于某些领域，而要把视角扩展到人类社会活动的各个主要方面，在探讨某一历史事件或者整个世界历史发展进程时，必须注意考察各种因素彼此之间的联系和交互作用，多视角，多侧面，多层次地综合考察和剖析历史总体运动，揭示历史事变与人物的多重性、多向性；第三，必须正确处理共性与个性的辩证关系。世界历史是由各种不同民族和不同国家的历史构成的，各个国家的历史遵循共同的规律向前发展，但都有民族的特色。忽视各国的民族特殊性，忽视各国历史发展的具体进程和特殊规律，就难以了解世界历史发展的共性和一般规律。因此，在研究历史发展共性的同时，一定要注重研究不同国家、不同地区历史发展的个性；最后，要善于运用历史比较法，对可比的历史事件和人物进行纵向和横向、顺向和逆向、个性和共性、同层次和不同层次等形式的比较研究，这样有助于加深对个别历史事件和人物的了解，并有助于对历史总体运动的全面认识。

第一章　灿烂辉煌的古代文明

从古至今,人类都是择水而居,离水源较近意味着此处易于开展农业生产活动,适合人类生存繁衍。因此,尼罗河、底格里斯河、幼发拉底河、印度河和黄河流域等河流密布的地区理所当然地成为人类早期文明的发源地,从而产生了著名的两河文明、黄河文明、印度河文明和爱琴海沿岸的古希腊文明等,而它们,都是人类受惠于大河的见证。

第一节　古埃及文明

古埃及位于非洲东北部尼罗河中下游地区,古埃及文明开始于公元前 32 世纪美尼斯统一上下埃及建立第一王朝时期,终止于公元前 343 年波斯再次征服埃及之时,共经历前王朝、早王朝、古王国、第一中间期、中王国、第二中间期、新王国、第三中间期、后王朝等 31 个王朝的 9 个时期。第 1 到第 4 时期是奴隶制国家形成和统一王朝出现的时期,第 5 至第 7 时期是统一王国重建和帝国时期,第 8 至第 9 时期是埃及奴隶制国家衰落和陷于外族统治下的时期。

一、古埃及社会发展概况

埃及是一个有着 7000 年历史的文明古国。在 5000 多年以前美尼斯统一了上下埃及,建立了统一的奴隶制国家,史学家们把公元前 3200 年到公元前 332 年为止的跨度近 3000 年的古代文明称为古埃及时期,正是这一时期孕育出灿烂辉煌的古埃及文明,这一文明之所以稳固且延续了较长时间主要得益于其所处的地理环境。古埃及是一个长期处于同一王朝统治下的大河流域国家。埃及位于非洲东北部,北临地中海,西临利比亚,南与努比亚(今苏丹和埃塞俄比亚)接壤,东与阿拉伯半岛隔海相望。这些自然屏障使其不易受到其他外族的侵犯。美丽的尼罗河由南至北贯穿埃及全境,因此,埃及在地理上通常分为狭窄的河谷地区——南部的上埃及和北部的开阔地区——下埃及。

创造古代埃及文化的居民属哈姆—塞姆语系。从古埃及遗留下来的大量雕刻和绘画可以看出古埃及人的特征是:高身材,黑头发,黑眼珠,宽脸型,黑皮肤,体格健壮,其外貌既不同于利比亚人，也与古代的亚细亚人不同，具有自己的特征。

古希腊历史学家希罗多德曾经说："埃及是尼罗河的赠赐。"在埃及的历史长河中，尼罗河扮演着重要的角色。尼罗河长达 1350km，灌溉着 2.4km^2 的土地。在沙漠占国土面积95%以上的埃及，尼罗河就意味着生命。尼罗河是一条狭长条带状的通道，其间没有破碎的地理单元，它为交通和泄洪提供畅通的孔道，每年的雨季，泛滥的河水漫过河床，洗去土壤的盐分，并把从上游带来的大量矿物质和有机质沉积在两岸的田野里，给埃及的耕地施上了一层天然的肥料，尼罗河的定期泛滥为埃及定居农业造就了高投入和高回报的生态环境，促使埃及社会的复杂化。例如在公元前 5000 年，埃及出现城镇政体，它们各自控制着泛滥平原的某一条带，这种多元的地方中心为建立统一的政体在地理环境上铺平道路。同时，狭小的生存空间又促使野心勃勃的地方统治者极力通过统一活动扩大自己的控制区，并最终导致统一集权的形成。

公元前 4000 年左右，埃及进入阿姆拉特时期（亦称涅伽达文化Ⅰ时期，约公元前 4000—前 3500 年），此时埃及进入金石并用时期，出现了私有制和阶级关系的萌芽。在属于这一时期的一些陶器上被发现刻有一些符号，每个墓中都有其自身独特的统一符号，这大概是私有权的记号。在本时期末，涅伽达地方 1610 号墓中的一个黑顶陶罐上发现了作为王权标志之一的红冠形象（以眼镜蛇作为其标志）。在属于涅伽达文化Ⅰ时期与涅伽达文化Ⅱ时期之交的一个墓中（涅伽达 1540 号墓）发现的一块陶片上则画着一个象征王衔符号的荷鲁斯鹰神的形象（这是王权的标志之一），这说明王权也已萌芽。

埃及国家出现于涅伽达文化Ⅱ时期（又称格尔塞时期，约公元前 3500—前 3100 年），这一时期私有制逐步确立，阶级逐渐形成。从当时的墓葬情况可以看出，在一些地方阶级分化十分激烈。在涅伽达和希拉康波里两地，发现了与普通人的十分简陋的坑穴墓极不相同的画墓。如希拉康波里的画墓用砖坯砌成，在墓墙上有绘画，其内容是有关战争（水陆战）的场面，应该反映了墓主人（学者们认为可能是国王）生前的某些活动。从格伯林发现的一块纺织品残片上的绘画也反映出阶级分化的情况：这块纺织品上画了一些船，一些人在划桨，还有一人端坐于其上，此人显系贵族。在蝎王权标头上，国王头戴象征王权的白冠（以鹰为其标志）、腰系牛尾，其形象比普通人高大得多。这时留下来的象牙板上有被捆着双手的战俘的形象，在蝎王权标头上还有奴隶劳动的情景。在涅伽达文化Ⅱ后期，随着私有制的确立和阶级的形成，埃及出现了国家。这时的国家很小，人口也不多，埃及人称这种小国家为"斯帕特"，在当时的埃及，这样的小国家有若干个。此时王权业已形成，他可能既是行政首脑，又是军事首领，并兼任祭司长，主持祭祀，领导农业，兴修水利。不过，由于国家刚刚形成，贵族还很强大，国王的权力受到贵族的约束，所以此时国王还不是专制君主。

在希拉康波里，人们发现了前王朝末期两个国王蝎王和卡王的文物。蝎王是南方希拉康波里的国王，但在北方今开罗附近的图拉却发现了有他名字的文物。结合蝎王权标头上的图刻内容，学者们推测他可能对北方进行过征伐，甚至可能控制了该地区，这是最早的有关埃及统一的证据。

二、古埃及历史发展概况

古埃及人以名为“米尼”（希腊语为米尼斯）的国王作为他们历史的正式开始，他们认为是这位国王统一了上埃及和下埃及。尽管向统一王朝的过渡实际上远比古代埃及作家让我们认为的更加渐进和漫长，而且迄今为止也没有与米尼斯同时代的记录，尽管如此学者们仍然认为这位传说中的米尼斯就是纳尔迈。在纳尔迈调色板（Narmer Palette）上描绘了他在仪式上身着皇家盛装，成为埃及统一的象征。公元前 3 世纪埃及牧师曼涅托绘出了米尼斯之后埃及法老的世系表，将其分为 30 个王朝，这一体系沿用至今。

约公元前 3150 年，早王国时期的第一位法老巩固了他在下埃及的统治，定都孟斐斯。在那里他们可以控制富庶的三角洲地区的农业和劳动力以及利益丰厚的商路。法老们不断膨胀的权力促使他们建立了强大的王权以保证其对国家土地、劳动力和资源的控制合法化。随着国家的统一和阶级矛盾的加剧，原来小国寡民的国家机器过于薄弱，已无法适应统治阶级的需要。因此，在早王朝时期埃及新设置了许多国家机关，王权逐步加强，同时君主专制制度逐渐形成，王位世袭制出现，王权神化明显，国王聚敛了大量土地和财富，国家对人民的控制明显加强。

古王国时期包括第三王朝至第六王朝（约公元前 2686—前 2181 年），建都孟菲斯。著名的金字塔开始修建于这个时期，故古王国时期又称“金字塔时期”。古王国时期是埃及社会经济获得重大发展的时期。国家趋于统一、经济文化交流越出小国范围在全埃及范围内进行、水利系统的扩大等等都促进了社会经济的发展。农业生产力的发展是古王国时期建筑、艺术、科技取得惊人进步的基础，而完善的中央政府使这一切成为可能。古王国经济中，王室经济、神庙经济和官僚贵族奴隶主经济占有绝对支配地位。在当时的经济构成中，既有农业、手工业、畜牧业，也有园艺业，基本上形成了自给自足的经济整体，国内贸易仍处于以物易物的水平，很少和市场发生关系。古王国时期，土地大部分由奴隶主及其国家占有，农民占有土地的情况尚无资料证明。古王国时期的埃及实行中央集权的君主专制制度。在中央，国王集中了一切大权，是国家权力的象征和代表。国王之下是宰相（也叫维西尔），在“维西尔”（Vizier）的指导下，国家官员征税、协调水利工程以提高农作物产量，征用农夫进行建筑工程，建立司法系统维护和平与秩序，拥有相当大的权力。但决策权并不在维西尔手里，而在国王手里。维西尔由国王任命，其他高级官吏也是如此。不仅如此，古王国时期还有一支相对强大的由国王直接统帅的军队，作为君主专制统治的主要物质力量，它既可用于对内镇压和统治，也可用于对外征战。国王的权力还表现在对国家司法权力的控制上，虽然古埃及没有法典之类的法律文献传世，但国王的话就是法律，国王可颁布相当于法律的敕令，甚至还可以直接插手司法审判。在这一时期，王权被进一步神话，君主专制利用神权以强化王权、强化奴隶主阶级的统治，同时对太阳神的崇拜逐步发展，并在第五王朝占据上风。为了得到神权势力的支持，古王国时期的国王们捐赠给神庙大量的土地和劳动力。神化王权既是王权本身的要求，也是当时统治阶级的需要。

富裕和稳定的经济保证了财政的盈余，使国家有能力主持建设巨型工程。乔塞尔、胡夫和他的子孙们修建的金字塔就是古埃及文明令人难忘的象征。金字塔是古代埃及国王的坟墓，因其形似汉字的“金”字而被称为“金字塔”。现存古埃及金字塔约 80 座，起自第三王朝的第一个国王乔赛尔，止于第二中间期。最著名的是其中最大的第四王朝的胡夫金字塔。金字塔是古埃及文明的象征，也是古埃及人民智慧的结晶，但由于其修建极大耗费了国家的人力和财力，无形中加剧了国内的阶级矛盾，从而削弱了君主专制的实力。到古王国末期，法老已无力维持庞大的中央机构。伴随法老权力下降的是地方统治者随即开始的对法老权威的挑战，再加上公元前 2200 年到公元前 2150 年的严重干旱，最终导致国家陷入被称为“第一中间期”的长达 140 多年的饥饿和动荡之中。

古王国后期中央政府崩溃，政府已经无法维护经济稳定。从第七王朝起，埃及已是小国林立，从对法老的效忠中解脱后，地方统治者开始互相争夺领土和权力，局势更为混乱。到公元前 2160 年，位于中部埃及的统治者统一了下埃及，建立了第九至第十王朝，而南方底比斯的因提夫家族则依靠有利的地理位置统一了上埃及。因提夫家族不断在北方扩张势力，经过长期斗争，约公元前 2055 年，底比斯军击败了中部埃及的统治者建立了第十一王朝，重新统一了埃及，埃及进入中王国时期。

中王国时期包括第十一至第十二王朝(约公元前 2040—前 1786 年)，首都位于底比斯。这一时期埃及国内外贸易较为活跃，伴随着国家的重新统一，中王国时期的古埃及经济发展迅速，成为地中海世界经济最发达的地区之一。此时它同其他国家的经济往来开始愈显密切，它与叙利亚、巴勒斯坦、巴比伦尼亚，甚至东南方的蓬特(近索马里)都建立了商业联系和往来。国家的相对稳定以及同外部世界联系的扩大无疑促进了中王国时期社会经济的发展，而这又进一步引起中王国时期阶级关系的明显变化：一是统治阶级成份变化。与私有奴隶制经济相适应，这时出现了一个中小奴隶主阶层——“强有力的涅杰斯”，并且活跃在中王国的政治舞台上。涅杰斯，原意为“小人”，他们是下层自由民，在第一中间期他们成为私有者阶层，随着社会经济的发展，他们当中的一部分成了土地占有者和奴隶主，成为王权和地方贵族势力斗争的重要支柱。但也有一部分涅杰斯丧失了财产，变成了贫穷的涅杰斯，无法捍卫自己的权力。二是奴隶人数的增加，这些奴隶处境艰难，生活悲惨，因此中王国时期劳动人民同统治者的矛盾十分尖锐。

不仅如此，统治阶级内部的矛盾也很尖锐。除了王权与地方贵族的矛盾，王室、宫廷内部的斗争也很激烈。凡此种种，再加上从第十二王朝开始埃及不断对外征战，国内经济透支严重，最终导致中王国兴盛的时间不长，在公元前 14 世纪左右进入“第二中间期”。

第二中间期包括第十三王朝至第十七王朝。这一时期，埃及重新处于分裂混乱的状态，爆发第二次贫民奴隶大起义，希克索斯人趁机侵入埃及。希克索斯们（即“外来统治者”）效仿埃及统治模式，借用埃及原有的统治机构，甚至也采用法老的称号，并逐渐扩大其势力范围，先后建立了埃及历史上的第十五和第十六王朝。由于埃及南方底比斯的第十七王朝国王卡美斯不愿和希克索斯人分享统治权，公元前 1555 年，当底比斯的军队终于强大到可以挑战希克索斯王朝时，双方展开战争，冲突持续了 30 多年，最终卡美斯的弟弟雅赫摩斯一世成功地将希克索斯人赶出埃及，并建立了第十八王朝，埃及由此进入新王国时期。

新王国时期包括第十八王朝至第二十王朝（公元前 1567—前 1085 年），这是古代埃及最繁荣的时期，通过对外扩张，埃及成为地跨西亚、北非两大洲的奴隶制帝国。

在驱逐希克索斯人之后，埃及的统治者立即开始了对外侵略和掠夺战争。埃及帝国的奠基者图特摩斯一世把埃及北部边界推进到叙利亚和幼发拉底河上游，南方则到达尼罗河第三瀑布以外。埃及帝国的最后建立者图特摩斯三世则进一步扩大了埃及边界，把埃及南部边界推进到第四瀑布以外。新王国时期君主专制得到进一步强化，国王拥有极大的权威，此时埃及的土地关系和古王国时期相比没有根本性变化，国家、国王、神庙和官僚贵族仍是土地的主要占有者。在新王国时期，新兴的奴隶主阶层——涅木虎阶层逐渐登上政治舞台。涅木虎可以经营王室土地，享有世袭租佃权，而且身份世袭，他们租种法老的土地，向法老缴纳租税，涅木虎也服务于军队，或为王室提供其他服务，逐渐发展为中小奴隶主阶层，占有奴隶，担任官职，成为王权的社会支柱。

公元前 1379 年，阿蒙霍特普四世登上王位，为了对抗对阿蒙神的崇拜，他改名为埃赫那吞（字面意思为“阿吞的仆人”或“阿吞光辉的灵魂”），将以前不起眼的太阳神阿吞（Aten）吹捧为地位最高的神，并开始一系列激进的改革。首先，他取消了对阿蒙神和其他一切神的崇拜，只准民众崇拜阿吞神；其次，没收阿蒙神庙及其他一切神庙的财产，将其转交给阿吞神庙；再次，铲除一切建筑物上的阿蒙字样；最后是提拔了一些出身中下层的人（涅木虎）担任高级官吏，以实施改革等等。

改革遭到阿蒙神庙势力和贵族的强烈反对，到公元前 1362 年埃赫那吞去世，改革被迫停止，神庙势力再度复辟，支持改革的涅木虎阶层受到打击。埃赫那吞改革之所以失败，一是因为旧的贵族势力十分强大。二是因为埃赫那吞的某些改革措施失误，导致阵营内部分裂，原本支持改革的军队背离了改革，从而削弱了改革阵营的力量。三是人民群众没从改革中得到任何好处，相反负担更为繁重。但是这场改革打击了以阿蒙神庙祭司集团为代表的旧贵族的势力，它以新的神教代替传统的旧宗教，因此在思想上有一定的解放作用。埃赫那吞改革的失败以及随后发生的埃及和小亚赫梯之间的历时约一个世纪的争霸战争使埃及渐转衰落，虽然最后双方以缔结合约的方式结束了战争，但实力均遭到严重削弱。第十九王朝晚期，埃及连遭外侵和内争的打击，首先是“海上民族”入侵，与此同时王权与阿蒙神庙祭司集团的矛盾再度激化，国内外矛盾的发展导致埃及的再次衰落。公元前1085年，阿蒙神庙祭司赫利荷尔篡夺王位，建立第二十一王朝，埃及从此进入历史发展的衰落时期和外部不断入侵的时期，新王国的衰落也标志着古代埃及文明的衰落。

此后，埃及先后由利比亚人、埃塞俄比亚人、亚述人统治，之后又沦于波斯、希腊和罗马人的统治之下，公元642年阿拉伯人占领埃及，埃及成为阿拉伯帝国的一个组成部分。在一系列外族入侵和统治下，埃及历史独立发展的进程被打断，古代埃及文明到此画上了句号。

三、古埃及文明

古代埃及是人类最早进入文明时代的地区之一，也是最早发明和使用文字的地区之一。古代埃及人使用的是象形文字，它由表意符号、表音符号和限定符号三部分构成。在其使用的数千年里，古埃及文字几经变化，其演变可分为4个阶段，第一是象形文字阶段，这是我们所知的最早构成体系的古埃及文字材料，这种文字体系产生于公元前3000年。第二是祭祀体文字阶段，为实用和方便起见，书吏们将象形文字的符号外形加以简化，创造了祭祀体文字。第三是世俗体文字阶段，它是祭祀体文字的草写形式。与祭祀体文字对比，世俗体文字的连写形式更简单，已不具有图画特点，它的书写方向保留了祭祀体文字的传统，固定从右往左。第四是科普特文字阶段，它是古埃及文字发展到最后一个阶段的文字，深受希腊文、圣经文学的影响。由于古代埃及文字异常复杂，主要由祭司和书吏掌握，因此随着埃及的灭亡，该文字逐渐被遗忘。

古代埃及人虽然没有创作出大部头的文学著作，但创造出多种多样的文学作品，包括诗歌、小说、神话、格言等等。由于文化主要垄断在剥削阶级手中，古埃及文学的发展无论在形式上还是内容上都受到较大的限制。

古代埃及人在天文、数学、医学等方面也取得不少成就。古埃及人很早就开始观测天文，其成就之一是历法的制定。每年6月，尼罗河洪水泛滥，从上游冲来肥沃的土壤，使农作物得以茁壮成长。由此，埃及人产生了“季节”的概念。古埃及的历法是从观测大犬星座得到的。古埃及人发现三角洲地区尼罗河涨水与太阳、天狼星在地平线上升起同时发生，他们把这样的现象两次发生之间的时间定为一年，共365天。把全年分成12个月，每月30天，余下的5天作为节日之用；同时还把一年分为3季，即“泛滥季”“长出五谷季”“收割季”，每季4个月。非常有趣的是，天狼星的埃及象形字也是三角形的，很像金字塔的形状。古埃及人把这一次黎明前天狼星从东方升起，到下一次黎明前天狼星又从东方升起之间的时间定为一年，并把黎明前天狼星升起的一天定为岁首，称为狼星年。狼星年的长度是365.25天，与今天的精密数字365.2422天很接近，这是人类历史上最早的太阳历，是现行公历（又称阳历）的祖先。此外，聪明的埃及人把昼和夜各分成12个部分，每个部分为日出到日落或日落到日出的时间的1/12。他们用石碗滴漏计算时间,石碗标有各种记号用以标记各种不同季节的小时。埃及人不仅知道北极附近的星星,从出土的棺盖上所画的图象上可以肯定,他们认识的星象还有天鹅座、牧夫座、仙后座、猎户座、天蝎座、白羊座等。埃及人认星的最大特征是把赤道附近的星星分为36组,每组可能是几颗星,也可能是一颗星。每组管10天,所以叫做旬星。当一组星在黎明前恰好升起的时候,就标志这一旬的到来。古埃及人的数学知识产生和积累也很早,他们创造了自己的十进位的计数制度,并创造了用以表示数字的若干符号,并且他们还熟悉四则运算,能解一次方程。在几何学方面,会计算等腰三角梯形及圆的面积。古埃及的医学也取得了相当的成就,在埃德夫神庙(建于公元前237年)的壁画中,我们可以看到当时医生们所使用的医疗器械,除了常规的刀、剪、针以外,而且还有拔火罐,其外形与我国现在使用的拔罐极为相似。

古埃及人是一个多神崇拜的国家,宗教作为古埃文化及最重要的组成部分,贯穿了整个古埃及历史。古埃及人认为人死后也和在世时一样,因而奴隶主不惜耗费巨资修建坟墓作为他们在冥间的住所,并且把尸体制作成木乃伊保存起来。古埃及最大的金字塔是法老齐阿普斯(胡夫)在开罗附近建造的。塔高146.5m,塔底每面长230m,共计占地大约52900m^2。全塔用巨石230万m^3,每方平均重约2.5t。塔面所用的石头经过细工磨平,缝隙密合,即使很薄的刀子也插不进去。胡夫金字塔不仅外观雄伟,而且角度、线条、土石压力等都事先经过周密计算,因而虽然历经四五千年,至今依然巍然矗立,不能不说是人类建筑史上的奇迹。在胡夫金字塔附近,是胡夫的儿子哈夫拉的金字塔。它比胡夫的金字塔低3m,但由于它的地面稍高,因此看起来似乎比胡夫的金字塔还要高一些,塔的附近建有一个雕着哈夫拉的头部而配着狮子身体的大雕像,即狮身人面像。除狮是用石块砌成之外,整个狮身人面像是在一块巨大的天然岩石上凿成的,至今已有4500多年的历史。此外,埃及的卡尔纳克神庙也是当时规模很大的建筑群之一,它有10个高大的塔门和壮观的柱子大厅,在每个呈开花状的柱头上可以站立100个人。

埃及是人类文明的摇篮之一,古代埃及人民曾经创造了灿烂的文化,对人类做出了重要贡献,对当时乃至后世都有着深远的影响。

第二节　古巴比伦文明

人类最早的奴隶制国家产生于大约公元前3500年的世界东方,巴比伦是人们已知的历史最悠久的古代东方国家。古巴比伦(约公元前30世纪—前729年)位于美索不达米亚平原,大致在今天的伊拉克版图内,“美索不达米亚”是古希腊语,意为“两条河中间的地方”,两河即指幼发拉底河(Euphrates)和底格里斯河(Tigris),故该地又称为两河流域。作为西方文明的摇篮，这里出现于世界上第一个城市，公布了第一部法典，因此古巴比伦与古中国、古埃及、古印度并称为“四大文明古国”。

一、古巴比伦概况

据历史学者推断，约公元前4000年左右，这一带的苏美尔人已有较为发达的文化。公元前3500年后，苏美尔人先后在这里建立了很多奴隶制城邦，虽然曾不断地出现政权更迭，但国家一直处于无序状态，苏美尔很快地衰落。公元前18世纪，汉谟拉比继承了巴比伦城邦的王位，他自称“月神的后裔”并发动了大规模的战争，最终统一了两河流域。随着国家的统一，该地区的文明也达到了全盛时期，史称“巴比伦文明”。

两河流域和埃及相似，地处干旱地带，需要利用河水灌溉，但尼罗河每年泛滥水量稳定，两河流域水量则变化很大，极易成灾；尼罗河来自热带，河水带有大量肥料，而两河流域则缺少这样的天然肥料。两河流域的北部和南部自然条件也不同，北部的亚述河岸高起，南部的巴比伦尼亚则地势低平，便于灌溉，因此巴比伦尼亚又可分为南北两部，尼普尔以北称阿卡德，南部称苏美尔。

两河文明是有史可考的最古老的文明，其文明可追溯到公元前4000年，正式形成于约公元前3500年。两河流域最早的文明创造者是苏美尔人，约公元前3000年左右，阿卡德人来到苏美尔以北创造了阿卡德国家。考古发掘证明巴比伦文明是距今6000年到公元前500年两河流域一系列城市文明的总称。在幼发拉底河和底格里斯河两岸，风格类似或迥异的城市如繁星点点，点缀在美索不达米亚平原。在这个历史舞台上，苏美尔人和各类入侵者像走马观灯一般依次扮演着创造文明的主角，共同奏响了美索不达米亚文明辉煌的乐章。

二、两河流域国家的形成和统一

公元前4000年代末至前3000年代初，苏美尔地区形成了许多小的奴隶制城邦，它们一般以一个城市为中心，国家规模都不大，各国的王或称“恩西”或称“卢伽尔”，王位虽世袭但还不是君主专制，各国还有长老会议和公民大会，两者合称为城邦会议，它们限制和制约着王权。不过，随着奴隶制的发展和自由民分化的加剧，公民大会的作用逐渐削弱，王权日益扩大。在这些城邦之间，经常爆发争夺领土和霸权的斗争，城邦内部的阶级矛盾也不断升级，在不断地冲突中，阿卡德的萨尔贡先后34次出征，统一了苏美尔和阿卡德。

随后，巴比伦尼亚经历了数10年外来古提人的统治，直到苏美尔逐渐复兴，并再次统一苏美尔和阿卡德，建立乌尔第三王朝。此时巴比伦的奴隶制经济有了较大发展，王室直接控制大量奴隶制农牧场和手工业作坊，剥削大批奴隶和依附于王室经济的自由民。这一时期出现了两河流域的第一部法典——《乌尔纳木法典》，《乌尔纳木法典》是迄今为止世界上发现的最早的正文法典，因其在乌尔纳木统治时期颁布故而得命。法典本着维护统治、缓和矛盾的原则制订而成，包括序言和正文两部分。在序言部分，统治者把权力与神权结合起来，并对其功绩进行了歌颂；正文部分则涉及奴隶制度、婚姻、家庭、继承、刑罚等方面的内容。这部法典同以往法律条文最大的区别在于罚金赔款等方式占主导地位，为之后的两河流域制定法典提供了蓝本。作为奴隶主阶级对奴隶专政的工具，它反映出奴隶和奴隶主阶级矛盾的发展。

约公元前2006年，末代国王伊比辛被埃兰人所俘，乌尔第三王朝覆灭后，埃兰人不久便退回故地，阿摩利人却定居下来。公元前1894年，阿摩利人的首领苏姆阿比建立巴比伦王国，史称古巴比伦第一王朝（公元前1894—前1595年）。巴比伦最初仅是一个小城邦，到第六代国王汉谟拉比（Hammurabi）（公元前1792—前1750年）时才逐渐强大起来。汉谟拉比是一个有雄才大略的国王，他即位后审时度势，运用远交近攻、各个击破的方针展开了一系列外交活动和军事斗争，经过35年的征战，基本上统一了两河流域。

在统一两河流域的过程中，汉谟拉比逐步建立起一个强大的中央集权制国家，成为西亚古代奴隶制国家的典型。他集行政、军事、宗教等大权于一身，中央设各部大臣辅政，地方派总督等官员管理，一切官员都由国王任命和调遣。汉谟拉比还建立了常备军，以此作为政权的支柱。汉谟拉比不但崇尚武功，而且重视文治。他即位之初，即着手编制法典，并于其在位的第30年刻石公布，这就是著名的《汉谟拉比法典》。

《汉谟拉比法典》虽然不是世界上最早的法典，但却是目前所知最完整的法典。这部法典较真实地反映了古巴比伦社会的情况，其宗旨是为当时的奴隶主贵族服务，它是贵族维护权力的工具，也是国王权力与神权结合的象征。整部法典用楔形文字写成，共分为三部分：序言、正文和结语。序言主要宣传君权神授，并颂扬汉谟拉比的功绩，结语则表示汉谟拉比希望其法典传之久远，后世有敢不遵法典之人，必将受到神的惩罚，强调了法典的权威性和永久性。法典中还保留了很多古老的传统，如在地位相同的人之间实施“以牙抵牙，以眼还眼”的原则。《汉谟拉比法典》不仅使巴比伦王国对子民的口头约束变成了法律条文，成为了巴比伦文化的一部分，还使巴比伦之前的立法成果得到了保留。更重要的是，法典真实而全面地反映了当时的社会经济制度，不仅标志着古西亚法律制度的进步和国家的成熟，还对之后古代西亚及西方的法律文化产生了深远影响。现《汉谟拉比法典》被珍藏在巴黎卢浮宫博物馆。

值得一提的是，法典中也有比较宽容的条文，如因偿还债务而沦为奴隶的人，3年之后可以恢复自由之身。从法典中可以看出，当时的土地主要分为王室土地、村社土地和私有土地3种类型。而且当时租赁制、雇佣制都较流行。对于出租土地和租赁房屋、牲畜、车、船等，对于雇佣耕者、牧者、手工业者等，都有明确的规定。法典明确保护出租者的利益，如遇自然灾害引起歉收，损失则由承租者负责。由于租赁制和雇佣制的流行，自由民的分化加剧了，少数人上升为奴隶主，多数则更加贫困，有的甚至沦为债务奴隶。

自由民的大量破产，不仅影响了国家的兵源，而且激化了国内矛盾导致暴动四起。在国力日衰的情况下，公元前1595年，古巴比伦第一王朝被入侵的赫梯人所灭。此后虽又建立过第二、三、四王朝，但始终未能重振国威并彻底改变地方割据状态，也没能解除外族的威胁，公元前689年被亚述所灭。

亚述位于两河流域北部(今伊拉克的摩苏尔地区)，境内多山，盛产木材、铜、铁等。亚述的历史一般分为早期亚述、中期亚述和亚述帝国3个时期。在早期亚述时期(约公元前3000年代末至前16世纪)，亚述还带有明显的氏族制度的痕迹。土地归公社所有，贵族会议仍然存在，并且对国王的权力进行制约。公元前2000年代初，亚述曾一度对外进行扩张，小亚东部曾被其征服，但不久就开始衰落。公元前16世纪，它被两河流域北部兴起的强国米坦尼所控制，至此早期亚述宣告结束。公元前1400年左右，米坦尼被赫梯王国打败，亚述乘机独立，开始了中期亚述时期(约公元前15至前9世纪)。这一时期王权加强，国王成为专制君主，贵族会议失去作用。中期亚述时期的重要遗产是《中亚述法典》。从其内容来看，当时的土地已属私有，可以买卖，债务奴隶制在当时已很盛行。约公元前11世纪，由于阿拉米人的入侵，亚述陷入四分五裂的局面。公元前9世纪左右，亚述开始广泛使用铁器。铁器的使用，不但开垦出更多的土地，促进社会经济的发展，而且提供了锐利的武器，增强了军队的战斗力。在此情况下，公元前9世纪初，亚述击破阿拉米人的城邦，开始对外扩张，从而使亚述进入帝国时期。亚述帝国(公元前8至前7世纪)又称新亚述，其创建者是提格拉特帕拉沙尔三世(公元前745—前727年)。他执政后，进行军事改革，实行募兵制，扩大兵种，通过改革，亚述军队的战斗力大大增强。依靠强大的军队，提格拉特帕拉沙尔三世及其后继者不断进行扩张战争，先后征服了叙利亚、腓尼基、巴比伦、乌拉尔图和埃及等，到公元前7世纪，建立起一个地跨西亚北非的奴隶制帝国。

连年不断的战争，使大批奴隶和财富流入亚述，使亚述的奴隶制经济得到了发展。到了亚述帝国末期，国内外各种矛盾日益尖锐，争权夺利的斗争不断发生，统治者与被统治者之间的矛盾也日益剧烈。随着大土地所有制的形成，自由民大量破产，不仅引起他们愈来愈强的反抗，而且影响了国家的兵源，迫使统治者不得不从心怀仇恨的被征服居民中招兵，从而削弱了军队的战斗力。与此同时，被征服地区人民的反抗斗争不断高涨，在各种矛盾的交织中，亚述帝国迅速衰落。公元前605年，新巴比伦在卡尔赫米什彻底消灭亚述残军，亚述帝国宣告灭亡。

新巴比伦王国是迦勒底人建立的，故又称迦勒底王国。从公元前626年建立，到公元前538年被波斯灭亡，共存在88年。在这期间，最强大的国王是尼布甲尼撒二世(公元前605—前562年)。他即位时，西亚有两大强国，一是新巴比伦，一是米底。尼布甲尼撒二世娶米底公主阿米蒂斯为王后，巩固了与米底的关系，便着力与埃及争夺叙利亚和巴勒斯坦。他在位的前11年，曾有9年向叙利亚和巴勒斯坦用兵。公元前586年，他率兵攻陷耶路撒冷，将大部分居民掳往巴比伦，史称“巴比伦之囚”。接着他又向腓尼基的重要城市推罗进兵，由于久攻不下，最后双方达成协议，推罗国王称尼布甲尼撒二世为尊者。公元前567年，他又率军侵入埃及，大掠而归。

在新巴比伦王国时期，奴隶制度的一个显著特点是奴隶主较多地采用让奴隶独立经营的方式。奴隶可以独立地租佃土地、经商、开办作坊，甚至可以开钱庄放债等。租种土地的奴隶除交纳地租外，还要向主人交纳人身租；从事商业、手工业的奴隶除了交纳利润之外，也要向主人交纳人身租。人身租的交纳表明了奴隶主对奴隶的所有权。这些奴隶虽然可以独立经营，但其奴隶身份没有改变。在法律上，奴隶仍然是奴隶主的财产，奴隶主有权随时收回奴隶的全部财产。新巴比伦王国让奴隶独立经营的方式，证明奴隶制度已无法适应社会生产力发展的需要。

尼布甲尼撒二世死后不久，国内阶级矛盾及民族矛盾加剧，末代国王那波尼达企图加强王权，遭到贵族和祭司的反对。公元前546年，巴比伦驻埃兰总督投降波斯，公元前539年，波斯国王居鲁士陈兵巴比伦，在决战中打败巴比伦军队，新巴比伦王国灭亡，两河流域的历史也从此掀开新的一页。

三、古巴比伦文明

早在公元前4000年代后期，两河流域就出现了文字。最初是一符一义的象形文字，后来又陆续出现了表意符号、表音符号和部首符号，逐渐形成了文字体系。这种文字最初刻在石头上，由于其笔划很像木楔，故称为楔形文字。楔形文字大概形成于公元前3000年，到公元前1500年左右成为西亚国际交往中的通用文字。因为楔形文字符号繁多，学用困难，所以当拼音字母文字出现后就逐渐被人们所忘却。

出于实际生产和生活的需要，西亚很早就产生了数学。古代两河流域的人们兼用十进位法和六十进位法。六十进位法主要用于计算时间和圆周，对后世影响很大。如巴比伦人的时间计量法：1h＝60min，1min＝60s，已为世界所通用。古代两河流域的人们还是代数学的奠基者，能解含有三个未知数的方程；掌握了四则运算、平方、立方和求平方根的法则；测出的圆周率为3。从数学本身看，他们的数学知识只是观察和经验所得，没有综合结论和证明。在算术方面，他们对整数和分数有了较系统的写法，在记数中，已经有了位值制的观念，从而把算术推进到一定的高度，并用之于解决许多实际问题，特别是天文方面的问题，如现在延用的“十二进制”的计时方法。在代数方面，巴比伦人用特殊的名称和记号来表示未知量，采用了少数运算记号，解出了含有一个或较多个未知量的几种形式的方程，特别是解出了二次方程，这些都是代数的开端。此外，巴比伦人还认识到关于平行线间的比例关系和初步的毕达哥拉斯定理，会求简单几何图形的面积和体积，并建立了在特定情况下的底面是正方形的棱台体积公式，这些知识最早被用于古代两河流域的土地丈量中。

观测天象、计算农时的需要使西亚的天文学产生得相对较早。古代两河流域的人们已经能够区分行星和恒星，能相当准确地画出五大行星的运行轨道，能划分出黄道十二宫，即12个顺着太阳在天空运动的星座。经过长期的天文观测，两河流域的人们制定了世界历史上最早的太阴历。在汉谟拉比时期，规定一年12个月，其中6个月每月30天，6个月每月29天，全年共354天。这与地球绕太阳一周运行的时间差11天5小时48分46秒，后来，他们又把一月分为四周，每周7天，分别以日、月、水、火、木、金、土7个星的神名作为星期日到星期六的名称，这就是现在世界通用的7天一周制的来源。

古代西亚有代表性的建筑物多以规模雄伟著称。建于公元前20世纪的乌尔塔庙，底层长62.5米，宽43米，塔身分为四级，像积木一样，一级堆在一级上，一级比一级小。塔的中央建有梯道直通顶层，塔的外表砌以火砖，非常壮观。

空中花园也是巴比伦文明的标志之一。它建于新巴比伦国王尼布甲尼撒二世时期，传说建此园的目的是为了博取米底公主的欢心。花园整个占地约1260平方米，略呈长方形，高达22.5米，布局呈梯形，上面栽满了奇花异草，河水从空中花园旁边的人工河流下来，因花园比城墙还高，给人悬空的感觉，故被称为“空中花园”，公元2世纪，希腊学者把“空中花园”列为“世界七大奇观”之一。

风雨飘摇中的“神之门”——通天塔。它堪与埃及著名的金字塔媲美，形状也有几分相似。塔基的长度和宽度各约91米，用巨大石头筑砌成7层台阶，一层垒叠一层，一阶高出一阶，高度近百米，足可与当今的电视塔争伯仲。在高耸入云的顶上，还建有宏伟的庙宇。据说，它是天上诸神前往凡间住所途中的踏脚处，称得上是天路的驿站或旅店。此外，居鲁士陵墓和波斯波利斯王宫也非常雄伟壮观。

古代西亚的雕刻艺术也取得了很大的成就。《汉谟拉比法典》石柱头的浮雕和《贝希斯敦铭文》上的雕像，线条朴实有力，体现了相当高的艺术水平。巴比伦城伊丝塔门以琉璃瓦砌成的浮雕，形象神奇，特别是龙的图案更有特点，为蛇首兽，前肢为狮足，后肢为鹰腿，与中国的龙明显不同。

早在古巴比伦王国时期，两河流域就产生了学校。它大体可分为公立学校、寺庙学校和私立学校三种类型。前两种学校基本上培养政府的高级僚属，私立学校多培养一些低级文人，将来充任土地测量员、石碑题字员等。受教育者多为富家子弟。学校的教育一般分为两个阶段：第一阶段学文化，如学泥版文书、数学等；第二阶段主要学技能。当时的许多贤明君主都很重视教育，如新巴比伦国王尼布甲尼撒二世即使在对外征战时也不忘教育。在波斯帝国时期，宫廷教育有了较大发展。但是，古代巴比伦的教育被少数特权阶层所垄断，奴隶不能享受学校教育，能掌握复杂的楔形文字知识的一般只限于职业官吏、僧侣、文艺家等少数人。

第三节　古印度文明

古代印度，又译身毒、天竺，位于南亚次大陆地区。古代印度的历史特征在于瓦尔那制的确立及其向种姓制度的转化，部落社会的同化及其向国家的转化，佛教由盛而衰，以及新婆罗门教的兴起及其向印度教的转化。古印度存在等级森严的种姓制度，其佛教、文学、哲学、艺术、科学等对世界文化影响深远。

一、古印度社会发展概况

恒河，从喜马拉雅山起步，走过一个被孟加拉湾、阿拉伯海和印度洋环抱的亚洲半岛，滋润了一方土地，也孕育了一片光辉灿烂的文明，成为一个国度的“圣河”。而这个幸运的国度就是世界四大文明古国之一——印度。作为地理概念，古代印度与当代印度不同，它包括现在的印度、巴基斯坦、孟加拉、尼泊尔、不丹和锡金等国所在的广大地区。古代印度是世界文明古国之一，它也曾创造了灿烂的古代文化，对人类文明作出了重要贡献。印度位于亚洲的南部，是一个被高山和海洋环绕的大陆。它北依喜马拉雅山，南临印度洋，东接孟加拉湾，西濒阿拉伯海。就地理形势而言，其全境可分为北、中、南三部分：北部是喜马拉雅山山岳地带，中部是印度河——恒河平原，南部是德干高原和半岛。由于自然条件存在明显差异，因此古代印度各地发展呈现明显的不平衡性。

印度是世界文明的最早发祥地之一。从旧石器时代起就有人类在这里居住。但其人种来源问题至今仍未解决。自公元前2000年代中叶起，属于印欧语系的雅利安人侵入印度，成为古代印度的主要居民。公元前1000年代中叶以后，波斯人、希腊人、安息人、大月氏人等又先后侵入印度。外来人的不断侵入和定居，造成了印度民族的复杂性。

哈拉巴文化是印度河流域早期文明的总称。哈拉巴文明是古代印度的早期文明，因最早在哈拉巴发现的而得名。它也被称为印度河流域文明，考古表明哈拉巴文化的年代约在公元前2500—前1750年之间，其边缘地区可能持续到公元前1000年左右。一般认为，它的创造者是原始奥语人和达罗毗荼人。考古发掘证实，哈拉巴文化时期的生产力水平已进入青铜器时代，当时的商业有了一定的发展，已与西亚发生贸易关系。在哈拉巴文化时期，文字已经出现。迄今所知的文字符号有396个，大多刻在石、陶、象牙等制成的图章上，但尚未释读。约从公元前18世纪起，哈拉巴文化开始转向衰落。有些学者推断，哈拉巴文化灭亡的原因是外族的入侵，多数学者认为可能是雅利安人。

公元前2000年代中期，雅利安人从西北方侵入印度，开始了印度史上的吠陀时代，或称梨俱吠陀时期，因为，研究这个时期的主要资料是《梨俱吠陀》。吠陀文献的内容是颂歌、咒语和祷词，还有一些较晚时期的有关伦理道德、法律仪式的内容。吠陀经有四部：《梨俱吠陀》《娑摩吠陀》《耶柔吠陀》和《阿闼婆吠陀》。对研究古代印度早期历史来说，吠陀文献的意义是十分巨大的：它们提供了印欧语系部落迁入北部印度、开发恒河流域，以及他们的部落的社会政治制度演进、国家产生等方面的历史知识，吠陀文献形成的时间问题是一个较为复杂的问题。很多学者认为，它们是在很长的时期里经过了一代一代不断的口头传说、加工和编辑形成的，在四部吠陀中，形成时间最早、反映历史时代也最早的是《梨俱吠陀》。

早期吠陀时代(约公元前 1500—前 900 年)是雅利安人军事民主制时期，后期吠陀时代(约公元前 900—前 600 年)是雅利安人国家开始形成的时期。

雅利安人侵入印度后，与当地土著长期混战。他们把自己称为“雅利安瓦尔那”，把被征服的土著称为“达萨瓦尔那”以示区别。这样，就产生了最初的瓦尔那制度。随着雅利安人由原始社会向阶级社会过渡，其内部逐渐形成了从事不同职业的集团，再加上被征服者，印度社会内部便出现了不同的等级，瓦尔那制度最终形成，并成为古代印度最稳定的社会结构。根据瓦尔那制度，社会居民被划分为 4 个等级：第一等级是婆罗门瓦尔那。这是宗教祭司集团，主管祭祀。他们不仅垄断了宗教、文化大权，有的还充任国王的顾问。第二等级是刹帝利瓦尔那。这是掌握军政大权的武士集团，是古代印度社会的世俗统治者。国王通常属于这一等级。其主要职业是打仗。第三等级是吠舍瓦尔那。这是雅利安人的一般公社成员。他们主要从事农业、商业、畜牧业等，也有人从事高利贷业。他们没有政治特权，但要以布施和纳税的方式供养前两个等级。第四等级是首陀罗瓦尔那。主要指被征服的土著居民，也有战败或沦落的雅利安人。他们主要从事手工业、各种低贱职业以及农、牧、渔、猎等业，是地位最低的一个等级。前三个等级具有雅利安公社成员的身份，被称为“再生族”；而第四等级却没有，被称为“非再生族”，在政治、法律和宗教上都失去了受保护的权利。

瓦尔那制度有两个基本特征：一是各瓦尔那的职业世袭不变；二是各瓦尔那实行严格的内婚制，不同瓦尔那的人不能通婚，但在实际生活中允许高级瓦尔那的男子娶低级瓦尔那的女子为妻。奴隶主贵族利用瓦尔那制度维护其特权，说造物神梵天用其口造出婆罗门，用其双臂造出刹帝利，用其双腿造出吠舍，用其两脚造出首陀罗，以此作为高级瓦尔那压迫低级瓦尔那的依据，这种荒诞的神话在《梨俱吠陀》《摩奴法典》等文献中一再出现。

公元前 1000 年代初，印度的社会生产力有了很大的发展。随着铁器的使用，农业生产有了很大的提高，经济的发展使雅利安人与土著居民间以及雅利安人内部各部落间争夺财富和土地的战争更加频繁，阶级分化日益加剧，奴隶的数量逐渐增多。同时，瓦尔那制度的形成又使平等的雅利安人内部出现了等级、阶级的严重对立。随着这一变化，原先的氏族部落机构逐渐变成镇压民众的暴力机器，过去民主选举产生的部落首领逐渐变成了世袭君主。

早期吠陀时代，雅利安人的宗教基本上是自然崇拜。随着原始社会的解体和阶级社会的形成，逐渐产生了婆罗门教。婆罗门教信奉多神，其中最主要的神是梵天。婆罗门教认为梵天是宇宙的创造者，是宇宙的最高主宰，是唯一真实的存在，而整个客观世界都是虚幻的。它主张“业力轮回”，认为人死后必定经过轮回，为善者来世得善报，为恶者来世得恶报。婆罗门教的最高理想是达到“梵我一致”，即自身和梵天合为一体。婆罗门教还宣扬四种姓说，宣称婆罗门种姓是梵天用口创造的，其余三种姓是梵天分别用手、腿、脚创造出来的，从而为婆罗门的特权地位披上了一层神圣的外衣。婆罗门教规定了各个等级所要遵循的行为规范——“法”（“达摩”），各个等级只有按“法”行事才能得到善报。婆罗门教是古代世界最早形成的具有系统教义的宗教之一，它对维护瓦尔那制度和对印度宗教的发展都产生了深远的影响。

二、古印度国家的形成和统一

公元前 6 至前 4 世纪，是印度历史上奴隶制城邦普遍形成和发展的时代，由诸国分立逐步走向统一，通常称之为“列国时代”。由于佛教产生于这一时期，所以又称早期佛教时代。

在这一时期印度的社会生产力有了很大的发展。铁器普遍使用，农业生产水平提高，手工业分工更加专门化。印度各城邦普遍发展，并开始逐渐由分裂走向统一，印度历史发展的重心也由印度河流域转移到恒河流域。当时有 16 个大国，它们主要分布在恒河流域，多数是王国（实行君主制），少数是共和国。这些国家大都以一个城市为首都，并以此作为政治、经济、文化的中心，因而被称为城市国家或城邦。在这群雄并举的时代，争夺领土的战争是不可避免的，不同政体间的仇视也是显而易见的。城邦间不断发生兼并战争，在战争中逐渐形成了几个大国，其中以摩竭陀最为强大，并称霸列国。到难陀王朝（约公元前 364—前 324 年）时，摩竭陀逐渐统一了次大陆的北部，为孔雀帝国的建立打下了基础。

列国时代经济的发展，促进了阶级关系的变化。刹帝利种姓不但拥有军政大权，而且成为最富有者。吠舍阶层的一些人通过经商、放债等手段，成为新兴的奴隶主阶级。经济实力的增长使他们再也不能容忍婆罗门种姓的特权地位。与此同时，低级种姓的大部分人处境却越来越坏，有的甚至沦为不可接触的“贱民”，他们强烈要求冲破种姓制度的束缚。印度出现了犹如中国春秋战国时代的“百家争鸣”局面，佛教便是在这种背景下应运而生的。

佛教的创始人是乔达摩·悉达多（约公元前 565—前 485 年），后被称为释迦牟尼，意为“释迦族的圣人”，或称佛陀（简称佛），意为“觉者”。释迦牟尼是净饭王之子，属刹帝利种姓。本来过着奢侈舒适的生活。据说他因出游时曾在东、南、西、北四门分别见到了一个老人、一个病人、一个死人和一个修行者，深深感到常人的生、老、病、死之苦，于是在 29 岁时出家修行。他起初遍访名师，但一无所获；接着又在森林中苦修六年，仍无所得；后走出森林，在一菩提树下经 49 天的苦思冥想，顿然大彻大悟，终修成佛。

佛教的主要教义是“四谛”说。“谛”是“真理”之意，“四谛”即苦谛、集谛、灭谛和道谛。佛教的经典是佛经，分经藏、律藏和论藏三部分，总称“三藏”。佛教主张“众生平等”，认为一切种姓将在教内合而为一；只要笃信佛教，不论哪个种姓的人都可以得到解脱。佛教反对婆罗门教的神造种姓之说，认为婆罗门种姓也是婚娶所生，与世无异；并且认为刹帝利种姓是在人类社会形成之初由人们选出来的正法治民的有德之士，应居于第一等级的地位。佛教的教义有利于刹帝利种姓和吠舍种姓，因此他们常常捐款、赠物支持佛教。佛教也易于为多苦多难的下层人民所接受，对社会下层很有吸引力，这是它能够战胜其他宗教迅速传播的重要原因。后来，佛教还曾经举行过几次结集，对经典进行解释，以使佛教教义适应变化了的形势。早期佛教在反对婆罗门教及僧侣的特权地位方面起了一定的积极作用，但其基本教义仍有维护奴隶主阶级统治的一面。

公元前1000年代后期的孔雀帝国时代，是古代印度奴隶制政治经济的繁荣时代。列国时代社会经济的发展，商品货币关系的发展，为南亚次大陆的统一、帝国的建立准备了一定的条件；再加上大国之间的争霸战争，婆罗门势力受到了沉重打击，为帝国的形成创造了良好的政治环境；以佛教和耆那教为代表的反婆罗门势力对婆罗门教的批判和对瓦尔那制度的批判，为帝国的形成奠定了思想基础，印度出现了由割据小邦走向统一帝国的趋势。

公元前327年，马其顿亚历山大对印度河流域的入侵，激发了印度人民的爱国热情。恒河流域已基本上被摩竭陀的难陀王朝所统一，但西北印度河流域却从公元前6世纪末起先后遭到波斯和亚历山大帝国的入侵。面对外族的统治，印度社会充满了反抗情绪，政局动荡不安，起义到处发生。这时有个叫旃陀罗笈多的人，组织散兵游勇，开展反对马其顿的斗争，并于公元前324年自立为王。据说旃陀罗笈多出身于一个养孔雀的家族，故称其建立的王朝为孔雀王朝。

孔雀王朝建立后，依靠强大的常备军继续进行扩张，并成功地抵御了塞琉古王国的入侵。旃陀罗笈多死后，后继者仍奉行扩张政策，最终建立了印度历史上空前庞大的帝国，它的边界东起阿萨姆西界，西至兴都库什山，南抵迈索尔，北达喜马拉雅山南麓。孔雀帝国是一个奴隶制君主专制的国家，国王集行政、军事、司法等大权于一身，是国家的最高主宰。王权被神化，表明神圣不可侵犯。国王之下建立了一套庞大的官僚统治机构。地方上划分行省，设总督进行统治，都城附近的省份由国王直辖。地方组织是村社，设村长管理。另外，帝国境内还有一些独立或半独立的部落。在孔雀帝国时期，全国土地名义上归国王所有，实际上分国家和国王占有、村社占有、私人占有、贵族占有等几种形式。国家占有的土地主要是未开垦的荒地、森林、水源等，其收入归国库。国王占有的土地为王室私有，其收入归王室。村社土地分为两种类型：一种实行共耕制，即以血缘关系为基础、实行共同耕作的原始公社型；另一种实行分耕制，即把土地分给各个家庭使用，但水源、道路等仍属公社所有的农村公社型。贵族占有的土地主要来源于国王的赏赐，这种土地不得转让、出卖和抵押，由此证明此时私有土地已经存在。

阿育王统治时期是孔雀帝国最强盛的时期。为了加强统治，阿育王放弃了武力征服政策，转而支持佛教。从王家铭文看，阿育王竭力劝导人们要把家庭放在首位，要服从父母，尊敬师长，对朋友、亲戚、同伴、苦行者和婆罗门要友好，对奴隶、仆从要体恤。他废止了斗兽一类的血腥娱乐，限制杀生祭祀。他还注意兴办公共福利事业，认真处理国事，建筑宫殿和神庙。印度赢得了难得的比较长期的和平，孔雀帝国也在这一时期进入鼎盛时期。但由于次大陆社会发展的不平衡，帝国各地在政治、经济、文化上仍有很大的独立性，缺乏牢固统一的经济基础，因此，这个以武力征服而建立的帝国不可能长期存在下去。公元前187年，孔雀王朝的最后一个国王被其部将所杀，孔雀帝国遂告覆亡。此后，印度陷入长期的分裂混战之中，并多次遭外族入侵。入侵的外族大都未能在印度建立巩固的统治，只有大月氏人在印度的西北部建立了较强大的贵霜帝国。

贵霜为大月氏人的一支，公元1世纪初贵霜的丘就却(公元15—65年)在印度建立起统一的奴隶制国家——贵霜王国。此后其后继者奉行扩张政策。约公元78年，贵霜已发展成为一个庞大的帝国，其疆域北自花剌子模，南达文迪亚山，西起咸海，东至葱岭，包括中亚细亚和北印度的大部分。大月氏人从事游牧业，西迁后因受当地影响，逐渐转向以农业为主。随着帝国疆域的不断扩大，其内部奴隶制经济也不断发展，水利灌溉系统扩大，农业生产提高。因贵霜帝国地处“丝绸之路”的必经之地，东与中国、西与安息和罗马都有频繁的贸易往来，并从过往客商中获得巨利，商品经济繁荣一时。这个大帝国从咸海一直伸展到印度洋，是当时与罗马、安息、中国(东汉)三大帝国并驾齐驱的大国之一。

但是，贵霜是靠武力征服建立起来的国家，没有统一的经济基础，且帝国境内民族矛盾、阶级矛盾错综复杂，所以到公元3世纪时已分裂为若干小公国。至公元4世纪，笈多帝国在印度东部兴起，并很快统一了北印度，贵霜诸王公便处在笈多帝国的控制之下。5世纪时，白匈奴人兴起于北方，后来又侵入印度河流域，贵霜残余势力终被其所灭。

随着社会的发展，佛教学说大约于公元1世纪演变出大乘佛教。“乘”是“运载”的意思。“大乘”意为能运载更多的信徒由世俗的此岸到达“涅磐”的彼岸。大乘佛教产生后，原来的佛教则被贬称为小乘佛教。大乘佛教与小乘佛教的主要区别是：在宇宙观上，小乘主张“我空有法”；大乘则主张“法我皆空”。在修道途径上，小乘讲自度；大乘讲兼度，即不仅要度自己，还要度他人。小乘的理想极果是阿罗汉，理想境界是无余涅磐；而大乘的理想极果是佛，理想境界是无住涅磐，即成佛后还要下凡世间普度众生。小乘认为佛是现世的师祖，只要按照他的教导做事就可自救，不必崇拜其偶像；大乘则认为佛是神通广大的神，有许多化身，既要对其虔诚信仰，又要崇拜其偶像。大乘佛教迅速传播开来，后来终于发展成为世界三大宗教之一。

三、古代印度文化

约公元前3000年代中期，印度河流域的居民就创造了图章文字，这种文字迄今未能释读。约到公元前1000年代初期，印度人民创造了字母文字——婆罗米文和梵文。其中流行最广的是梵文，它有47个字母，词根和语法结构与古波斯文、古希腊文、古拉丁文相似，在语言上属印欧语系。古代印度的字母文字对南亚、东南亚和中国西藏字母的产生曾发生过很大影响。斯里兰卡人借用印度字母创造了僧加罗字母。后来，一部分斯里兰卡人移居马尔代夫，印度字母在那里生根发芽，产生了马尔代夫字母。在北方，尼泊尔、锡金和中国西藏等，都借用印度的字母，创造了自已的字母文字。在东南亚，由于印度文化的巨大影响，几乎所有的古代字母文字，不管是缅甸的孟文字母，还是孟加拉的孟加拉字母，或者是泰国、印度尼西亚等地的字母，大多是在印度文字的影响下发展起来的。在大约2000年的时间里，印度字母曾经演变成60种以上的字母文字，书写过5大语言系统的35种以上的语言和方言。公元1000年以后，印度字母的影响逐步下降。先是阿拉伯字母借助其政治、军事和宗教力量，将印度字母从巴基斯坦等地排挤出去。西方殖民主义者东来后，在东南亚等地推广拉丁字母，菲律宾、印度尼西亚、马来西亚等国先是接受了阿拉伯字母，后来又改用拉丁字母，印度字母只是在缅甸、泰国、老挝、柬埔寨等佛教势力强大的国家还在继续使用。

在古代印度，朴素唯物主义哲学产生很早，其中较有影响的是顺世论哲学。顺世论哲学约出现于公元前1000年代前半期，它认为世界由地、水、风、火四大元素构成；生命产生于物质；认识来源于感性知觉；灵魂不能独立于肉体而存在。它反对婆罗门教杀牲祭天的行为，还反对佛教所主张的禁欲主义等等。

在印度婆罗门教和佛教学说中，也包含有唯心主义的哲学思想，例如婆罗门教认为，梵（精神世界）是第一性的，是万物的根源；梵是唯一的真实存在，而世间的一切现象却是虚幻的，佛教的整个宇宙观也是以唯心主义为基础的。

在自然科学方面，由于农业的发展需要预测季节和河水泛滥的日期，古代印度人于公元前1000年代甚至更早就有了天文历法方面的知识。古代印度人把一年分为12个月，每月30天，每隔5年加上1个闰月，以调整年历与天文历之差。

在数学方面，早在哈拉巴文化时期，印度就采用十进制记数法。现存最早的印度天文学著作《准绳经》中已有勾股定理、圆周率（当时测定的圆周率为3.09）等方面的记载。古代印度在数学方面的最大贡献是发明了表达数字的1,2,3,4,5,6,7,8,9,0十个符号。这10个符号经阿拉伯人略作修改后传到欧洲，被称为阿拉伯数字，已为全世界所通用。

古代印度的医学也相当发达。在现存的文献中有治疗麻风、黄疸、风湿等77种疾病的药方，在《吠陀本集》和《百道梵书》中甚至有关于解剖学、胚胎学、麻醉学等方面的知识。

古代印度在建筑艺术方面的成就很突出。随着佛教的流行，建造供佛用的佛塔曾盛行一时。最著名的是位于博帕尔附近的佛塔建筑桑奇，它始建于阿育王时代，公元前2世纪继续扩建。原有佛塔8座，今仅存3座，佛塔古朴雄浑，庄严秀丽，横梁上的长条浮雕犹如中国传统绘画中的长卷，特别适合于叙述故事。故事多取材于《佛本生经》。孔雀帝国时期还盛行建造刻有诏令和各种图案的圆形大石柱。每个石柱都是一整块岩石，由柱身和柱头两部分组成，有的高达 30 余 ft，重 50t。阿育王在鹿野苑地方建造的石柱最为有名，其顶端刻有四个栩栩如生、雄劲有力的半身狮像，象征着专制王权的威严。公元 1 至 3 世纪，印度出现了健陀罗艺术。这种艺术以雕刻佛陀和诸菩萨的石像而著名。石像与雕刻多吸收了古希腊的雕塑艺术，如佛的形象很像古希腊的太阳神阿波罗，体现了东西方文化的融和。

阿旎陀石窟是佛教艺术的另一代表作，它位于马哈拉施特邦北部文迪亚山的悬崖上，始凿于公元前 1 世纪，终于公元 7 世纪。石窟共 29 座，环布于高 100 多 m、长 505m 的新月形山峰的山腰间，犹如一座巨大的半圆形剧场或画廊。石窟大致分为两类，一类是供佛教徒进行佛事活动的佛殿，一类是供僧众居住的佛寺和僧房。石窟中保存着大量以佛教为题材的精美雕刻与色彩鲜艳的壁画，描述佛陀的生平以及古代印度人的生产与生活，构思精巧，工笔精细，人体比例匀称，表情丰富。如第 19 窟的《蛇王与王后》浮雕，蛇王头戴宝冠，气派高贵舒适，双目低垂，似在沉思冥想。蛇后神态优雅而悠闲，依恋地背倚蛇王。而第 1 窟是大乘佛教艺术的典范之作，窟内的佛陀雕像高约 3m，从 3 个不同的角度表现了佛祖 3 种不同的神态：正面沉思、左面欢笑、右面痛苦。整个画面惟妙惟肖，又充满哲理。

古代印度的文化教育最初产生于吠陀时代。最初早期的教育是在家庭中进行的，应当是采取父传子的方式，所学的课程主要是吠陀和史诗。公元前 7 至前 5 世纪《奥义书》的出现使教育得到了新的发展，由于《奥义书》是一部哲学教科书，重哲理思辨，于是就出现了专门的教师，教学场所也由家庭迁到教师的住处。佛教产生后，教育的场所又由教师的住处搬到了佛教的寺院。但正如《摩奴法典》上所记，如果首陀罗听了吠陀，就用熔化的锡灌满其耳朵；如果他胆敢吟诵吠陀，就把他的舌头割掉……，在奴隶社会的印度，奴隶和下层劳动人民被剥夺了受教育的权利。

古印度是人类文明的发源地之一，古印度文明以其异常丰富、玄奥和神奇深深地吸引着世人，对亚洲诸国包括中国产生过深远的影响。古代印度在文学、哲学和自然科学等方面对人类文明作出了独创性的贡献。最显著的特征是其宗教性。时至今日，我们仍能感受到作为人类文明发源地之一的广大南亚人民创造的独具特色的文化魅力！

第四节　古代希腊

古代希腊是世界五大文明发祥地之一，作为欧洲文明的摇篮，它的文明史主要演进在希腊半岛、爱琴海诸岛和小亚细亚西部沿岸这一广大的“爱琴海世界”上。公元前 2000 年至公元前 1200 年，希腊出现最初的爱琴文明，由于多利亚人的南下入侵，毁灭了这一文明，使希腊文明进程发生倒退，文明传统断绝约 300 年之久。公元前 8 世纪至公元前 6 世纪，希腊社会重新步入文明社会，在广阔的爱琴海世界范围内，形成了数以百计的奴隶制城邦，在小国纷立的城邦体制下，希腊文明取得了杰出成就，在世界文明史上形成独具一格的希腊古典文明，对其后的西方文明产生了重大而深远的影响。

一、爱琴文明与荷马时代

古代希腊的地理范围包括希腊半岛、爱琴海诸岛和小亚细亚西部沿海地带。爱琴海诸岛是古希腊人最早活动的区域，海面上分布着 483 个大小岛屿，其中最大的克里特岛横列海中，位置优越，成为南连埃及、北通希腊的重要枢纽。古希腊人活动的中心舞台是希腊半岛，希腊半岛按自然地理条件可分为北、中、南三部分，北希腊主要由伊庇鲁斯山地和色萨利平原组成，中希腊被山脉分成彼阿提亚、科林斯、阿提卡等 8 个自然区，南希腊亦称伯罗奔尼撒半岛，分成美塞尼亚、阿尔哥斯、拉哥尼亚等区域。古希腊最大的政治、经济和文化中心雅典位于阿提卡半岛，最大的城邦斯巴达位于拉哥尼亚平原。

希腊半岛山多地少，土地贫瘠，农产不丰。但银、铁、铜、大理石、石灰石、陶土等石材，矿产丰富，有利于工商业的发展。气候属于半温带的地中海型，无酷暑和严冬，温度适中。小亚细亚西部沿海地带也是古希腊的组成部分。这里土地肥沃，海岸线曲折，多优良港湾，自然条件优越，为希腊半岛上的海外移民提供了广阔天地。

根据传统说法，古代希腊半岛最早的居民是皮拉斯吉人，海岛上的居民是勒勒吉人，他们是非希腊语族人。大约在公元前 2000 年至前 1200 年左右，属于印欧语系的希腊语人从多瑙河流域进入希腊北部，其中一部分从北方进入中、南希腊。到公元前 1000 年左右，希腊语人的诸部落占据了希腊各地，依其方言的不同，他们分别被称为多利亚人、爱奥尼亚人、伊奥利亚人和阿卡亚人，希腊原有的土著居民逐渐被同化。

古希腊文明发轫于爱琴文明。在爱琴文明遗迹发现之前，希腊神话中就保留着南海“迷宫”的传说。19 世纪末，欧洲的一些考古学家试图寻找希腊神话中提到的特洛伊城和克里特岛米诺斯王宫遗址。德国人谢里曼首先对小亚的特洛伊和南希腊的迈锡尼等地进行考古发掘，取得了惊人的成就。1900 年，英国考古学家伊文斯博士又在克里特岛北部的克诺萨斯发现了米诺斯王宫遗址，终使古老的爱琴文明大白于天下。

由于爱琴文明的发现，使希腊的历史可以追溯到更古的时代，成为世界五大文明发祥地之一。爱琴文明的中心是克里特岛和南希腊的迈锡尼城，因此又称克里特·迈锡尼文明。从公元前 2000 年克里特岛上出现最早的奴隶制国家起，到公元前 1200 年迈锡尼灭亡止，爱琴海地区的上古国家存在约八百年。

公元前 12 世纪前后，希腊语种的一支多利安人入侵希腊半岛和克里特岛，毁灭了仅存在于爱琴海局部地区的爱琴文明，导致希腊历史的发展经历了几个世纪的曲折，这个过程在历史上称为“荷马时代”（公元前 11 世纪—前 9 世纪），它因荷马史诗而得名，荷马史诗是这一时期唯一的文字史料。

荷马史诗包括《伊利亚特》和《奥德赛》两部分，两诗题材都与特洛伊战争有关。《伊利亚特》共 24 卷，15693 行，主要叙述特洛伊战争最后一年的故事，它描写希腊联军英雄阿基里斯因女奴被主帅阿加米农所夺，盛怒之下拒绝作战，希腊军因此受挫，连遭败绩。后来阿基里斯因好友帕特洛克罗斯战死，再度上阵，终于刺死特洛伊主将赫克托尔，希腊军获胜，凯旋而归。《奥德赛》也是 24 卷，12110 行，它描写特洛伊战争后，希腊英雄奥德赛在海上漂泊 10 年，经历种种艰险，最后回到故乡，杀死那些为非作歹、向他妻子帕涅罗普求婚的贵族恶少，终于家人团聚。这两部史诗经希腊的民间行吟歌手一代代地加工提炼，逐渐形成了围绕中心事件的叙事诗，大概到公元前 9—前 8 世纪由盲诗人荷马最后整理定型。公元前 6 世纪庇希特拉图主政雅典时，荷马史诗才形成文字定本。荷马史诗虽非真正的历史著作，但却具有重要的史料价值。

二、古风时代

公元前 8—前 6 世纪是希腊奴隶制城邦形成时期，史学家们称之为“古风时代”，它前承黑暗的荷马时代，后启辉煌的古典时代，是希腊史上一个重要的转折阶段。

希腊城邦是古希腊人在其特定的历史文化背景和地理环境中创造的一种早期国家形式。城邦即城市国家，其主要特征是：通常以一个城市为中心，联合周围农村，小国寡民，独立自治，实行公民集体专政。城邦国家的出现，是古希腊社会生产力发展和阶级斗争尖锐化的结果。

在古风时代，希腊生产力发展到了新的水平，农业上开始采用多头牛牵引的有铁犁头的犁进行深耕细作，制陶术也有了改进，精美的“黑画陶”和“红画陶”逐渐取代了荷马时代的“几何陶”，农业与手工业的发展，促进了商业与交换的兴盛，希腊各地间及其与地中海沿岸各地的贸易往来日益增多。

社会经济的发展使氏族社会内部的矛盾日趋尖锐。氏族贵族通过侵占公有土地、兼并公社成员份地，成为富有的家族，一般公社成员则降为生活窘困的平民，甚至沦为债务奴隶。围绕土地、债务等问题，平民与贵族展开了激烈斗争。在斗争中，原始公社制渐趋崩溃，代之而起的是阶级压迫的工具——国家。在希腊，国家的普遍形式是城邦。在古风时代末期，希腊已有约 300 个城邦，分布在希腊半岛、小亚细亚沿海、地中海和黑海周围。

古风时代是希腊城邦普遍建立的时期，也是希腊历史上向海外大规模殖民的时期。这个时期的殖民，与荷马时代的部落迁移有所不同，它具有更广阔的社会背景，所以史称大殖民运动。

希腊人进行大殖民有着深刻的内部原因和社会背景。首先，殖民运动是各城邦解决土地、人口、灾荒等危机问题的重要手段。由于当时生产力不够发达，耕地有限，贫瘠多山的希腊半岛养活不了过多的人口，没有分到土地的人必须外出谋生；一些在氏族贵族兼并中失去土地的农民，为了免受奴役，他们借助航海条件的便利，到海外去谋求生路；另外，自然灾害也迫使部分公民外出移民，以求渡过难关。殖民的另一个原因是政治性的，即城邦为了平息公民内部矛盾，向外输出斗争中的失败者。殖民运动的第三个原因是工商业者为了开辟市场，寻求原料和奴隶来源而外出经营，他们在商业据点建立了新的城邦，这个因素愈到后期愈显得重要。

希腊人殖民的主要方向，东北至爱琴海北岸及黑海沿岸，西到西西里岛、意大利南部、高卢和西班牙沿海，南去埃及和利比亚等地。至公元前550年左右殖民运动结束时，共约44个城邦的公民在异族境内建起139个殖民地，环绕在地中海和黑海沿岸。较重要的有西西里岛的叙拉古、意大利的塔林敦、那不勒斯，法国南部的马赛利亚（今马赛），博斯普鲁斯海峡的拜占廷，黑海南岸的西诺普，北非的诺克拉底斯等。

斯巴达位于伯罗奔尼撒半岛东南部的拉哥尼亚平原，是希腊面积最大的城邦。斯巴达国家奉行贵族政体，它设有两个世袭的权位相等的国王，平时不起重要作用，战时一王统帅军队，权力较大。除国王之外，另设长老会议、公民大会和监察官等权力机构。长老会议是斯巴达最高权力机关，一切重大事务都由它决定。长老会议成员除2个国王外，还有28个最显贵的60岁以上的贵族。公民大会由年满30岁的全体斯巴达成年男子组成，它不能提议案和进行讨论，只有形式上的表决权。监察官共5人，一年一任，有监督国王、长老和公民之权，监察官制度长期沿用。迨至公元前5世纪，监察官成为斯巴达事实上的最高统治者。斯巴达的政治权力始终操纵在贵族寡头手中。

斯巴达国家实行极为严格的军事制度和教育制度，其全民皆兵、重武轻文的程度在世界历史上可谓空前绝后。

斯巴达贵族凭借强大的武力，辅以外交胁迫等手段，逐步制服了南希腊的多数城邦，结成了由斯巴达领导的军事同盟——斯巴达同盟。到公元前530年，除阿尔哥斯等个别城邦外，伯罗奔尼撒半岛上的城邦几乎都加入了该同盟，故现代学者称之为“伯罗奔尼撒同盟”，后来成为斯巴达争夺希腊霸权的重要工具。

雅典位于中希腊的阿提卡半岛。雅典城邦国家的形成经历了以四个重大事件为代表的4个发展阶段：

(1)传说中的提修斯改革，主要包括两方面的内容：一是统一阿提卡，设立以雅典城为中心的中央议事会，废除阿提卡各城镇的议事会和行政机构，把各部落的重大事务收归中央议事会处理，从而实现了阿提卡的统一；二是把阿提卡居民划分为贵族、农民和手工业者三个等级，规定只有贵族才能担任官职，掌握行政、司法和宗教方面的权力，以法律的形式把贵族的特权固定下来，而农民和手工业者则没有任何权力，成为平民。提修斯改革反映了当时雅典社会发展的要求，公共权力的建立和按等级划分居民，标志着雅典国家开始萌芽。

(2)公元前 594 年的梭伦改革,主要内容有:第一,颁布《解负令》,解除债务和由于负债而遭受的奴役;第二,按财产资格将公民划分为 4 个等级,并规定了相应的权利和义务;第三,创立 400 人会议和陪审法庭,提高公民大会的权力;第四,采取奖励发展工商业的措施。梭伦改革使国家机构进一步完备,氏族制残余部分清除。

(3)公元前 560 年庇希特拉图实行僭主政治,巩固并发展了梭伦改革的成果。

(4)公元前 509 年克里斯提尼实行了民主改革,其内容有:第一,新创 10 个地区部落以取代原先的 4 个血缘部落;第二,建立 500 人会议以代替四百人会议,为公民大会的常设机关;第三,设立 10 将军委员会;第四,实行陶片放逐法。克里斯提尼改革最后完善了雅典国家机器,确立了奴隶制民主政治。

三、古典时代

公元前 5 世纪,希腊历史进入古典时代(公元前 5 至前 4 世纪前期),即希腊奴隶制社会发展的典型时代。在古典时代爆发了两次大规模战争,即希波战争和伯罗奔尼撒战争,一般说来,前者使希腊逐渐繁荣,后者则使希腊日趋衰落。

希波战争由波斯帝国的西进扩张而引发。自公元前 546 年起,波斯先后征服了小亚细亚各希腊城邦,占领色雷斯和黑海海峡,截断了希腊与黑海的交通。黑海沿岸原为希腊各邦特别是雅典的粮食供应地、商品市场和奴隶来源场所,波斯的占领妨碍了希腊各邦的经济发展,威胁到它们的生存。在这种形势下,希腊各邦为了自身的生存及海外贸易的发展,奋起反抗波斯的侵略扩张。

公元前 500 年,小亚细亚西岸的希腊城邦米利都发生反抗波斯统治的起义,成为希波战争的导火线。波斯在平息起义后,便以雅典曾援助米利都为借口,立刻把战争的矛头对准希腊半岛,拉开了希波战争的序幕。

希波战争的第一阶段,从公元前 492 年到公元前 479 年,波斯对希腊本土发动了 3 次远征。

希波战争的第二阶段,从公元前 478 年至公元前 449 年,以雅典为首的希腊军转入反攻,战争的目的是为了争夺爱琴海霸权。

公元前 449 年,雅典与波斯都苦于难以彻底战胜对方,不得不握手言和,签署《卡里阿斯和约》。希波战争至此以希腊尤其是雅典的胜利而告终。

希腊的胜利重新打开了通往黑海的航道,其政治、经济的发展在公元前 5 世纪中叶进入黄金时代,为日后的西方文明奠定了基础。

伯罗奔尼撒战争是雅典和斯巴达两大城邦集团间经济和政治利益发生尖锐矛盾的结果。希波战争以后,斯巴达与雅典为了争夺西部地中海、特别是西西里的财富和商品市场,称霸希腊,展开了激烈斗争。同时,雅典的民主政治和斯巴达的贵族政治也水火难容,两者各自支持对方的敌对派，以期达到称霸希腊的目的。这样，经过多次小规模的冲突，终于在公元前431年3月爆发了大规模的伯罗奔尼撒战争。

伯罗奔尼撒战争(公元前431年—前404年)虽是一场希腊的内战，但其牵涉之广、损失之大、杀戮之惨却远甚于希波战争。战后，整个希腊民穷财尽，经济陷于混乱，政治走向无序，文化遭到破坏，斯巴达与雅典两败俱伤。此后，希腊历史进入城邦危机阶段，希腊古典文明亦由全盛走向衰落。

伯罗奔尼撒战争后，希腊奴隶制城邦结束了它的黄金时代，进入到风雨飘摇的城邦危机之中。

由于战争、瘟疫、弃婴、饥饿和贫困，各邦公民人口锐减，公民兵得不到补充，城邦政治的支柱——公民兵制动摇了。战争还加剧了贫富两极分化，土地和财富日益集中到少数人手中，城邦的经济基础——小农和小手工业经济逐渐瓦解，成为城邦危机的根源。由于两极分化严重和大奴隶主经济的发展，各邦内部的阶级斗争趋于白热化。

伴随着各邦内部的危机，城邦之间争夺霸权的斗争连绵不断。斯巴达战胜雅典后称霸希腊，向各邦征收重税，推行贵族寡头政治，激起各邦的强烈反对。公元前395—前387年，雅典、阿尔哥斯、科林斯和底比斯组成联军，同斯巴达发生大战，史称科林斯战争。斯巴达战败，失去了霸权地位，此后，底比斯又称霸希腊，历时10余年。公元前378年，雅典联合70多个城邦，组成第二次海上同盟，但至公元前355年即告瓦解。城邦间的混战破坏了希腊社会的经济基础，使各邦相继衰落下去，这便为马其顿征服希腊提供了有利的条件。

四、亚历山大帝国

亚历山大帝国是在马其顿王国的基础上兴起的。马其顿位于希腊北部，西北山区称上马其顿，东部沿海平原称为下马其顿。马其顿人与希腊人原为同族，但其文明发展明显晚于希腊人。

公元前4世纪中期，马其顿在国王腓力二世(公元前359年—前336年在位)统治时期，迅速崛起称雄，他即位后，大力进行改革。首先，他大力加强王权，削弱贵族势力，将马其顿成功地统一起来；其次，他进行军事改革，在希腊方阵基础上，创建更加具有攻击力，也更具灵活性的马其顿方阵；最后，在经济上，改革币制，实行金银复本位制，以便于对外贸易，鼓励发展工商业。经过改革，马其顿迅速发展为一个军事强国。

腓力二世凭借强大的武装力量，利用希腊各邦间的矛盾，侵占了爱琴海北岸地区，形成对希腊半岛的吞并之势。面对马其顿的威胁，希腊各城邦内出现了亲马其顿派和反马其顿派。公元前338年，腓力二世在中希腊的喀罗尼亚击败希腊反马其顿联军。从此，希腊沦于马其顿的统治之下。

公元前337年，腓力二世在科林斯主持召开除斯巴达外的全希腊会议，决定：希腊境内实现和平，建立永久同盟，并承认马其顿的领导地位，最后会议还通过了马其顿和希腊各邦共同出兵攻打波斯的计划。科林斯会议确立了马其顿在希腊的霸权，标志着希腊城邦时代的结束。

统一希腊后，腓力即着手准备东征波斯。在他整装待发之时，却于公元前 336 年在其女儿的婚宴上被刺身亡，时年 46 岁。时年 20 岁的腓力二世之子亚历山大（公元前 336—前 323 年在位）勇武而有将才，他继位后迅速平息了宫廷骚乱，制服了一批叛乱贵族，并以残暴手段镇压了底比斯等邦的反叛，随即便发动了对东方的大规模军事远征。

公元前 334—前 324 年，马其顿国王亚历山大三世对波斯、埃及、中亚、印度等国进行侵略战争。通过近十年东征，亚历山大建立起一个地跨欧、亚、非三大洲的奴隶制大帝国，其领土西起希腊，东至印度河流域，南括埃及，北抵中亚，几乎囊括了旧大陆除东亚之外的全部文明地区。如何统治如此广大的地区，是摆在亚历山大面前的一个艰巨任务。

亚历山大的第一项措施，是尊重被征服地区居民的宗教和文化习惯；其次，改造马其顿传统的君主制，促使其尽快完成向专制君主制的转变；最后，在各个战略要地建立城市，分派马其顿人和希腊人居住，将这些希腊人的城市作为加强统治的据点。据说亚历山大东征途中一共建立了 70 多座城市，其中有些城市如埃及的亚历山大里亚，后来发展成为著名的政治、经济和文化中心。

亚历山大虽然建立了辽阔的军事大帝国，但仍企图继续扩大侵略地盘。公元前 323 年，当他正要出兵阿拉伯时，突患恶性疟疾，高烧而死，终年 33 岁。

亚历山大死后，这个靠武力征服建立起来的帝国随即出现分裂。希腊各邦和波斯各地乘机独立，亚历山大的部将各据一方，为争夺继承权而长期混战。公元前 301 年伊普索斯战役之后，在亚历山大帝国的基础上形成三个大的国家，即马其顿·希腊王国（亦称安提柯王国）、托勒密王国和塞琉古王国。这些国家均实行中央集权制，希腊文化和东方文化相互融合，并展现出进一步发展的特色。这些王国存在时间不一，先后被罗马所灭。从亚历山大帝国分裂起，到公元前 30 年罗马灭托勒密王国止，史称希腊化时期。

五、古代希腊文化成就

古希腊最富影响的神祇系统是奥林匹斯神系，最主要的神有 12 个。其中宙斯是最高的天神和众神之父，统治着天上和人间的整个世界，被称为“众神之父和万人之王”。神后是赫拉（宙斯的姐姐兼妻子，婚嫁之神），宙斯的两个兄弟是海神波赛东和冥界神哈德斯，宙斯的两个姐妹是农神迪米特尔和灶神（家神）赫斯提亚，战神阿雷斯和火神赫斐斯托是宙斯与赫拉的儿子，其余的神是宙斯与其他女神所生的子女，有太阳神阿波罗、月亮神阿尔狄米斯（即狩猎女神）、智慧女神雅典娜、爱与美神阿芙罗狄。

除奥林匹斯神系的诸神外，普罗米修斯、赫拉克利斯、伊阿宋、提修斯、阿基里斯、俄狄普斯、奥德赛等神和英雄的名字也在古希腊人中广泛流传。

古代希腊的文学产生于荷马时代。荷马的《伊利亚特》和《奥德赛》乃人人必读之作。诗人希西阿德的《田功农时》是经营和赞颂农业劳动的田园诗篇。《伊索寓言》是希腊著名的散文作品,相传为释放奴隶伊索所作。《伊索寓言》今存300余篇,大多以一个简短的故事影射权贵,并给予辛辣的讽嘲和无情的鞭挞,反映了下层人民的思想感情。

希腊文学的最大成就是它的戏剧,分悲剧和喜剧。古典时代的雅典,产生了埃斯库罗斯、索福克勒斯和幼里庇第斯三位伟大的悲剧作家,代表作分别是《被缚的普罗米修斯》《俄狄浦斯王》《美狄亚》。喜剧作家中最著名的是阿里斯托芬,一生创作了44部喜剧,现存11部如《骑士》《马蜂》《和平》《阿卡奈人》《吕西斯特拉塔》《鸟》等。

泰利斯、赫拉克利特和德漠克利特是古希腊著名的朴素唯物主义哲学家,在西方哲学史上占有重要地位。古希腊唯心主义哲学的主要代表人物是苏格拉底和柏拉图。柏拉图是苏格拉底的学生,古希腊唯心主义哲学集大成者,他是欧洲哲学史上第一个建立唯心主义哲学体系的哲学家,其哲学理论的核心是唯心主义的"理念论"。亚里斯多德是柏拉图的学生,他是百科全书式的学者,涉足过当时的各门学科。他更加注重经验,对事物的看法,也主要从现实生活出发。

希罗多德是古希腊第一位史学家,被西方人誉为"历史之父"。他的史学巨著《历史》,共有9卷,记叙了希腊与波斯之间战争,故又称《希腊波斯战争史》。修昔底德是希腊第二位著名历史学家,他用编年记事体写成的《伯罗奔尼撒战争史》,共8卷。雅典的色诺芬写了《希腊史》7卷,作为《伯罗奔尼撒战争史》的续篇,一直写到公元前362年的曼提尼亚之战。

希腊的科学在吸收西亚和埃及成就的基础上有进一步的发展。毕达哥拉斯发现了勾股定理;恩培多克勒能够治疗多种疾病,解释了日食形成的规律;希波克拉底发现人类的疾病与地理环境有关系;阿那克萨哥拉正确解释了月食的原因,还认为太阳不过是一块灼热的石头;欧多克索斯试图根据实际观测和几何原理构想宇宙的几何模型;数学家欧几里得所著《几何原本》,是世界上最早的公理化的数学著作;阿基米德发现了杠杆定律和浮力的大小等于物体排开的液体重量的定律,提出了物体表面积和体积的计算方法,还改进了水车,设计了许多机械,并以其数学上的成就而被后世尊为"数学之神"。

在建筑方面,古希腊人善用柱廊。其圆柱的样式分为三种:多利亚式柱身粗壮,显得厚重朴实;爱奥尼亚式柱身稍纤细,显得典雅秀逸;科林斯式柱身细长精美,显得华丽精巧。这三大柱式的代表性建筑分别为帕特农神庙、伊利特昂神庙和奥林比昂神庙。

与建筑密切相关的是雕刻艺术。公元前5世纪,希腊出现了3位著名的雕刻家,米隆、坡利克利特和菲狄亚斯,其代表作分别是青铜雕像《掷铁饼者》《持矛者像》和《雅典娜像》。

第五节　古代罗马

继希腊之后，古代罗马又驰骋在欧洲的历史舞台上。自公元前753年罗马建城，到公元476年西罗马帝国灭亡，古代罗马的历史经历了王政、共和、帝国3个历史时期。王政时代是罗马氏族制度解体和城邦产生时期；共和时代的罗马通过内部平民与贵族的斗争，使城邦制度日臻完善，对外通过一系列的扩张，成为一个统治整个地中海区域的霸国，随着奴隶制度的发展，各种社会矛盾日益尖锐，从而导致共和国的灭亡；帝国时代是罗马奴隶制由全盛到衰落的时期，帝国前期社会经济空前繁荣，但公元3世纪以后，整个罗马陷入全面危机之中，随着封建生产关系的发展，分裂后的西罗马帝国在人民起义和外族入侵的双重打击下走向灭亡。

一、罗马共和国的建立和发展

古代罗马发祥于意大利半岛。意大利半岛位于地中海中部，三面环海，东隔亚得里亚海与巴尔干半岛相望，西面为科西嘉岛和撒丁岛，南面有西西里岛，北面的阿尔卑斯山是半岛与欧洲大陆之间的天然屏障。意大利半岛气候温和湿润，土地肥沃，对发展农牧业生产甚为有利。

古代意大利的居民成份比较复杂，后来称霸意大利的拉丁人大约是公元前2000年代迁入的。除拉丁人外，意大利中部有伊达拉里人、萨莫奈人，南部和西西里岛有希腊人和腓尼基人，北部有高卢人。罗马周围有许多部落，如沃尔斯奇人、埃奎人、萨宾人等。

相传罗马城是由两个被母狼哺育的孪生兄弟罗慕洛和勒摩斯于公元前753年建立的，从罗马建城到公元前510年共和国建立，有7个"王"相继执政统治罗马，因而被称为王政时代。

王政时代罗马的社会基层组织是氏族，传说罗马共有300个氏族，每10个氏族组成1个胞族(库里亚)，每10个胞族组成1个部落(特里布斯)，3个部落构成罗马公社。当时整个罗马公社有人民公社(库里亚大会)、元老院、王(勒克斯)3个领导机构。

随着生产力的发展，家长制家庭逐渐从氏族分离出来，成为社会的基本经济单位。一些富有的家庭形成了氏族贵族，一些贫困破产的家庭则成了前者的被保护人，他们从氏族贵族(保护人)那里领取份地，同时要为其服役。王政时代还出现了平民。平民因不在罗马公社之内，无权分得公有地，不能参加库里亚会议，不能担当公职，不得与贵族通婚，但却必须给罗马公社服兵役、纳赋税。

为了适应当时社会的发展需要，调整内部关系，王政时代的第六个"王"塞尔维乌斯·图里乌斯依靠平民的支持进行了改革。其主要内容有：第一，建立4个新的地域部落，取代原来的3个氏族部落；第二，按照财产多少，将罗马居民划分为5个等级；第三，创立百人队会议（森都里亚大会）。塞尔维乌斯改革基本上完成了由氏族制度向国家的过渡，改革标志着罗马国家的产生。

据说，王政时代的最后一个"王"是塔克文，他独断专行，残酷暴虐，激起了罗马人的不满。公元前509年，罗马人奋起反抗，推翻了塔克文的统治，结束了王政时代。从此，罗马每年由森都里亚大会从贵族中选出两名执政官治理国家，进入了共和国时期。

自立国之初，罗马就充满了平民反对贵族的斗争。经济上，平民要为罗马当兵打仗，却无权分到他们流血夺得的土地，战争加重了平民的兵役和赋税负担，使一些平民破产。在政治上，贵族把持国家政权，平民仍处于无权的地位。因此，在罗马共和国初期，平民展开了反对贵族的长期斗争。

公元前494年，罗马与邻近部落发生战争，平民拒绝服兵役，携带武器撤离到罗马东郊的圣山，并准备在那里另建新城。这时外敌压境，贵族无奈，被迫让步，只好同意平民有权推举两名保民官和举行平民会议。如果罗马高级官吏通过不利于平民的法律，保民官可行使否决权。平民的斗争取得了第一次重大胜利。

公元前451年—前450年，在平民的压力下，罗马颁布了成文法典，因这些法律条文刻在12块铜板上，故称十二铜表法。

公元前445年，平民取得与贵族通婚的权利，废止了十二铜表法中最不得人心的条文。

公元前376年，李锡尼和绥克斯图担任保民官，他们针对平民的要求提出了一个新法案，使平民和贵族之间存在的土地、债务和政权方面的矛盾得到了缓解。

公元前326年，罗马通过波提利阿法案，废除了债务奴隶制。

公元前287年，罗马又通过霍腾西阿法案，规定平民大会的决议不经元老院赞同而对全体罗马公民有法律效力。

至此，罗马平民反对贵族的斗争取得了基本胜利。

罗马建国之初，只是第伯河畔的一个小城邦，但罗马人凭借他们不屈不挠的精神和灵活的政策，经过200多年的战争，最后完成了对意大利的征服。

罗马征服意大利之后，又与西部地中海的海上霸国迦太基（今突尼斯）发生战争。迦太基是腓尼基人的殖民地，罗马人称腓尼基人为布匿人，因此这次战争史称布匿战争。公元前264年—前146年的3次布匿战争，使迦太基变成了罗马的阿非利加行省。

在进行布匿战争的同时，罗马还通过三次马其顿战争（公元前205—前168年），控制了整个希腊。罗马又通过叙利亚战争（公元前192—前190年），把小亚细亚和色雷斯纳入其势力范围。

经过近500年的扩张，罗马变成了一个地跨欧、亚、非三洲的大帝国。随着罗马的不断对外扩张，共和国的各种弊端逐渐暴露出来，最终埋葬了罗马共和国。

二、罗马共和国的衰亡

公元前3世纪—前2世纪，随着罗马奴隶制的发展，奴隶反抗奴隶主统治的起义接连不断，其中规模较大的是西西里奴隶起义。

在西西里奴隶起义的同时，意大利又掀起了以土地改革为中心的社会改革运动。公元前133年，提比略·格拉古担任平民保民官，他提出土地改革法案：规定每一家长占有公地不得超过500犹格，所占超额公地收归国有，然后按每30犹格一份分给无地或少地的小农，得到的土地不准买卖。法案遭到贵族的强烈反对，但最终在公民大会表决中获得通过。为了保证法案的执行，提比略决定参加下一届保民官的竞选。元老院贵族趁机诬蔑提比略想当独裁者，并武装袭击公民大会，提比略及其拥护者300余人惨遭杀害，他们的尸体被抛入第伯河。

但是，改革并未停止。公元前123年，盖约·格拉古当选为保民官，继续推行改革，他除坚持提出其兄为之献身的土地法外，还提出粮食法、审判法、亚细亚行省法、设置迦太基殖民地法、授予意大利同盟者公民权法等等。这些法案比提比略的法案更为激进，因而遭到了元老贵族更猛烈的反对。元老贵族重演故伎，武装袭击改革派，盖约及其追随者3000余人罹难。

公元前113年，爆发的"朱古达战争"暴露了罗马军队的弱点和官僚的腐败，在这种情况下产生了马略的军事改革。

公元前107年，民主派领袖马略出任执政官，他把按照财产条件从公民中征兵的旧制改为募兵制，招募的兵员由国家供应薪饷和武装，服役16年，退役后分给土地，对军团的编制等也作了改革。

经过马略改革，罗马兵源短缺的状况得到缓解，军队纪律和战斗力都有很大的改观。公元前105年，马略取得了朱古达战争的胜利，公元前102年—前101年打败了入侵意大利的日耳曼部落。但是，马略的改革，使得士兵长期追随自己的统帅，军队成为军事统帅争权夺利的工具，为日后内战和军事独裁的建立提供了条件。

马略改革后，充当雇佣兵成了意大利人的重要出路，而退役老兵争取分地的斗争也日趋激烈。在罗马，只有享有罗马公民权的人才有权分得土地。意大利人名为同盟者，实为附庸，他们没有罗马公民权，不但无权分得土地，而且自己的土地也被罗马人所侵占。因此，公元前91年—前88年意大利人发动争取罗马公民权的战争，史称同盟者战争。

公元前90年，奥斯库伦城首先发难，逐杀罗马人。接着，除罗马城近郊外，意大利中部和南部广大地区纷纷响应，起义者以科菲纽姆为中心创建国家，取名"意大利"。罗马派执政官起用名将马略、苏拉率兵征伐，但仍连遭败北。随后，罗马采用分化瓦解的手段，宣布未参与起义的同盟者可授以公民权，在两个月内放下武器者也可得到罗马公民权。起义队伍终被瓦解而归于失败。但起义者相继得到了罗马公民权，意大利贵族也逐渐加入了罗马统治者的行列，使狭隘的城邦藩篱开始被打破。

当同盟者战争正酣之际，小亚细亚的本都国王米特里达梯六世乘机进军罗马的亚细亚行省和希腊，逐杀罗马贪官、商人和高利贷者，并以取消债务、释放奴隶相号召，各地居民纷纷响应。同盟者战争结束后，罗马马上决定出兵镇压。但对于作战的指挥权，贵族派与民主派展开了激烈的争夺。

公元前 88 年，在元老贵族的支持下，苏拉获得了指挥权。但未及出师，公民大会便做出了撤换苏拉而以马略为统帅的决定。

苏拉闻讯，便挥师罗马。马略兵败逃往非洲，大批民主派分子被杀。苏拉召集元老院宣布马略党人为“公敌”，废除民主派法律，规定不经元老院批准，公民大会不得通过任何法案，将立法置于元老院的严密控制之下，并从苏拉的拥护者中补充 300 名元老。苏拉在巩固了自己的统治之后，于公元前 87 年出发东征。民主派乘机再起，夺取政权，对苏拉党人进行了血腥报复。公元前 86 年，马略及其支持者秦那当选为执政官。不久，马略去世，民主派仍控制着罗马局势。

苏拉战胜米特里达梯后，又卷土重来。于公元前 82 年他被宣布为无限期的独裁官，有权修改法律，处死任何罗马公民，没收其财产并任意加以处理。公元前 79 年，苏拉弃官还乡，次年病死。公元前 82—前 79 年这段时间，史称苏拉独裁。

苏拉独裁是代表奴隶主贵族利益的军事独裁，是罗马由共和国走向帝国的自然产物，也是建立帝制的一次演习。

苏拉独裁结束后，在罗马内争外患的余波尚未平息之时，意大利又爆发了斯巴达克领导的奴隶大起义(公元前 73—前 71 年)。

斯巴达克原为色雷斯人，在反对罗马的战争中被俘，并被卖为角斗奴。他体魄健壮，勇悍异常，富有智谋，因不甘忍受角斗奴的非人境遇，在公元前 73 年，与 200 名角斗士在加普亚密谋起义，后来起义队伍发展到 12 万人。公元前 71 年春，斯巴达克率军在阿普里亚境内与克拉苏展开决战。起义军浴血奋战，损失惨重，斯巴达克壮烈牺牲。起义终告失败，但起义军余部仍坚持斗争达 10 余年之久。斯巴达克起义加速了共和国的覆亡。

公元前 1 世纪中叶，罗马政治舞台上出现了 3 个头角峥嵘的人物，即庞培、克拉苏和恺撒。公元前 60 年，这 3 人结成秘密同盟，掌握罗马政权，实际上是三人的集体独裁，史称前 3 头政治(或前 3 头同盟)。

经三头协议，公元前 59 年，恺撒出任执政官。期满后，他又出任山南高卢总督，并以此为基地向山北高卢(法国、比利时等地)大肆扩张，到公元前 52 年几乎征服高卢全境，并曾东渡莱茵河进入日耳曼境，西渡海峡侵入不列颠。恺撒权势的增长，引起了庞培和克拉苏的嫉妒。但贪功心切的克拉苏死在了侵略安息的战争中。庞培则转而与元老院结盟，谋划解除恺撒的兵权。双方谈判破裂后，恺撒于公元前 49 年 1 月渡过卢比孔河，以迅雷不及掩耳之势攻占罗马。庞培携大批元老逃往希腊。公元前 48 年 6 月，在希腊境内的法萨卢决战中，恺撒军队彻底击败庞培军。庞培逃往埃及，为埃及国王托勒密廷臣所杀。接着，恺撒又平定了庞培的残余势力，凯旋罗马。

到公元前 45 年，恺撒成了罗马世界的唯一主宰。他被宣布为终身独裁官，还拥有许多其他的头衔，成了集军事、政治、宗教诸大权于一身的无冕君王。在内战和独裁期间，恺撒实行了多方面的改革。公元前 44 年 3 月 15 日，恺撒在元老院被布鲁图、卡西约等阴谋分子刺杀。

恺撒死后，罗马内战又起。这时，罗马政坛上 3 个有权势的人物安敦尼、雷必达和屋大维。于公元前 43 年 11 月，3 人公开结盟，并通过公民大会获得统治国家 5 年的权力，史称后 3 头政治(或后 3 头同盟)。

公元前 40 年，后 3 头同盟划分势力范围：屋大维管辖意大利及西部地区，安敦尼统治东方，雷必达治理非洲。不久，屋大维夺了雷必达的兵权，与安敦尼形成对峙之势。安敦尼贪恋声色，在埃及与女王克列奥巴特拉七世结婚，并宣称将其治下的领土赠与克列奥巴特拉之子。这使屋大维找到了反对安敦尼的借口。他通过元老院和公民大会宣布安敦尼为“祖国之敌”，并对埃及女王宣战。公元前 31 年，双方会战于希腊阿卡那尼亚西北隅的亚克兴海角。次年夏天，屋大维进军埃及，安敦尼和克利奥巴特拉七世均自杀，埃及被并入罗马版图。

至此，罗马内战结束，屋大维成了罗马世界的唯一主宰。共和国宣告灭亡，罗马奴隶制国家的历史进入了帝国时代。

三、罗马帝国的兴盛

公元前 30 年，屋大维被重新确定为终身保民官；公元前 29 年，获得“大元帅”的称号；公元前 28 年，获“元首”(国家第一公民、首席元老)称号；公元前 27 年 1 月 16 日，获“奥古斯都”的称号；公元前 12 年，担任大祭司；公元前 2 年，被授予“祖国之父”的最高荣誉称号。至此，屋大维身上的权力和荣誉称号达到了无以复加的地步。但由于共和制的影响及维护共和制的势力仍然存在，屋大维并没有马上称帝，而是以“元首政治”的形式进行统治。

为强化统治，屋大维采取了一系列措施。他整顿元老院；提高奴隶主阶级的地位，给予他们更多的特权；改善行省管理制度，调整对行省的统治政策；竭力维护奴隶制，对释放奴隶作了严格的限制；整编军队；对外继续执行侵略扩张政策等。

公元 14 年 8 月，屋大维去世。其养子提比略继位，从此开始了帝位继承制。前期罗马帝国包括 3 个王朝：朱里亚 · 克劳狄王朝(公元 14—68 年)、弗拉维王朝(公元 69—96 年)、安敦尼王朝(公元 96—192 年)。

朱里亚·克劳狄王朝时期，皇权进一步加强。提比略于公元15年颁布《制裁不敬法》，严厉制裁对皇帝本人的非议和反政府言行。他还重用近卫军卫护皇帝。但近卫军很快就扮演起决定皇帝废立的角色，提比略及其继承者卡里古拉均为近卫军所杀，而克劳狄则在近卫军的拥戴下当上皇帝。克劳狄（公元41—54年在位）设立了掌管内政外交的秘书处和财务处、司法处等中央管理机关，初步建立起官僚体系。克劳狄死后，尼禄（公元54—68年在位）继位，他暴虐无道，民怨沸腾，在众叛亲离中自杀。

公元69年，韦帕芗在军队拥立下，登上皇位，建立弗拉维王朝。为挽救濒临崩溃的国家财政，他一方面缩减政府开支，一方面加重税收，激起各方面的不满。及至末代皇帝图密善时（公元81—96年），政局动荡，他本人也在政变中被杀。

其后建立的安敦尼王朝进一步强化皇权，统治稳固，被称为帝国的黄金时代。但到马可·奥勒留统治时期（公元161—180年），他已无力阻挡蛮族入境。罗马陷入了危机四伏的境地。

四、罗马帝国的衰亡

公元2世纪末至3世纪末，罗马奴隶制社会陷入了严重危机。由于无力再进行大规模的对外侵略战争，奴隶来源减少，再加上强制性的劳动和残酷的剥削，奴隶失去了劳动积极性。随着农业的衰落，奴隶劳动无利可图，造成了手工业的衰落，又引起了商业和城市的萧条。

经济危机又引起政治危机，主要表现为皇位更替频繁，政局动荡不安。奴隶、隶农和其他各阶层人民起义此起彼伏，接连不断，几乎遍及罗马帝国各地。

在内乱之际，帝国北部边疆上蛮族的入侵加紧。公元3世纪中叶，日耳曼人突破帝国边境，法兰克人入居高卢中部，阿勒曼尼人南下意大利，哥特人向巴尔干半岛推进。在东方，新兴的萨珊波斯则不断向两河流域发动进攻。号称强大的罗马帝国已处于严重的危机之中。

基督教在公元1世纪中期开始产生于巴勒斯坦和小亚细亚的犹太下层人民中间。古代犹太人是一个多灾多难的民族。他们先后遭受亚述、新巴比伦、波斯、马其顿和罗马等国的统治和奴役。公元前63年，犹太被罗马征服后，犹太人几次爆发大起义，反抗罗马的统治，都遭到了血腥镇压。饱受家破国亡痛苦的犹太人，企盼上帝派“救世主”来拯救他们脱离苦难。于是，在小亚细亚和巴勒斯坦的犹太群众中出现一些秘密教派，宣传救世主将要来临的思想，基督教就是从这些秘密教派中演化而来的。

根据基督教的经典，基督教的创立者是耶稣，他是上帝之子，是到世间拯救人类的救世主（希腊语为“基督”）。他召集12个门徒，在犹太各地传教，创造出各种奇迹，可使死人复生、盲人复明等。耶稣因传教冒犯了犹太上层分子和罗马当局，被罗马总督彼拉多钉死在十字架上，但三日后复活显灵，然后又升天，如此等等。对耶稣其人的真实性，历来存有不同看法。公元1世纪的历史资料还不能充分证明其存在。

随着基督教的演变，罗马统治者对基督教的态度由过去的迫害、镇压，转变为利用扶植。公元313年，罗马皇帝君士坦丁为取得基督教对罗马帝国的支持，在米兰颁布敕令，承认基督教的合法地位。公元392年，皇帝狄奥多西正式宣布基督教为罗马国教，使基督教与罗马政权结合，成为罗马帝国统治的精神工具。

公元284年，近卫军长官戴克里先取得帝国政权，他不再用元首称号，正式采用君主制。从此，罗马历史进入后期帝国阶段。

为挽救濒临崩溃的罗马帝国，戴克里先实行了一些旨在加强君主专制的政策，政局曾得到暂时的控制。公元305年，戴克里先退位后，经过争夺帝位的混战，政权落入君士坦丁手中。随着帝国经济文化中心的东移，公元330年，君士坦丁在东部拜占庭建立新都，改名为君士坦丁堡。

戴克里先和君士坦丁在位时，是后期罗马帝国相对稳定的时期。此后帝国的内优外患更加严重。

公元337年，君士坦丁死后，统治集团内部争夺皇位的混战持续不断。395年帝国正式分裂为以罗马为首都的西罗马帝国和以君士坦丁堡为首都的东罗马帝国。帝国的分裂，预示着罗马帝国末日的来临。

4—5世纪，帝国社会经济更加衰落，奴隶、隶农和其他劳动人民的反抗斗争持续不断，北边的“蛮族”也成批移入并大举进攻罗马。

在人民起义和蛮族入侵的双重打击下，西罗马帝国土崩瓦解。476年，日尔曼人雇佣兵首领奥多亚克废黜了西罗马最后一个皇帝罗慕洛，早已名存实亡的西罗马帝国最后灭亡。西罗马帝国的灭亡标志着西欧、北非奴隶制社会的结束。

五、古代罗马文化

古罗马文学产生于共和时代。堪称罗马第一个诗人的李维·安德罗尼库，首次将荷马史诗《奥德赛》译成拉丁文。普劳图斯是一位多才的剧作家，据说他流传下《大言不惭的战士》《钱罐》等20余部作品。开创拉丁散文的当推大加图，他首次用拉丁文写了一部罗马史著《创始记》。共和末期的瓦罗则是一位博学的作家，著有《拉丁语研究》等数十种著作。

前期帝国是古罗马文学的黄金时代，涌现出维吉尔、贺拉斯、奥维德等著名诗人。到后期帝国时期，许多文学作品已充斥对圣明君主的颂谀之词，流于庸俗肤浅。

第一位罗马历史学家是法比乌斯·皮克托，用希腊文写了一部《罗马史》，但已失传。加图用拉丁文写的《创始记》，主要叙述了罗马的起源、布匿战争以及当时的大事，仅有残篇保存下来。

共和时代著名的历史学家有波里比阿、萨鲁斯特、恺撒等。帝国时期，李维著有《罗马建城以来的历史》，简称《罗马史》；塔西陀的主要著作有《编年史》《历史》和《日尔曼尼亚志》；普鲁塔克的名著是《希腊罗马名人传》，又称《传记集》；阿庇安用希腊文写成24卷《罗马史》。

古罗马在法学方面的贡献十分突出。公元前450年，罗马就颁布了十二铜表法。随着国家的扩大和发展，逐渐产生了公民法和万民法。罗马帝国时代，盖尤斯的《法学阶梯》、巴比尼安的《法学解答》、保罗的《法令阐释》等都是很有名的法学著作。公元528年，拜占廷帝国皇帝查士丁尼一世命特利波尼安等十名法学家校订罗马帝国时代的法典，于次年编成10卷（公元534年又增补成12卷），通称《查士丁尼法典》。罗马法对后世欧美各国法律产生过重大影响。

在自然科学中，古罗马以农学见长。加图和瓦罗的《农业志》是研究公元前3—前1世纪罗马农业经济的重要史料，而科鲁美拉的《农业志》则是研究帝国初期奴隶制经济的不可多得的历史文献。

地理学家斯特拉波所著《地理学》一书，对欧、亚、非三大洲都有描述，是研究古代地理学的杰作。老普林尼是一位博物学家，他费多年心血写成《自然史》（一译《博物志》，共37卷），论述了天文地理、医药卫生、物理化学、雕刻绘画等许多方面的知识，是世界古代史上的一部百科全书式的著作。

公元前3世纪以后，罗马吸收了古希腊的柱廊式建筑和装饰艺术，采用石拱结构，广建神庙、剧场、水道、桥梁、凯旋门等建筑物。帝国时代的建筑物更加华丽壮观。罗马城有30道城门，城内有成百座神庙、9个大剧场、16所公共浴场，以及许多宫殿、凯旋门、纪功柱等等。著名的科罗赛姆大圆形剧场高达48m，中心舞台周长524m，可以灌水成湖，表演海战场面，并能容纳约5万名观众，堪称一代奇观。古罗马的宏伟建筑及其装饰艺术对后世产生了很大影响。

思考题

1. 古埃及文明对人类有哪些贡献？

2. 试评价《汉谟拉比法典》？

3. 论述瓦尔纳制度的内容及其对印度历史发展的影响？

4. 斯巴达和雅典两城邦的社会特点有何不同？

5. 为什么说屋大维的元首政治是共和外衣下的君主制？

第二章 欧洲封建社会的形成与发展

第一节 西欧封建制度的形成与发展

西欧早期封建国家是由日耳曼人建立起来的。公元3世纪前后，随着罗马帝国的衰落，其周边的日耳曼人乘虚而入，建立起一系列新的国家。

一、日耳曼人的迁徙与西欧封建制度的确立

日耳曼人原来居住在罗马帝国以北，东起维斯杜拉河，西至莱茵河，南起多瑙河，北至波罗的海的广大地区里(维斯杜拉河以东住着斯拉夫人)。罗马人称他们为"蛮族"。

到公元1世纪末，日耳曼人的氏族公社开始解体。罗马史学家塔西佗著的《日耳曼尼亚志》详细反映了这段历史。当时，日耳曼人已相对定居下来，农业生产技术有了很大改进，重犁代替轻犁，生产力得到很大提高。与此相应，土地公有制也开始发生变化。形式上土地仍属氏族公有，但已转由各个家族公社经营，只有山林、牧场和水源仍由氏族成员共同使用。氏族酋长和军事首领占有更多较好的土地，对战争的掳获物(奴隶和牲畜)也分得较多，逐渐变成了氏族贵族，原来氏族成员之间的平等关系开始遭到破坏。

由于战争不断扩大和增多，军事首领的权力越来越大，塔西佗称他们为"王"。在军事首领的周围集结了许多亲兵，他们结成严格的主从关系。亲兵要无条件地效忠首领，首领则要供给亲兵马匹、装备和给养。战利品共同分配，但获得最多的是军事首领。

除军事首领外，贵族会议和民众大会是这一时期的主要权力机构。氏族和部落的重大事务，是由氏族贵族和军事首领组成的贵族会议提出议案，然后交由民众大会通过。民众大会只能表示赞成或者反对。

到公元3—4世纪，日耳曼人先后形成了许多部落联盟。其中比较重要的有东哥特、西哥特、汪达尔、勃艮第、法兰克、盎格鲁、撒克逊、伦巴德等。公元3—4世纪，伴随着亚欧大陆民族大迁徙的浪潮，日耳曼人开始大规模南下，进入罗马帝国境内。公元376年，西哥特人从黑海北岸西部越过多瑙河进入罗马帝国境内，后又进入意大利转高卢至西班牙；汪达尔人

从欧洲北部经高卢、西班牙进入北非；匈奴人从亚洲到达今匈牙利以至西欧；法兰克人从莱茵河中下游进入高卢等。

在迁徙过程中，日耳曼国家产生的历史条件逐渐成熟，在西罗马土地上先后出现了几个日耳曼人的王国。如419年在高卢西南和西班牙北部建立的西哥特王国，439年在北非成立的汪达尔王国，457年(一说为440年)在高卢东南部形成的勃艮第王国。西罗马帝国灭亡后，在它的废墟上又先后出现了法兰克王国、东哥特王国和伦巴德王国等。

罗马帝国灭亡和日耳曼王国相继建立，标志着西欧进入了封建社会。但封建制度的最后确立却经历了几个世纪的漫长时间。西欧封建制度的产生，是罗马奴隶制生产关系没落和日耳曼人原始社会瓦解两者有机结合的产物。这是西欧封建制产生的一个重要特点。

在日耳曼人建立的国家中，法兰克王国存在时间最久，实力最强，其封建制度的形成与发展最为典型，对欧洲近代国家的形成具有重要影响。

法兰克人原来住在莱茵河中下游。趁西罗马帝国衰亡之机，法兰克人逐步深入并最终占领了大部分高卢。公元481年，萨利克法兰克的一名军事首领克洛维领导法兰克人在高卢北部建立起法兰克王国。此后，克洛维东征西讨，逐步击败了其他部落，建立了包括高卢北部和莱茵河右岸的统一的法兰克国家。他所建立的王朝，按他家族的名称叫墨洛温王朝(481—751年)。

墨洛温王朝统治的200多年是封建制逐步形成的时期。法兰克王国封建制生产关系逐步形成的过程包括两个方面：一方面，法兰克建国后，国王曾把没收的罗马皇室、元老、反对者的土地赐给自己的亲兵、官吏和教会，这些人和教会便成为新的大土地占有者——地主阶级。另一方面，法兰克人内部的进一步分化使大部分法兰克自由农民地位下降并逐渐破产而成为农奴。从6世纪—9世纪，法兰克封建制确立的过程大体经历了3个阶段。

5世纪末到6世纪前期，是法兰克封建化的起步阶段。原来法兰克自由农民的份地，到6世纪后期已变为自主地。这种土地已可以买卖、转让，也可以由女儿继承。由于天灾、人祸、捐税、劳役和兵役，大批小农纷纷破产。

6世纪末到8世纪，是法兰克封建化迅速发展的时期。法兰克王国在克洛维死后到613年，两度分为4个小国，638年后，又3次分成两个国家。此后，国内纷争和战乱持续不断。在这一阶段，由于小农无法承受种种剥削、压迫以及战争的破坏而纷纷破产。农民为了得到“保护”而向教俗封建主进行“投托”，对封建主承担一定义务，形成对封建主的人身依附关系。与此同时，贵族(一般又是官吏)则利用其掌管行政、司法、军事的权力来争夺劳动力和土地，教会也以骗取捐献、伪造遗嘱等手段夺取土地和依附者。

克洛维死后，其子孙们为争夺王位，展开了长期的内讧，7世纪中叶后，国家政权落到了宫相的手中。8世纪前期，查理(后称查理·马特，马特意为“锤子”)任宫相(714—741年)时，进行军事和土地制度的重大改革，实行采邑制度，对法兰克封建制度的形成具有开创意义。查理改变过去无条件的赐地分封制，实行有条件的采邑分封制。封赐者称为封君或领主，受封者称为陪臣或附庸。得到封地的臣属必须率一定数量的骑兵为领主服兵役。采邑不能遗授子孙，如不承担兵役，国王则将采邑收回。采邑制的实行加速了法兰克封建化的进程，对整个社会发生了重大影响；采邑的大小和负担骑兵义务多少的等差相当，形成了封建的等级隶属关系和土地的等级占有制；一批小封建主、富裕农民成为骑士（一些大封建主的次子等也成为骑士），形成了一个骑士——小封建主阶层；一部分农民（特别是采邑上的农民）摆脱了兵役义务，也失去了士兵所能享有的政治权利，地位进一步下降。与此同时，查理·马特也借此暂时加强了王权和国家的统一。

查理曼帝国时期（768—814 年），法兰克的封建化进一步发展。751 年，查理·马特的儿子矮子丕平废除了墨洛温王朝末代国王，创建了加洛林王朝（751—987 年）（加洛林王朝因查理大帝而得名，查理的拉丁文为"加洛尔"）。加洛林王朝最著名的国王是查理曼（742—814 年）。查理曼通过一系列的征服战争，建立起了一个幅员辽阔的大帝国，史称"查理曼帝国"。

在查理曼统治时期（768—814 年），查理曼大帝通过公爵、伯爵、大主教、主教等在全国建立起了直接或间接的统治。为了取得封建主的支持，查理曼广赐"特恩权"，使贵族们拥有在自己的领地内具有独立的行政、司法、经济和军事特权，国家官吏不得进入领地征税和干预其他事务。慢慢地，土地和官爵变成了世袭，领地成了"国中之国"。这样，原来由采邑制所造成的封建分裂因素，由于"特恩权"的广泛赐予而日益扩大和加重了。同时，广大农民在国家重税和繁重的兵役负担的压迫下，纷纷破产。这些农民不得不向拥有特恩权的领主奉献自己的土地（"投托"）以换取领主的"保护"，逐渐沦为领主的农奴。

约 9 世纪中叶，以法兰克王国为典型的西欧封建制度最终确立，其基本标志是农奴制形成、庄园制形成和等级制的建立。

大体说来，农奴的社会政治经济地位的基本点是：第一，农奴因人身依附而成为主人的"人"，不经主人允许，没有迁徙自由，他们被强制束缚在土地上。第二，农奴要向主人缴纳人头税；农民结婚，需得到主人的许可，如果女方是属于另一个主人的农奴，则需交纳结婚税；农奴死后儿子继承份地，需交继承税，亦称死手捐。第三，农奴要向主人交纳劳役地租，即农奴每周必需以 3～4 天的时间，带着自己的工具与耕畜，在属于主人自留的那块土地上劳动，收获归主人所有。除此而外，农民还要为主人负担各种无偿杂徭和季节性的劳动。第四，农民只能在领主的法庭上进行诉讼，接受领主法庭的判决，领主法庭有权传讯、拷打、凌辱、关押和惩处农奴。

查理大帝统治时期，法兰克的农村公社在名义上仍存在，但除边远地区外，其实质已转变为封建庄园。封建庄园大小不等，通常一个村庄就是一个庄园，各级封建主都拥有不同数量的庄园，同一领主的庄园也不一定都连成片；庄园里有主人的住宅、教堂、农奴的茅舍和主人设立的各种小手工业作坊。耕地分为领主的直辖地和农民的份地两部分。因土质好坏不等,分配份地时,把耕地分成许多条田,交叉搭配起来分配;实行二圃制或三圃制的耕作法。收割完庄稼的土地仍作为公共牧场(亦称敞地),归集体使用。山林草场和水源都由领主管理,农民需交出一定代价才能使用;庄园里设有磨坊、油坊、面包坊等,农民的食物用品在这里加工也要向主人交纳加工费。除盐、铁和贵族需要的奢侈品之外,庄园内可以生产自身所需要的一切产品,它是一个农业和手工业相结合的、自给自足的经济单位。庄园中的每一个农户,也以家庭手工业与农业相结合,生产着自己所需用的布匹等日用品,很少需要对外交换。因此每一个农户以至每个封建庄园,都基本上是一个自给自足的自然经济的细胞。

领主剥削农奴的基本方式是劳役地租,此外,农奴还要为领主承担修桥、铺路、建屋、酿酒等徭役。封建教会还要向农民征收"什一税"。在教俗封建主共同残酷剥削下,农奴虽然终年劳动,却依旧过着贫困的生活。

在加洛林王朝统治时期,随着土地分封的发展,封建等级制度逐渐建立起来。国王仅仅是名义上的全国最高土地所有者,实际上除直辖的一部分土地外,绝大部分已作为封土(由采邑发展而来,封土是世袭的)为他的附庸——公爵或伯爵等大封建领主贵族所占有。这些大封建主又把土地分成小块,授予众多的小贵族——骑士。这样,以承担兵役义务和土地为纽带的由大、小封建贵族组成的封建等级制度就系统确立起来了。每一个分封给臣属土地的人称为封主,而每个下级领受土地的人,则称为封臣。这就构成了以国王为塔尖,往下越来越大的金字塔型的封建统治阶级。封主和封臣关系的建立有一定的仪式,称为誓忠礼。封臣是封主的附庸。附庸的义务是:保护领主,随同领主作战,应召参加领主法庭,如果领主被俘要献纳赎金;领主的责任是保护附庸不受侵犯,裁决附庸之间的纠纷,对不服从的附庸,有权以武力制裁。

二、城市的兴起及发展

封建制度的确立,推动了西欧社会经济的发展。10～11 世纪,农业中三圃制逐渐得到推广,人们普遍使用铁犁进行深耕细作,耕地面积不断扩大,农作物品种增多,产量显著增加,除满足农民自身消费外,还有一部分剩余可以拿到市场上出卖。农业的发展为手工业的发展提供了条件和可能。农业的发展要求手工业提供工具,农产品的增加使更多的人可能脱离农业,专门从事手工业。手工业的专门化程度日益提高,除满足领主的需要外,开始接受外来的加工和订货。农业和手工业的发展,为城市(作为经济中心)的产生准备了物质基础。

手工业的发展,使一些农奴,尤其是具有手工专业技能的农奴渴望摆脱领主庄园的束缚而独立经营。他们以逃亡、赎买、交纳定量手工业成品的方式,冲破领主的控制,在城堡、寺院、关隘、渡口等交通方便、有利于进行商品交换的地方定居下来,从事小商品生产。于是手工业者聚集的地方逐渐发展为新兴城市。

在新城市大量涌现的同时，原来罗马帝国时期的旧城市也开始复兴，如威尼斯、佛罗伦萨、罗马、马赛、奥尔良等。随着西欧封建化的完成，封建主积累了大量财富，他们中的一部分人不满足于庄园提供的产品，而渴望获得更多的东方的商品和奢侈品。为此，封建主便在自己的领地上招揽商人和手工业者，建设城市，给工商业者一定的保护。不过，这时的城市规模都很小，一般只有几千人，万人以上就算大城市了。

西欧城市形成后，在斗争中不断发展。一般认为，西欧城市的发展经历了 3 个阶段。

11～13 世纪，城市在反封建领主、争取自治的斗争中发展。西欧新出现的城市通常都建立在封建领主的土地上，城市居民受封建主的司法和行政管理。领主不仅可以随意增加捐税、强征劳役，有时甚至公开抢夺市民的财物，所以 12 世纪以后，许多城市掀起了反对领主、争取自治权的斗争。由于城市所处的具体条件不同，斗争形式和斗争所取得的结果也不尽相同。一些比较富庶的城市，多通过金钱赎买的方式取得自治权，如法国南部和意大利的一些城市；而另一些城市则通过武装斗争获得自由或自治权利。1057 年，米兰市民起义，反对城市领主——大主教。1094 年，建立了城市自治政府，选举执政官，建立了米兰公社。1112 年，法国琅城市民起义，抗议领主的掠夺，他们高呼“公社、公社”的口号，要求建立城市公社，经过长期顽强斗争，最终取得自治。此外，还有另外一些城市是在人民起义的威慑下，城市领主自动授予市民人身自由和某些特权。

经过曲折复杂的斗争，西欧城市大多摆脱了封建主的直接控制，形成了自治城市。自治城市有市议会，管理人员由选举产生。有自己的法律、货币，有的还有自己的军队。自治后的各城市尽管各有特色，但有一点是共同的，即所有城市居民都是自由人。逃亡农奴在城市住满一年零一天，便受到城市的承认，获得自由。西欧中世纪有句谚语：“城市的空气使人自由”。自由吸引着农奴大量逃往城市，城市由此不断得到发展。“自由”与“自治”是西欧中世纪城市的重要特质。

13～14 世纪，城市内部行会与城市贵族展开日益激烈的斗争，城市在这一斗争推动下继续发展。西欧新兴起的城市一开始就是生产性的。手工业者占城市居民的多数。他们自己采购原料，不同行业的手工业者，分别组成封建行会（“行会”，英文音译汉字为“基尔特”）。行会产生的初期，对维护脆弱的小手工业的存在和发展，维护新兴城市免遭洗劫等，发挥了一定的积极作用；同时，行会在早期反对封建主争取城市自治以及反对城市贵族保卫手工业者权益的斗争中，也发挥了组织和领导的核心作用。

由于城市商品经济的发展，城市中又逐渐形成了一个商人集团。他们为了垄断贸易，往往也结成商人工会，以维护商人的利益。因为商品货币经济日益发展，其地位也逐渐处于手工业行会之上。富有的大商人和高利贷者、城市地主、大房产主以及少数特别富有的行东构成了城市贵族集团。城市独立后，城市贵族集团把持了城市统治权，操纵市议会，控制行政、司法和财政大权，向手工业者和其他下层劳动人民摊派捐税，垄断商业，经营高利贷。于是手工业行会展开了反对城市贵族的斗争，历史上称为“行会革命”。13 世纪以后，行会手工业者反对城市贵族的斗争便不断发生，几乎遍及整个西欧城市。斗争结果各不相同。在手工业特别发达的城市，行会往往取得胜利（例如佛罗伦萨、斯特拉斯堡等），行会在城市中发挥较大的作用。而在商业比较发达的城市，行会往往遭到失败，城市贵族夺得了支配权（如威尼斯、热那亚等）

14～15 世纪，西欧城市在行会内部的斗争推动下发展。随着生产的发展和市场的扩大，行会内部手工业之间的竞争也日趋激烈。行会内部的分化日益严重，富者愈富，贫者愈贫。行会内的帮工和学徒的处境日益恶化，劳动时间长，工资低，晋级条件苛刻。帮工和学徒为了自身的利益，组织了“兄弟会”“伙伴社”等，与匠师展开斗争。1350 年，伦敦剪毛业行会发生大规模的帮工起义。1378 年，意大利佛罗伦萨梳毛工人和行会外的小手工业者起义，被认为是历史上第一次雇佣工人反对工场主的起义。

城市的兴起，是西欧封建社会进入发达阶段的标志。城市工商业的发展，极大地影响了西欧社会的发展方向。其主要表现在以下几方面。

(1)城市是社会进步的集中表现。城市“造就新的力量和新的观念，造就新的交往方式，新的需要和新的语言”，从而使西欧社会从原始的农业状态中解脱出来，使社会面貌焕然一新，生机盎然。

(2)城市的兴起和发展，对封建的自然经济起着瓦解和破坏作用。伴随着城市的兴起与发展，货币流通遍及西欧，货币地租逐步取代实物地租。农民为了交纳货币地租不得不出卖部分农产品，于是自然经济开始向小商品经济过渡，许多农民也逐渐转化为小商品生产者。

(3)城市的发展改变了西欧社会的阶级构成，使阶级关系发生了变化。伴随着城市工商业的发展，新的市民阶层诞生。他们逐步登上历史舞台，成为监督统治者和政府行为的一支主要社会力量。新兴市民阶级是“体现着进一步发展生产、贸易、教育、社会制度和政治制度的阶级”，①是资产阶级的前身。与市民阶级同时出现并相互对立的是平民阶级，他们是“作为现代无产阶级的多少发展了的先驱者”。② 市民、平民阶级和农民阶级一起，构成了反对封建制度，创立资本主义制度的重要革命力量。

(4)城市的发展和繁荣为国家的统一提供了条件和基础。城市商品经济的发展，使各地经济联系得到加强，全国性或地区性的工商业城市相继出现，从而为结束封建割据，实现全国统一提供了经济前提和基础。

(5)城市的兴起和发展为文化、科学的发展和冲破教会统治创造了条件。城市兴起后，

①《马克思恩格斯全集》第 21 卷，人民出版社 1965 年版，第 449 页。
②《马克思恩格斯全集》第 20 卷，人民出版社 1971 年版，第 20 页。

经营工商业需要文化、科学知识，大学、专业学校和城市文学逐渐产生、发展，学校培养了一批新型的为市民服务的知识分子。这些知识分子后来成为反封建、反宗教迷信的先锋。这一切，都是西欧最早进入资本主义时代的历史前提。

三、十字军东侵

十字军东侵是西欧教俗封建主对东部地中海沿岸国家进行的一场侵略战争。战争在"十字架对弯月"（即基督教徒反对伊斯兰教徒）的名义下进行，出征的基督徒以十字为标记，故称"十字军"。十字军东侵自 11 世纪末至 13 世纪末，持续近两个世纪，先后进行了 8 次大规模的侵略战争。这场侵略战争对东西方产生了非常重大的影响。

西欧教俗封建主和大商人发动十字军东侵，目的是征服穆斯林，掠夺东方的土地和财富，转移社会矛盾，克服西欧社会危机，巩固和发展封建制度。其发动战争的借口是从异教徒手中夺回基督教圣地耶路撒冷。11 世纪后期塞尔柱突厥人占领了西亚的大片土地，占据耶路撒冷城。1087 年前，突厥人几次战败拜占廷军，随后准备进攻君士坦丁堡，拜占廷皇帝向罗马教皇乌尔班二世（1088—1099 年）求援。西欧封建主利用这一有利时机，决定发动十字军东侵。

1095 年 11 月，教皇乌尔班二世在法国南部克勒芒城召开宗教大会，发表煽动性演说，宣传圣地遭到践踏，朝圣者遭到暴行和侮辱，号召领主、骑士和农民拿起武器，为解放"主的坟墓"拯救"圣地"耶路撒冷而战。会后立即组织起东侵的军队。1096 年，第一次十字军东侵西亚，这次十字军近 13 万人，其中洛林、普罗旺斯各一支骑士队伍、意大利南部诺曼军共近 9 万人，农民近 4 万人。训练和装备都很差的农民到达小亚细亚即被突厥人歼灭。1097 年，鲍德温率领的洛林骑士团占领埃德萨，次年建埃德萨伯国（1094—1144 年）。1098 年，波希蒙德率领的诺曼军占领安条克，建立安条克公国（1098—1268 年）；1099 年，十字军占领耶路撒冷，疯狂地屠杀和平居民，同年建立耶路撒冷王国（1099—1187 年），选洛林骑士首领高弗黎为国王。1109 年，十字军又扩张而建立了的黎波里伯国（1109—1289 年）。十字军国家的军队形成几个骑士团，如条顿骑士团、圣剑骑士团等。1144 年，突厥人摩苏尔总督收复埃德萨，西欧封建主为了挽回败局，又组织第二次十字军（1147—1149 年），结果以失败而告终。1187 年，阿拉伯民族英雄、埃及阿尤布王朝的素丹萨拉丁打败十字军，收复阿克、耶路撒冷等城。同年，教皇格里戈里八世（1187 年）和克列门特（1187—1191 年）组织第三次十字军。德皇红胡子腓特烈一世、法王腓力二世、英王狮心理查一世率军参加。腓特烈在小亚细亚渡河时溺死，德军退回。十字军余部占领阿克，并把它作为耶路撒冷王国首都。萨拉丁与十字军订约，准许基督教徒经一条通道到耶路撒冷朝圣。1202 年，教皇英诺森三世组织发动第四次十字军东侵。这次东侵最初确定的目标是埃及，但以巨款支持十字军的威尼斯要求进攻它的商业竞争对手拜占廷。1203—1204 年，十字军把"收复圣地"置之脑后，攻占君士坦丁堡及巴尔干半岛的大片土地，建立起“拉丁帝国”(1204—1261 年)。此后，西欧封建统治者还组织过一次儿童十字军(1212 年)和第五至第八次十字军。第五次(1218—1221 年)、第六次(1228—1229 年)、第七次(1248—1254 年)均以进攻埃及为目标，全部以失败告终。第八次(1870 年)法王路易九世率军进攻突尼斯，路易生病死于途中，军队退回。1291 年埃及军队攻破阿克，其他十字军据点乞降，历经 195 年的十字军东侵以彻底失败告终。

十字军东侵是中世纪的世界性战争，是西欧教俗封建主对近东的侵略战争。这次战争，历时时间之长、地理范围之大、涉及国家和社会阶层之广、影响之深远，在世界历史上都是空前的。一方面，对东西方人民来说，十字军东侵是一场空前浩劫。它给西亚、北非带来了巨大破坏，摧残了当地文化，断送了无数人的生命，严重阻碍了近东各国经济、社会的发展。同时，欧洲各国广大劳动人民也蒙受了巨大的牺牲，成千上万的人死于非命。另一方面，从欧洲封建社会的发展来看，十字军东侵也有着不可估量的积极意义。经过战争，东西方的交往和贸易往来大大增加，亚洲运往欧洲的商品比以前增加了约十倍，阿拉伯、拜占廷的海上贸易势力削弱，威尼斯、热那亚在东地中海海上贸易中的地位加强，海上贸易得到发展；东西方之间增进了相互了解，促进了经济、技术和文化交流，东方种植甘蔗、稻米的技术传到西欧；教皇发动东侵失败，教会势力有所削弱；西欧一部分农民因参加十字军摆脱了农奴身份，削弱了农奴制；军队活动要求增加货币以购买军人装备，使商品货币关系较前活跃。

四、英法百年战争和农民大起义

英法两国长期以来争夺大陆上领土的战争，最后导致“百年战争”(1337—1455 年)。战争的导火线是王位继承问题。1328 年，法国卡佩王朝最后一个国王查理四世死后无男嗣，王位转到瓦洛亚家族腓力六世(1328—1350 年)之手。腓力四世外孙英王爱德华三世要求继承法国王位，夺回在大陆上失去的领土，被法国贵族会议拒绝，双方矛盾激化，导致战争的爆发。

从战争的深层根源来看，则是双方对于英王在大陆上的领地特别是毛纺织业发达的佛兰德尔的争夺。英王自征服者威廉以来在大陆上的广大领土，逐渐为法王所兼并，因此英王力图夺回失去的土地，而法王则欲进一步夺取仍残留在英王手中的南方领土，双方矛盾异常尖锐。1328 年法王腓力六世(1328—1350 年)兼并了和英国经济关系十分密切的佛兰德尔(英国的羊毛绝大部分输往当地)，英王为收复失地，便借王位继承问题发动战争。

百年战争共进行了 3 个阶段：第一阶段(1337—1360 年)，法军屡战屡败；第二阶段(1369—1380 年)，法国收回大部分失地，英军只占有沿海少数据点；第三阶段(1415—1453 年)，英军重新占领北部半个法国，但最终被法军驱逐出去，最后只控制加莱港一地。

1337 年 11 月，英国对法国开战，到 1338 年正式宣战。战争初期法国连连失败，英国海军首先在些耳德河口的爱克留斯港附近击溃了法国舰队，取得了海上优势。1346 年，在弗兰德尔边境克勒西战役中再败法军，法军损失1.5万名骑士。在陆战中，英国的步兵弓箭手武器先进、训练有素。战斗一开始就给法军很大杀伤。英国取得了多次胜利。1356年在普瓦提埃战役中，法军遭到惨败，法王约翰二世和大批贵族被俘。法国国内一片混乱，同时爆发了巴黎起义和农民大起义。1360年，双方签订了布勒丁尼和约，爱德华放弃对法国王位的要求，法国则割让加莱港和西南地区给英国，并许以重金赎回国王。

1369年，法军向英军发动了进攻，战争进入第二阶段。法军改变战术，诱使英军长驱直入，避免同英军进行阵地战，只用精锐部队袭击英国入侵者，英军遭受重大损失，法国很快收复普瓦都和布列塔尼。法国舰队于1372年攻占拉罗舍尔，重新控制海峡，封锁英国在北部的运输。到1380年，法国收复大部分失地，只有沿海几个城市及其周围地区尚在英军控制之下。

1413年，英王亨利五世(1413—1422年)上台后，利用法国内部混乱之机，从1415年起大举进攻法国，英国百年战争进入第三阶段。1415年，在阿金库尔战役中，英军大败法军，俘获奥尔良公爵，重新占领诺曼底。法国王太子查理逃往南方，勃艮第党掌握国家政权。1420年，双方签订特鲁瓦条约。条约规定，英国保留在法国一切征服的土地，直至卢瓦尔河。查理六世以后法国王位须由英王继承。1422年，不满两岁的婴儿英王亨利六世(1422—1461年)被宣布兼领法国国王。法国国王太子在布尔日即位，称查理七世(1422—1461年)，至此形成了南北两个法国对峙的局面。

1428年，英军围攻奥尔良，法国人民爱国热情高涨，纷纷自发起来抗击英军。女英雄贞德是香槟与洛林交界处的农村姑娘，1412年出生于东列米村。因受爱国勤王思想的感召，她决心奋起拯救法国于危难。1429年春，年仅17岁的贞德来到南方觐见王太子查理，请缨解奥尔良之围，获准率兵三千解救奥尔良。贞德身披铠甲，率领一支部队来到奥尔良城下，四乡农民也纷纷拿起武器，自动地集结在贞德的周围。战斗中，贞德身先士卒冲入敌阵，虽负箭伤，仍浴血奋战，在她的带动下，军民一起杀进了敌人的包围圈。城中守军也趁机杀出，里应外合，两面夹攻，终于解了奥尔良之围。贞德被法国人民热情地称颂为“奥尔良姑娘”。贞德乘胜北上，又收复了许多地区和城市，并亲自拥戴王太子查理加冕(老王约翰已因被俘而囚于英国)，还建议立即进兵光复巴黎。法王和部分贵族这时已经慑于贞德的声威，又妒嫉又害怕，于是，一场由贵族策划的阴谋发生了。1430年春，在康边城外一役中，贞德率一小支部队与强敌作战，被迫撤退回城时，城内法军却闭门不纳，使贞德陷入英军的同盟者勃良第军之手，他们又以4万法郎把她卖给了英军。1431年5月24日，宗教法庭以“女巫”罪判处贞德死刑。贞德被烧死在卢昂广场上，尸灰被抛进塞纳河。

贞德虽死，但她伟大的爱国精神却鼓励了广大人民。广大人民到处英勇抗击英国侵略者，英军节节失败，只好逃回英国。1453年，百年战争终于以法兰西的胜利而结束，除加莱港外，英国丧失了在法国的全部领地，法国基本上完成了国土的统一。

在百年战争过程中，英法两国都曾爆发了本国封建社会史上最大规模的农民起义。

在百年战争的第一阶段，法国爆发了巴黎市民起义和农民大起义。1358 年 2 月，法国巴黎市民起义。约有 3000 名手工业者在艾田·马赛的领导下冲进王宫，杀死了宫内两名近臣。查理逃出巴黎，在北方集结军队准备反扑，斗争形势十分紧张。1358 年 5 月，在巴黎斗争异常尖锐的时刻，法国北部又爆发了“扎克”起义（扎克意为“乡下佬”，是封建主对农民的蔑称）。起义的主力是农民，但也有不少城市平民参加，起义的领导者是富有军事经验、曾参加过百年战争的农民吉约姆·卡尔。起义军高举着绣有王徽——百合花的大旗，呼喊着“消灭一切贵族，直到最后一个！”的口号，捣毁贵族的城堡和邸宅，杀死领主，焚烧各种债契和领主的文件。许多贵族被起义的惊涛骇浪吓得失魂落魄，四散奔逃。面对强大的农民起义，英国贵族也站到了法国封建主的一边，联合镇压扎克起义。6 月 10 日，在农民起义中心，博韦区的麦罗村附近，双方准备决战，查理（“恶人”，伯爵位）以谈判名把吉约姆·卡尔骗到官兵军营，囚禁起来，然后以全力向因失去领袖而惊慌失措的起义军大举进攻，终于镇压了这场声势浩大的农民起义。

1381 年，英国也爆发了大规模的农民起义——瓦特·泰勒起义。起义的导火线是增收人头税。1377 年理查二世（1377—1399 年）刚一上台，为了同法国进行战争而开征人头税。凡年满 14 岁的男女，无论贫富，必须缴纳。1380 年又征人头税，税额增倍，激起群众的普遍不满。1381 年 5 月，英国东南部的埃塞克斯郡和肯特郡的农民首举义旗，杀死税吏。斗争很快发展到英国大部分地区。起义者很快占领了肯特郡的首府坎特伯雷，从狱中救出约翰·保尔。伦敦的平民表示愿意和农民共同斗争，欢迎他们进军首都。13 日，农民军在城市平民支持下，占领了伦敦。他们杀死了农民最痛恨的几名大臣和法官，焚烧档案，释放无辜犯人，英王查理二世躲进了伦敦塔。起义群众迫使国王出来谈判。首次谈判在迈尔恩德举行。农民要求减轻农奴义务，每亩货币地租限定为 4 便士，确保全国贸易自由，要赦免起义者。国王假意答应，并颁布敕令作为保证。部分农民信以为真，便从伦敦返回家乡。大部分农民不满足，在瓦特·泰勒的领导下同国王在斯密茨菲尔德进行第二次谈判。起义农民要求没收教会土地给农民，将领主霸占的土地还给农民，废除雇工法，取消领主特权。国王、贵族和伦敦富豪密谋用谎言和屠杀两手镇压这次农民起义。正在谈判中的瓦特·泰勒突然被伦敦市长刺杀。国王则用谎言骗农民回家。当农民一离开伦敦，国王马上派骑士队伍到各地对起义农民进行残酷屠杀，瓦特·泰勒起义被淹没在血泊之中。

这两次起义虽然都以失败告终，但起义的发生对于废除农奴制、争取农民人身自由和促进封建统一国家的建立，起了重要的推动作用。

五、英法封建统一集权国家的建立

法国在百年战争以后，工农业逐渐复兴，商品经济也有了很大发展。法国统一的国内市场初步形成。巴黎发展为全国的经济中心。和经济基础相适应，在政治和文化上也日渐统一。这时王权逐渐加强，在查理七世统治时期(1422—1461 年)，国王不经三级会议(1302 年法王腓力四世第一次召开三级会议。第一级是高级僧侣，第二级是世俗贵族，第三级是城市市民代表，开会时各有一票表决权。)同意可以征收经常税，另外还建立了一支直属国王的 24000 人的军队。路易十一(1461—1483 年)统治时期，利用各种手段瓦解了以勃艮第公爵大胆(绰号)查理为首组成的反对王权的大封建主联合同盟“公益同盟”，收回了他所辖的领地。17 世纪，南佛兰德尔、洛林、萨瓦和鲁西永也置于法王的统治之下，法国的政治统一至此基本完成。

随着国家经济、政治的统一，以巴黎方言为基础，逐渐形成了法兰西语，法兰西民族国家初步形成。

百年战争以前，英国王权比较强大，但在约翰统治时期(1199—1216 年)，由于对法战争失利，对内又肆意增加捐税，1215 年大封建主乘机联合不满的骑士和城市上层，强迫国王签署了《自由大宪章》。大宪章的基本精神是限制王权，它规定国王不得随意向大封建主征收贡赋和没收他们的财产，要确保城市自治权和人身自由，否则他们有用武力反抗的权力。

1295 年，英王爱德华一世为了筹集战费而召开了国会，参加者除教俗封建主外，每郡还有两名骑士和自治城市的两名市民代表参加，史称“模范国会”。英国从此成为等级君主制的国家。

15 世纪后，英国国内经济联系得到增强，资本主义因素不断增长，这为英国民族国家的形成奠定了物质基础。

百年战争结束以后，由于战争失败而加深了贵族之间的矛盾和分裂。经济比较落后的北方贵族支持兰开斯特家族，经济比较发达的南方贵族支持约克家族。双方为了争夺英国的王位，进行了 30 年的混战。因兰开斯特家族以红玫瑰为族徽，约克家族以白玫瑰为族徽，故历史上称这次战争为红白玫瑰战争(1455—1485 年)，或简称为玫瑰战争。

1485 年兰开斯特家族的远亲、都铎家族的亨利在双方的支持下取得王位，称亨利七世。他娶约克家族的女继承人伊丽莎白为妻，把红、白玫瑰两个家族结合起来，结束了内战。从此，英国进入都铎王朝统治时期(1485—1603 年)。经过玫瑰战争，英国的大贵族几乎消灭殆尽，这对英国新王朝的统一和资本主义的发展，具有重要意义。

经过数百年的融合，在伦敦方言的基础上，形成了英格兰语言。这样，到 15 世纪末，英国的民族国家初步形成了。

第二节　中世纪欧洲的基督教

西欧完成封建化的过程也是基督教得到发扬光大，成为西欧的主导文化的过程。神性与俗性在西欧封建主义下并行不悖，共同发展，政教二元体制是西欧封建社会的重要特点。

一、西欧的基督教化

整个欧洲的基督教化是由法兰克王国和拜占庭帝国经过几个世纪的长期努力才最后完成的。496 年，法兰克国王克洛维率领 3000 亲兵在兰斯大教堂接受了罗马基督教的洗礼，成为征服罗马帝国的蛮族人中最早的正统基督教徒。从此以后，教会在法兰克王国逐步发展，渐渐从城市深入乡村，在乡镇也建立起教堂。8 世纪前期，查理·马特曾抑制教会，但矮子丕平、查理大帝都支持教会。查理大帝(768—814 年)时期是西欧基督教化广泛深入发展的时期。查理以宝剑和圣经推行其扩张政策。他的军队推进到哪里，基督教也就传播到哪里。被征服居民皈依基督教是服从法兰克统治的重要标志。征服萨克森后，萨克森人被迫放弃了原来的多神教，基督教在精神统治方面基本统一了西欧大陆。

查理曼帝国解体后，西法兰克和意大利基本上已经基督教化。中欧地区基督教的传播主要借助于由东法兰克发展而来的神圣罗马帝国完成。德意志神圣罗马帝国的国王和皇帝，随着领土的扩张把基督教传给了匈牙利人、斯拉夫人和丹麦人，同时又有大批信仰基督教的德意志人移居东方和北方。中欧和北欧地区大约在 10 到 11 世纪实现了基督教化。

597 年，基督教正式传入英国。这一年，由罗马教皇格里戈里一世(590—604 年)派遣的传教士奥古斯丁布教团进入英格兰，肯特、东撒克斯、东盎格里亚国王先后皈依基督教。随后一批批居民接受洗礼。到 9 世纪，基督教会在英格兰也成为唯一的宗教。

二、中世纪基督教的地位及作用

基督教从 4 世纪在罗马帝国全境传播以来，就逐渐形成了一种世界性宗教，对人类文明特别是西欧文明的发展产生了深刻影响。

随着西欧封建制度的确立和发展，基督教会也与它相适应而日益封建化。教会不仅成为封建社会的精神支柱，而且是西欧的大封建主。西欧不是统一的国家，但却有统一的教会。在西欧封建主分裂割据的时期，教会的权力不但高于诸侯，有时甚至高于国君，教会通过各种手段，从经济、政治、文化各方面加强自己的势力。

在经济上，教会是最大的地主。它通过国王、各级封建主的赠予和贫苦农民的"贡献"，兼并了大量土地。据统计 9 世纪时西欧有三分之一的土地掌握在教会和寺院的手中。由于教会享有免税特权，却又向所有的教徒征收什一税，所以教会成为从不会破产的封建主。

基督教会也是西欧最大的政治团体，有参与国政、调用军队、制订法律、设立法庭等政治大权。教会仿照世俗封建等级制度，建立了一套相应的教阶制。最高的宗教首脑是罗马教皇。其下分大主教、主教、神甫等。男女修道院长和宗教骑士团首领直接由罗马教廷任命。

在思想文化领域里，教会处于完全垄断的地位。教会宣称，教会是上帝在人间的代表，教徒的灵魂得救要靠教会，教徒的善行、忏悔也要靠教会转达给上帝。因此，教会就统治着所有教徒的“灵魂”，并借此敲榨教徒的奉献、捐献，以及从政治上控制教徒。但同时，正是由于中世纪早期教会垄断文化，所以古代中世纪的许多文化遗物通过教会保存了下来。教会为了扩大宣传，培养教士，也陆续兴办了一些学校。教会学校全部课程虽然都贯穿神学的内容，但部分教士和修道院对传授文化知识，也起了一定的积极作用。

基督教对近现代西方文明有着深刻的影响，是西方文明的基石。它在西方文明中的作用主要体现在以下三个方面：加强了欧洲人的统一意识，基督教是欧洲统一文化的基础。基督教文化与西方法学传统息息相关，“摩西十戒”是对犹太教圣典的继承，教会的法规、《圣经》的释文是中世纪法庭审案的依据，国家法的诞生、民法的发展等最终使西方社会走上了法制化的道路。基督教对西方哲学、文学与艺术的影响也十分重大，在阻碍、压制的同时也鼓励科学在符合信仰的前提下发展。

基督教在中世纪的发展，奠定了它作为世界三大宗教之一的地位。

第三节　俄罗斯封建国家的形成与发展

俄罗斯封建国家是 9 世纪斯拉夫人建立起来的。近代沙皇俄国是以莫斯科公国为中心，不断兼并邻国而逐步形成的。

一、基辅罗斯公国

斯拉夫人也是罗马帝国东北部的“蛮族”之一。6 世纪时，他们分成三大支，在东欧平原西部的叫西斯拉夫人（今波兰和捷克斯洛伐克人）；在色雷斯和巴尔干半岛北部的称南斯拉夫人（今南斯拉夫、保加利亚等国）；人数最多的是东斯拉夫人，他们分布在辽阔的东欧平原上，西起第聂伯河，东至顿河、奥卡河和伏尔加河上游，南抵黑海，北至拉多加湖一带。

直到 9 世纪以前，东斯拉夫人依然处于原始氏族公社的末期阶段，但生产力已有明显提高，出现了铁制工具，轮耕制也日益普遍，家庭逐渐成为生产单位。耕地开始分给家庭使用，农村公社（东斯拉夫人称农村公社为“维尔福”）逐步代替了氏族公社。贫富分化加剧，酋长的职位由选举变为世袭。9 世纪，在部落联盟的基础上形成许多国家。这些国家开始都是比较小的以城市为中心的公国，其中以第聂伯河中游的基辅和北部的诺夫哥罗德为最大。

东斯拉夫人进入文明时期不久，便遭到诺曼人的一支(瓦兰吉亚人)的进攻。862年，瓦兰吉亚人的首领留里克，趁诺夫哥罗德内讧之机，推翻了斯拉夫人公爵的政权，自己成为这个国家的大公。879年留里克死后，他的亲属奥列格做了留里克的幼子伊戈尔的摄政。882年奥列格沿水路南下征服了基辅，并把统治中心移到这里。接着又先后征服了东斯拉夫其他各公国，形成一个以基辅为中心的幅员辽阔的国家，史称基辅罗斯公国。由于瓦兰吉亚人的文化低于东斯拉夫人，人数也较少，因此，几代以后瓦兰吉亚人便融合于东斯拉夫人之中，失去了自己的语言、文化和民族性。

东斯拉夫人在原始公社解体以后，基本没有经过奴隶制社会，而直接跨入了封建社会。这是因为：第一，他们居住区的地理条件很差，除南方草原适于畜牧业外，中部和北部多为森林和沼泽地带，所以一直到9世纪，渔猎仍占重要地位。使用奴隶生产很难使他们创造出自身消费以外的更多剩余产品，因此，虽然已经有了战俘奴隶，却多半从事家内劳动，数量也少。第二，基辅罗斯建国初期，农业的主要生产者是农村公社的自由农民。大公的剥削方式是通过“索贡巡行”向公社农民征收皮毛、粮食、蜂蜜等贡物。大公酬劳亲兵的方式是分配贡物。10世纪以后，铁制工具普遍应用，由于生产力的提高和贫富分化的加剧，王公贵族和少数富户开始兼并自由农民的土地建立庄园，失去土地的农民降为依附者。他们被强令履行各种义务，这种剥削关系只能是封建的。第三，斯拉夫人南边的游牧民族，如波洛伏齐人和佩彻涅格人，常常掠夺斯拉夫人为奴隶，斯拉夫人经常处于防御状态，不可能掠取大批战俘变为奴隶，所以也很难发展奴隶制。另一方面，拜占廷帝国封建关系早已确立，基辅罗斯在建国前和拜占廷已有频繁的交往。988年，基辅大公弗拉基米尔宣布东正教为国教，并和拜占廷联姻，拜占廷的先进生产方式和文化传入基辅罗斯。所以，就当时的外部条件而言，也有利于封建关系的确立。因此，东斯拉夫人建国不久，封建关系就逐渐形成了。

11世纪，智者雅罗斯拉夫(1019—1054年)统治时期，大公捐赠给各地教堂、寺院大量土地，并支持教会兼并农民土地，王公贵族也依势强取豪夺自由农民的土地，他们便逐渐形成了教俗大封建主。为了巩固这种封建关系，大公颁布了《雅罗斯拉夫法典》。法典承认世袭领地占有权，规定封建主有权对领地内的农民进行司法审判；地主杀死农民只付少量偿金；农民死后无嗣，地主有权没收其财产，从而巩固了封建领主奴役农民的特权地位。

随着封建制度的发展，地主贵族势力不断扩大，到12世纪，基辅公国分裂为12个小国，各国之间经常进行封建混战，因此削弱了对外防御能力。1237年，拔都率领蒙古军队侵入基辅罗斯，1240年占领基辅，基辅罗斯灭亡。同年拔都建立金帐汗国(钦察汗国)，1242年定首都于萨莱。

二、莫斯科公国

莫斯科原系一个十分偏僻的小村庄，属苏兹达尔公国。1147 年开始建城，13 世纪末成为拥有封土的公国。它地处奥卡河和伏尔加河的商业要道上，又位于东北罗斯的中心，受外族的侵害较少，因此发展较快。13 世纪后期臣属金帐汗国。

蒙古统治者为了达到"以夷制夷"的目的，在俄罗斯王公中选拔一人为"弗拉基米尔及全俄罗斯大公"，由他代表蒙古人在俄罗斯各地征收贡赋，代价是大公有权把弗拉基米尔城及其周围的土地并入他自己的领地。获得这一称号的王公，不仅可以从征贡中获得经济上的利益，而且自认为十分荣耀。莫斯科公国为了夺取这一称号，千方百计取媚蒙古可汗；他们主动帮助蒙古人镇压人民起义；用金帛向可汗的妻妾、近臣行贿。伊凡一世（1325—1341 年）就是通过这些手段，取得了这一称号。以后他便利用享受这一称号的特权，到处搜刮民财，镇压异己，并把全俄主教区迁至莫斯科，借以提高自己的地位。

15 世纪后期，莫斯科公国又先后占领了雅罗斯拉夫和罗斯托夫等公国。这时，金帐汗国已四分五裂，十分衰弱，莫斯科公国遂趁机于 1480 年摆脱了蒙古的统治。至此，莫斯科公国已成为俄罗斯最强大的国家。16 世纪初，它又兼并了特维尔、普斯科夫和里亚赞等地，并从立陶宛手中收复了斯摩棱斯克，统一的俄罗斯国家基本形成。

三、俄罗斯中央集权国家的建立

俄罗斯统一初期，国内经济联系非常薄弱，大贵族的势力十分强大。伊凡四世（1533—1584 年）即位时年仅 3 岁，大贵族乘机争权夺利，互相倾轧，使国家重新出现分裂局面。1547 年，伊凡四世成年加冕，开始用沙皇称号（"沙"是罗马皇帝凯撒的俄文音译）。为了加强王权，实现统一和打击大贵族，他在中小贵族支持下，于 1550 年至 1556 年进行了一系列改革。在司法方面，公布了惩治贪污条例，统一全国法律，在各地设立司法机关，任用中小地主担任各级法官；在行政上，废除总督制，提拔中小贵族充任国家官吏；在军事上，颁布了军役法，规定封建主每 150 俄亩的土地必须出一名全副武装的骑兵，从而取消了大贵族在这方面的特权，并使国家的骑兵人数大大增加。在步兵中加备了火器，增强了炮兵组织，因而提高了军队的战斗力。

以上改革虽然有利于加强皇权，但大贵族仍有大片土地，构成了对皇权潜在的威胁。而中小地主对土地的要求又非常强烈。为了摧毁大地主反抗中央的经济基础，1565 年伊凡四世又采取了新的重大措施。他把全国土地划分为由"杜马"管理变通区和由沙皇直接管理的特辖区两部分。特辖区包括土地富饶、工商业发达的中部地区和军事要地。凡在特辖区内原属大贵族的土地一律收归国有，然后由沙皇分给服军役的中小贵族，做为军事采邑。国家以边远的普通区的土地补给被剥夺土地的大贵族。这一措施，遭到大贵族的强烈反抗，但沙皇利用获得好处的中小贵族组成的特辖军团，镇压了反抗的大贵族。大批大贵族被杀。伊凡四世也因此被称作“恐怖的伊凡”或“伊凡雷帝”。通过以上措施，沙皇专制政体牢固地树立起来。

伊凡四世在巩固了国内统治以后，便积极向周围各少数民族地区扩张。16世纪中期，他经两次用兵消灭了喀山汗国，不久，兼并了阿斯特拉罕汗国，占领了整个伏尔加河流域，使这里的鞑靼人、玛里人、楚瓦什人、乌德摩尔特人、巴什基人、摩尔多瓦人全部臣服于俄国。从此俄罗斯开始形成为多民族国家。

四、沙皇俄国的领土扩张

伊凡四世统治时期，沙皇俄国还是一个内陆国家，国土只占东欧的一隅，面积约280万km^2。为了取得波罗的海的出海口，1558年1月，伊凡四世借口立窝尼亚骑士团和立陶宛联合反对俄罗斯而挑起战争。立窝尼亚在波罗的海沿岸，具有重要的战略价值，沙俄的侵略威胁到波罗的海沿岸各国的安全。因此，波兰、立陶宛、瑞典、丹麦都参加了反对沙俄的战争，使战争具有了国际性质。1582年俄国被迫和波兰签定10年停战条约，次年又和瑞典签署停战协定，各国疆域维持原状。历时25年的立窝尼亚战争最后以沙俄的失败而结束。伊凡四世夺取西部出海口的计划未能得逞。

1648年春，乌克兰人民在波格丹·赫米尔尼茨基的领导下，掀起反对波兰统治者的斗争。1653年，沙俄应赫米尔茨基的请求，以“保护和支持乌克兰”为名，向波兰宣战。1667年，沙俄策划并支持了乌克兰愿意接受沙俄统治，“自愿归并”俄国的活动(1654年在佩雷雅斯拉夫会议上，沙俄引诱部分乌克兰贵族表态，应在波兰、克里米亚、土耳其和俄国之间，选择一个做为自己的国君。乌克兰提出“自感归并”俄国)。在没有乌克兰代表参加的情况下，沙俄和波兰签定的“安德鲁索沃条约”中规定：白俄罗斯的一部分，斯摩棱斯克和第聂伯河东岸的乌克兰土地划归俄国。1686年又把基辅也划了过去。这样，乌克兰便与沙俄合并了。

在南方，从16世纪中叶起，伊凡四世为夺取黑海的出海口，通过阿斯特拉罕，不断染指高加索。1557年，沙俄在北高加索的中心要地松孟河与捷列克河的汇合处，设立哥萨克军屯，并觊觎格鲁吉亚。它又利用北高加索各部落之间的矛盾，策动一些部落上层人物提出“自愿归并”俄国或隶属俄国的主张。1595年3月，沙皇自行颁布诏书，宣布哈萨克归属俄罗斯。

在东方，1581年哥萨克惯匪叶尔马克秉承沙皇伊凡四世的旨意，纠集了840名侵略军，首先侵入失必儿汗国，他们杀人掠地，无所不用其极。因此，叶尔马克被沙皇召见，并赐重赏，誉为英雄。然而，侵略者遭到失必儿汗国军民的坚决抵抗。1584年，入侵者一度被打败，叶尔马克也在逃跑中掉进河里淹死。失必儿汗国坚持斗争17年，到1598年最后失败。

沙皇俄国扩张的另一种手段是用“探险”、“考察”、“旅行”等名义进行“地理发现”，所到之处就宣布为俄国的领土。当时西伯利亚的许多民族尚处于氏族公社阶段，互相之间联系很少，不利于反抗沙俄的扩张。1601 年，康德拉特、库罗奇金沿着叶尼塞河下游驶至大海，侵占了皮亚辛河河口一带。

1633 年，伊凡·勒布罗夫和伊里亚·彼尔菲列夫沿勒拿河顺流而下抵达北冰洋。在 11 年中，完成了对西伯利亚北部沿海一带的扩张。1632 年，为了继续向东方侵略，沙俄在雅库次克建立城堡做为根据地，然后不断向东方侵犯，把魔爪伸到鄂霍次克海一带。随后更把扩张矛头指向我国黑龙江流域。

思考题

1. 西欧封建制度是怎样产生的？
2. 法兰克封建制度是怎样形成和发展的？
3. 简述查理曼帝国的土地制度及其特征。
4. 如何评价宗教在欧洲中世纪时期的影响？
5. 简述西欧城市兴起的历史意义。
6. 简述十字军东侵的后果及其影响。
7. 评价伊凡四世改革。

第三章　中古时期的亚洲封建诸国

476 年西罗马帝国灭亡，世界历史从此进入中古时期。在这一时期，亚洲的阿拉伯、印度和日本相继完成了从奴隶社会向封建社会的转变，在漫长的历史进程中，亚洲各地区、各民族创造的文明相互交流，从而为近代文明的产生奠定了基础。

第一节　阿拉伯帝国

7 世纪之后，随着伊斯兰教的创立，强盛的阿拉伯帝国骤然崛起，充满活力的阿拉伯民族基本形成，辉煌灿烂的阿拉伯文明开始诞生。这一切不仅使在古典时代一直沉寂着的世界第一大半岛——阿拉伯半岛一跃成为人类最活跃的地区之一，也使曾孕育过两河流域、恒河流域和尼罗河流域等诸多古典文明的西亚、南亚和北非地区的面貌焕然一新，更使人类中古文明的发展呈现出一种新的格局，并对人类近现代文明的发展产生了深远的影响。

一、伊斯兰教的产生和阿拉伯统一国家的形成

阿拉伯半岛的主要居民是贝多因（贝都因）人，他们是逐水草而居的游牧部落，6～7 世纪，阿拉伯人社会经济的发展处于大变革时期。原始公社解体，阶级社会开始产生，在社会关系方面，既保有公有制和民主制的某些特点，又出现私有财产和奴隶制剥削的萌芽，牧场共同使用，首领民主选举，战俘成为奴隶，贫困化的氏族成员也有沦为奴隶的，由于部落间常有冲突，战争和掠夺成了男子的英雄事业。

半岛西部从也门经过汉志（红海沿岸一片土地）到叙利亚，是东西方贸易的一条商路，也是拜占廷与伊朗长期争夺的焦点。525 年，拜占廷唆使其盟国埃塞俄比亚侵略也门，建立统治，这引起伊朗嫉恨，570 年派兵赶走埃塞俄比亚人，直到 628 年兵败退出。长期的战祸使汉志商路（阿拉伯商路）大大衰落，东西方贸易的商路从此改换为波斯湾经两河流域到叙利亚、拜占廷等地。阿拉伯商业的破坏和经济的衰落，使农民、牧民、手工业者和奴隶深受其苦，社会的阶级分化更为加剧，人民群众不满，社会动荡不安，反抗斗争不断发生，阿拉伯贵族为了

镇压群众的反抗，对外夺取商路，扩张领土，迫切需要建立一个统一国家。伊斯兰教的产生恰是社会经济变动和政治统一要求在意识形态方面的反映。

伊斯兰教产生前，阿拉伯人的宗教信仰极不统一，贝多因部落和各城市居民，多为原始的自然崇拜，也有信仰犹太教和基督教的。犹太教和基督教很早就传入阿拉伯半岛，他们的传播，对伊斯兰教的产生有一定思想影响，穆罕默德本人非常熟悉犹太教、基督教和部落宗教。穆罕默德出身于麦加城古莱西部落哈希姆氏族的没落贵族商人家庭，幼年丧亲，随伯父长大。他做过牧童，也随商队经历过许多地方，见多识广，25岁时和一个比他大15岁的富商寡妇卡狄加结婚，40岁时出家隐修，据他说真主派天使告诉他“你应以真主的名义传道”，从此每次传道，开头总讲：“除独一的安拉以外别无主宰，穆罕默德是安拉的使者。”（即中国伊斯兰教徒的十六字真言：万物非主，唯有真主，穆罕默德，真正使者。）

穆罕默德传布的新教被称为伊斯兰教。伊斯兰一词原为皈依之意，他的信徒把他看成基督一样的先知，而且是最后的最伟大的先知。这些信徒被称为穆斯林，意即信仰安拉，服从先知的人。穆罕默德要求信徒定期赈济穷苦人，每天举行祈祷，伊斯兰历9月定为每年的斋月，白昼斋戒禁食。他还号召信徒到麦加朝圣，信徒必须响应先知的号召，为信仰的胜利而斗争，反对一切不信真主的人。

穆罕默德传教20多年，全面地阐述了伊斯兰教教义，他以安拉名义所“降示”的圣言都由身边的弟子记录下来，在他死后20年，由赛义德·撒比特搜集整理，抄录成册，称为《古兰经》，全书共114章、6200多节（这里章意为启示，节意为奇迹、预兆），所谓“古兰”，阿拉伯语意为读本，是伊斯兰教徒必读的课本、必须遵守的基本准则。

穆罕默德开始是秘密传教，信徒较少，主要是他的亲属，也不敢在麦加城内祈祷，常常躲在城外山沟里举行仪式，后来信徒增加，逐渐公开传教。由于伊斯兰教除安拉外不承认任何部落神，这直接威胁麦加贵族和富商的领导作用和从神庙市集获得的经济利益，以阿布·苏非扬为首的麦加贵族坚决反对穆罕默德的宗教宣传，并图谋杀害穆罕默德。于是622年9月的一个夜晚，穆罕默德和几个忠实信徒离开麦加，逃往雅特里布，自此以后，穆罕默德出奔之日（阴历7月16日）被伊斯兰教徒称为黑蚩拉（希吉拉，汉译徙志）节，622年则为伊斯兰历的纪元之年，雅特里布后来更名为麦地那，意为先知之城。

迁到麦地那后，伊斯兰教的发展进入新阶段，穆罕默德以麦地那为中心，联合一切反对麦加贵族的势力，建立了一个神权国家，他主要依靠由麦加迁到麦地那的穆哈吉尔（迁士）和麦地那改信伊斯兰教的安沙尔（辅士）的支持，组成强大的武装，迅速统一周围地区，凡信仰伊斯兰教的，不分部落和氏族，以兄弟相称，血族复仇战争被取消，使狭隘的氏族关系被打破，为阿拉伯国家的统一创造了有利条件。随后，他开始了反对麦加贵族的战争，630年击溃了麦加的反抗，双方缔结《侯德比耶和约》，麦加同意接受伊斯兰教，承认穆罕默德的权威，穆罕默德则保留了特殊的宗教地位，克尔伯古庙改为清真寺，黑陨石作为伊斯兰教的圣物保留了下来。征服麦加是穆罕默德以伊斯兰教为旗帜的阿拉伯统一国家形成的关键步骤，630—631 年间，许多部落宣布加入伊斯兰教，一些犹太、基督教徒向穆罕默德纳贡，有的改信伊斯兰教。632 年 6 月 8 日，穆罕默德突患病去世，但这时阿拉伯半岛已基本统一。

二、阿拉伯帝国的兴亡

穆罕默德死后，阿布·伯克尔被推选为继承人，改称哈里发，意为安拉使者的继承人。这是集宗教、行政、军事大权于一人之身，政教合一的国家首脑，阿布·伯克尔时便开始大规模向外扩张，首先同拜占廷、伊朗作战。第二任哈里发欧默尔时，号称“安拉之剑”的大将卡利德率军进攻叙利亚，于 636 年 8 月攻占耶路撒冷及巴勒斯坦全境。在与拜占廷作战的同时，阿拉伯以主力进攻伊朗，637 年占领伊朗首都泰西封，642 年彻底灭亡了萨珊王朝。欧默尔另派大将阿鲁姆进攻埃及，642 年攻陷开罗，645 年又占领了利比亚等地。

在对外征战中，穆罕默德的政敌：麦加的倭马亚贵族逐渐掌握了军、政、教权，鄂斯曼还被选为第三任哈里发，以穆罕默德女婿阿里为首的一派，反对鄂斯曼的统治，于是形成一个政治宗教团体——什叶派。656 年，他们联合反对派在麦地那刺杀了鄂斯曼，以阿里为第四任哈里发，但以叙利亚总督摩阿维亚为代表的倭马亚贵族，拒不承认阿里，于是内战爆发。战争中，阿里想与摩阿维亚妥协，这引起什叶派的分裂，反对妥协的下层群众另立“哈瓦立及派”（军事民主派），他们要求恢复初期伊斯兰教比较平等的关系，共同分配战利品，一切穆斯林都有参加选举的权利等等。但阿里疯狂镇压军事民主派，661 年最终被军事民主派杀害，摩阿维亚成了哈里发，建立了倭马亚王朝，定都大马士革，哈里发从此成为世袭。在残酷镇压了各种反抗势力、巩固自己的统治后，倭马亚王朝继续大规模向外扩张。在西方，曾多次进攻君士坦丁堡，侵入突尼斯，698 年攻陷迦太基，消灭了拜占廷在北非的残余势力，并降伏了柏柏尔人，让他们改信伊斯兰教，组成阿拉伯骑兵。他们还越过直布罗陀海峡，于 711 年消灭了西哥特王国，迅速征服了比力牛斯半岛，后来攻入法兰克，732 年败于法兰克人。在东方，势力扩张到印度河流域的中亚，664 年占领喀布尔，674 年越过阿姆河，占领布哈拉，撒马尔罕等城，到 8 世纪初，侵占了中亚大部分，并与中国唐朝发生冲突。

到 8 世纪中叶，阿拉伯的版图，西起大西洋，东到印度河，北起黑海和里海南岸，南至尼罗河下游，形成一个横跨亚、非、欧三大洲交界处的阿拉伯帝国，国家制度也逐渐完备。哈里发是最高统治者，下设维齐尔（宰相）辅佐，其下有各部大臣，管理行政、财政、军需等事务，地方行政基本沿用拜占廷和伊朗旧制，分设九个行省，由长官爱弥尔（总督）统治，规定伊斯兰教为国教，阿拉伯语为法定语言。

阿拉伯帝国的对外征服，加深了国内阶级矛盾、民族矛盾和统治阶级内部的矛盾。哈里发国家是政教合一的政权，政治上的反对派必然表现为伊斯兰教的宗派，宗教上的分歧不可避免地发展为政治上的对抗，帝国内部的各种宗教派别实际上是阶级斗争、民族斗争和统治阶级内部斗争的具体表现。倭马亚王朝后期，什叶派与正统教派逊尼派针锋相对，两派宗教上的分歧反映了两派争夺权力的政治斗争。8世纪20年代，东方各省出现了一个新的政治派别阿拔斯派，伊拉克大地主阿布·阿拔斯自称穆罕默德叔父阿拔斯的后裔，指责倭马亚王朝是穆罕默德仇敌之子孙，非法窃取了哈里发政权，阿拔斯派网罗地方反对势力，伺机夺取政权。

8世纪三四十年代，倭马亚王朝腐朽衰败，各地反抗斗争不断，呼罗珊地区有个奴隶出身的伊朗人阿卜·穆斯林以阿拔斯的旗帜进行反倭马亚王朝的宣传活动，并于747年发动起义，750年推翻了倭马亚王朝，阿布·阿拔斯称哈里发，建立了阿拔斯王朝。阿卜·穆斯林被任命为呼罗珊总督，他的部将齐雅德曾大败唐朝高仙芝的军队，754年阿卜被哈里发刺杀。762年，哈里发迁都巴格达。

阿拔斯王朝采用了伊朗的政治制度，建立了中央专制政权，在政府的各级机构中，波斯人排挤了阿拉伯人，维齐尔（宰相）的权力加强了，可任免行省总督，中央有权管理税收、警务、驿递、司法等部门，首都和地方法官由哈里发委派通晓《古兰经》和《圣训》的人担任，全国分设20几个行省，设总督统治，以巴格达为中心开辟弛道，设立驿站，建立了10多万人的近卫军。

虽然王朝建立了庞大的官僚机构和人数众多的军队加强对帝国的统治，但由于帝国内部各种矛盾错综复杂，各族人民反抗阿拉伯统治者的斗争便贯穿了阿拔斯王朝的始终，他们或者打着非伊斯兰教的其他宗教的旗号，或者打着反对正统教派的旗号进行斗争。756年，一位索罗亚斯德教徒辛德巴德在伊朗北部雷伊至尼沙普尔地区，利用阿卜·穆斯林的威望发动了起义；776—783年，在阿姆河和锡尔河之间的河中地区，发生了哈希姆·伊本·哈金领导的粟特农民起义；816—837年，在阿塞拜疆发生了著名的巴贝克起义。这些起义都被哈里发镇压了下去。在人民起义的打击面前，哈里发为了加强实力，镇压起义，自9世纪前期以来，每年从中亚输入上千的突厥奴隶，以充实军队，并担任警卫。这些突厥将领，通过参与宫廷阴谋，逐渐取得权势，左右了朝政大权，哈里发成了傀儡。各省总督也在当地封建主的支持下，拥兵自重，不服从中央，庞大的阿拉伯帝国渐趋瓦解。早在750年，阿布·阿拔斯夺取政权后，下令斩尽杀绝倭马亚家族，当时只有王子阿布德·拉赫曼一人幸免于难，他先逃到北非，后去西班牙，依靠阿拉伯贵族和柏柏尔贵族的支持，于756年宣布独立，建立"后倭马亚王朝"（929年也称哈里发，定都科多瓦），这是阿拉伯帝国分裂的开端。788年，阿里家族控制的什叶派在摩洛哥宣布独立，建立伊德利斯王朝（788—985年）；800年，非洲总督阿格拉布在突尼斯建立阿格拉布王朝（800—909年）；868年，突厥将领图伦占据埃及和利比亚，建立了图伦王朝（868—905年）。在帝国东部，呼罗珊地区有塔黑尔王朝，伊朗东部有萨法尔王朝（861—900年），阿姆河和锡尔河流域河中地区有萨曼王朝（874—999年），帝国早已四分五裂。

9世纪后期,人民大起义再次给帝国以沉重打击。869—883年,巴士拉地区爆发了黑奴大起义,起义者于870年攻占巴士拉城,并威胁首都巴格达,后来由于内部分裂,阿拔斯王朝乘机进攻,起义失败。891年,在伊拉克、呼罗珊、也门、叙利亚等地活动的卡尔马特运动在伊拉克北部发动起义(领导者哈马丹绰号卡尔马特),899年建立了一个存在150多年的政权。

在各族人民起义的打击下,各地封建主纷纷独立,帝国领土只剩下巴格达周围美索不达米亚的一部分。1055年,塞尔柱突厥人入侵巴格达。哈里发被解除了政治权力,只保留宗教首领地位。1258年蒙古入侵,阿拔斯王朝最后灭亡。

三、阿拉伯帝国封建制度

阿拉伯帝国在对外征服过程中,受先进地区的影响,逐渐过度到了封建社会。

伊斯兰教认为土地属于安拉,只有哈里发才有权支配,因而征战中所占领的土地全归国家所有,哈里发把原属拜占廷和伊朗王室贵族的一部分土地分给伊斯兰教寺院和阿拉伯贵族,各地清真寺也占有大片土地。此外,个别封建大家族(如倭马亚、阿里家族)占有许多土地,那些改信伊斯兰教、投靠新政权的拜占廷、伊朗贵族保留了他们原来的土地。清真寺占有的土地称"瓦克夫",用以供养寺院,不得转让或买卖,私人所有的土地称"穆尔克",可以自由处理,但必须向哈里发纳税。总之,哈里发国家是最高地主,所有土地均须缴纳土地税,非伊斯兰教徒必须缴纳人头税。

国家、寺院、贵族的土地,由农民耕种,缴纳封建租税,7世纪时,政府强迫农民颈上挂牌,写明住址,防止逃亡,租税额也迅速增加,农民处境艰难。阿拉伯人在征战中,把大批战俘变为奴隶,奴隶买卖当时很流行。有黑奴,也有白奴,被大量运用在土地上,从事耕种、采矿、家庭服务等。在农业生产中的奴隶,其地位接近依附农民,在手工业生产中,奴隶定期向主人缴纳部分产品或货币,也可经营自己的经济,奴隶生产在阿拉伯经济中不占主导地位,但奴隶的大量存在却是阿拉伯帝国封建社会的一个特点。

阿拔斯王朝时期,土地和水源主要归哈里发国家所有,但同时也存在有条件的封建土地所有制——伊克塔。它类似西欧的采邑制,由国家公职人员终身占有,领有伊克塔者,起初是征收地租,并按领受的土地面积大小为哈里提供相应的战士,如无特殊许可,领受者死后须将土地交还哈里发。后来随着职位的世袭,伊克塔也变为世袭领有,但在法律上被认为是哈里发的。

阿拔斯王朝最初一百年是阿拉伯封建经济最繁荣的一段时期。哈里发政府十分重视水利灌溉,开渠筑坝,修建水库,美索不达米亚平原上河渠水网,纵横密布,促进了农业发展,叙利亚的大马士革地区,美索不达米亚南部,波斯湾东岸和阿姆河、锡尔河流域,是阿拔斯王朝的四大谷仓,土地肥沃,农产丰饶,号称鱼米之乡。手工业发展也很迅速,有纺织业、金属加工业、制陶业、造纸业等部门，像大马士革的锻子、库法的绢、布哈拉的毛毯、叙利亚的玻璃远近驰名，阿拉伯商人经销或转运世界各地的精美物品，使得巴格达成为著名的国际贸易中心，城内有各种手工行业，各地的工农业产品也通过水陆运输供应巴格达，城内还专设商业区以满足商业的发展。

四、阿拉伯文化

阿拉伯帝国是一个多民族国家，它统治的地方大都是古代文明发达地区。阿拉伯的文化吸收、消化了埃及、巴比伦、波斯、希腊、罗马等古代文化，因而形成一种独特的阿拉伯文化，即希腊文化、波斯文化、印度文化的混合文化，它为东西方文化的交流起了特殊作用，尤其是西班牙的后倭马亚王朝和西西里的阿格莱布王朝，起了积极的中介作用。

阿拉伯文化以天文学、数学、医学和文学等成就最为突出。在天文学方面，巴格达和大马士革等地均设立了当时世界上最先进的天文台，并制造出较精密的天文仪器用于观测天象，还积累了丰富的资料。天文学家花拉子密（780—850 年）写出了世界上最早的“天文表”。在数学方面，他们确定了三角数学中的正弦、余弦和正切的概念，创立了三角学和代数学，并吸取了印度十个数字的计数法，这种计数法就是我们熟悉的、并在今天仍然为全世界通用的“阿拉伯数字”。在医学方面，最杰出的代表是拉齐斯（865—925 年）和阿维森纳（980—1037 年），前者著有《天花和麻疹》《医学集成》等重要著作；后者被誉为“医中之王”。

在人文科学方面，地理学、历史学和文学方面有一些重要的作品。地理学著作主要有《苏莱曼东游记》，这是用阿拉伯文写成的第一部有关中国和印度的报导。数学家花拉子密根据托勒密的《地理学》编成《地形》一书。他还和其他 69 位学者在哈里发麦蒙的鼓励下绘制出一张世界地图。地理学家兼历史学家麦斯欧迪到亚洲和北非各地旅行过，编成 30 册的巨著《黄金草原和珠玑宝藏》，这是一本地理学百科全书。历史学家泰伯里（838—923 年）写有《历代先知和帝王史》，是编年体史书，从创世一直写到 915 年。文学方面是众所周知的名著《天方夜谭》或《一千零一夜》，其基础是古老的波斯故事集，也有一些印度的故事，10 世纪时由哲海什雅里写成，后又不断增加新内容，直到 14 世纪编成现在的故事集。

第二节　印　度

曾孕育了古代印度文明的南亚次大陆，在中古时代仍是当时人类文明的重要区域，而且文明社会所涵盖的范围也以恒河流域为中心，不断向外扩展。温德亚山脉以北地区素为文化昌明地带，居住该地的民族多为印欧语系的雅利安人；温德亚山脉以南则较为落后，其居民主要是达罗毗荼人；而其他民族部落还通过次大陆西北山口不断进入印度。因而中古时代的南亚次大陆，民族成分复杂，语言、宗教、风俗各异，但在长期的发展过程中，喜马拉雅山以南的广大地区逐渐统一。

一、笈多、戒日两大帝国的兴衰与次大陆的分裂

笈多王朝的崛起，开启了南亚次大陆中古文明的帷幕。3 世纪以后，强盛一时的贵霜帝国渐趋衰败，国势日蹙，南亚次大陆北部脱离贵霜统治，分裂为诸多小国。4 世纪初，位于恒河流域中游的摩揭陀地区的小邦笈多的实力逐渐强盛。旃陀罗笈多一世，通过与著名的犁车部族联姻，继承了华氏城一带的统治权。320 年，旃陀罗笈多一世建立起笈多王朝，其辖地大约为今日比哈尔、孟加拉及北方邦一带。笈多王朝第二代君主沙摩陀罗笈多开始大规模地对外扩张。他一生戎马倥偬，西征、东进、南下，百战百胜，征服了整个北印度地区，甚至南印度的大国帕拉瓦王国也慑于其威势，纳贡臣服。沙摩陀罗笈多不仅惯于沙场征战，而且也擅长文治，他秉持宗教宽容政策，奖掖学术，提倡文化，有“诗人国王”之雅称，可谓是一代文武兼备的伟大君主。380 年，沙摩陀罗笈多之子旃陀罗笈多二世继位，史称“超日王”，在其统治期间，笈多王朝国势达及鼎盛。他集中国力，继续拓展国土，西至阿拉伯海，南抵德干高原，控制了北印度东西海岸的繁荣城市和港口，并迁都华氏城。笈多王朝建立起中央集权统治体制，全国划分为若干省，省下辖县，各地总督多由王子或其他皇亲担任。整个王国政治稳定，经济繁荣，文化昌明，宗教宽容。中国东晋名僧法显曾在超日王时代为寻法求经，周游次大陆各地，据见闻著成法显《佛国记》，记载了当时北印度文化、政治、经济等各种繁荣状况。

进入 5 世纪之后，笈多王朝内乱时起，外患不断，尤其是北方嚈哒人(白匈奴)的入侵，对笈多王朝构成了长久而严重的军事威胁。塞健陀笈多在位时(455—467 年)，笈多王朝尚能御嚈哒人于国门之外。待至 5 世纪末年，嚈哒人已成为不可抵御的力量，大举涌入北印度。6 世纪初，嚈哒人占领了克什米尔、旁遮普、北方邦、中央邦等地。同时，南印度的维卡特卡王国也不断向北方进攻。笈多王国内部诸小邦纷纷自立，陷入分裂混战之中。

606 年，曷利沙继承坦尼沙王位，史称“戒日王”。即位之后，戒日王便亲率大军“自西徂东，征战不臣”，历经 6 年兵不释甲、象不卸鞍的连续征战，终于征服了北印度诸国。612 年，戒日王将坦尼沙与穆里克合并，建戒日帝国，定都曲女城。戒日帝国的统一与强大只是相对而言，所谓“帝国”，实际上只是由诸多臣服纳贡的邦国组成的松散政治联盟。身为盟主的戒日王，对数十个处于半独立状态的藩邦采取了如下策略：一是以“象军 6 万，马军 10 万，步军 5 万”组成的庞大军队相震慑，他经常巡视各地，营帐所至，众官相随；二是经常作出一些必要的妥协，以羁縻地方。

戒日王晚年，中央权势十分软弱，地方割据之势愈益强炽。647 年，戒日王病故，身后无嗣，王位由大臣阿罗那顺僭夺，地方王公纷纷自立，帝国全面解体。7 世纪中叶至 12 世纪末

的数百年间，印度次大陆一直处于分裂局面。西北地区一些小邦相互攻伐，忽盛忽衰，悠生悠灭。有些小邦王族自称“拉其普特”(意为王孙贵族)。这些拉其普特小邦往往保有氏族部落的军事组织，势力颇大，割地自雄。其中较强者有8世纪兴起的补罗提诃罗王，占有曲女城，夺得恒河中游大片土地，10世纪初，为势力最盛时代，11世纪被入侵的穆斯林所灭。此外，次大陆西部的安西尔瓦拉王朝，孟加拉地区巴拉王朝也都曾称雄一时。中古时代，南印度的分裂局面更甚，从未出现过比较稳定的统一政权。3世纪之后，德干高原中部曾有1个与北方笈多帝国并立对峙的维卡特卡王国，6世纪初亡国。德干高原东南部则有延续数百年的帕拉瓦王国，9世纪中叶灭亡。6世纪中叶之后，在维卡特卡王国故地又兴起遮娄其王国，曾与戒日帝国争锋，一度占有德干高原大部地区。8世纪中叶，新兴的拉什特拉库特王国灭遮娄其，称霸高原达两个世纪。此外，在次大陆最南端尚有朱罗王国、潘地亚王国和哲罗王国等。

二、印度社会的变革

从4世纪初笈多王朝建立，到7世纪中叶戒日帝国瓦解，印度的封建制度经历了初步发展到最后确立的历史过程，南亚次大陆社会进入了封建文明时代。

早在公元初几个世纪，印度就曾出现一部论述政治艺术的著作《政事论》，书中曾多处载有鼓励奴隶主释放奴隶，令其耕作小块田地，奴隶主坐收地租的内容，表明奴隶制度已不合时宜，封建因素萌发在际。笈多王朝时，据法显《佛国记》载：“人民殷乐，无户籍官法；惟耕王地者，乃输地利，欲去便去，欲往便往”。由此可见，当时印度的生产者已有所分化，一部分成为“耕王地者”的自由农民，他们虽负有缴纳“地利”的义务，但人身尚自由；但另一部分农民业已成为可以连同土地被赠予他人的“民户”，其不自由的社会地位已由永久性文书固定下来，他们是早期的封建农奴。6～7世纪，封建制度在次大陆又有发展，并最终确立起来。《佛国记》载：“王之侍卫左右，皆有供禄”，表明笈多王朝已将土地分封。戒日王时代，依玄奘所言，土地分封进一步发展，“王田之内，大分为四，一充国用，祭祀资粢盛；二以封建辅佐宰臣；三赏硕学高才；四树福田，给诸异道。”

社会生产关系的变革，并未触动当时印度社会的基层组织制度——村社制度。国王们常常是将整个村社的土地，连同村社成员一道封赐给封建贵族和寺院。转化为依附农民的村社成员继续生活在农村公社的体制框架之中。村社土地的所有权已转化为贵族和寺院的私人或集体封建地产，但依附农民在使用时，仍然要向村社领种土地。可见，村社土地还保留着某种“集体所有制”的外壳。同样，依附农民的劳动产品也要通过村社集体征缴岁贡，这一传统形式转化为封建租税。农村公社原有的组织机构、职事人员和耕作、管理制度在形式上亦无很大变化，村社仍是自成一体的社会实体，但由于村社内部的生产单位仍是以一家一户为主，所以印度的村社又绝非是农奴制式的封建庄园。

种姓制度在社会变革的过程中也得以存留下来，并随着封建关系的演进而有所发展和衍变。《大唐西域记》中载："若夫种姓，有四流焉：一曰婆罗门，净行也。二曰刹帝利，王种也。三曰吠舍，贸迁有无，逐利远近。四曰戍陀罗，农人也，肆力畴陇，勤身稼穑"。从中可见，古代的四大种姓仍旧存留下来，而且头两个种姓的社会地位依旧未变，仍为社会统治等级。在下两个等级中依照行业的不同，形成了各种名目的"阇提"。阇提内部职业世袭，设有专门管理机构监督其成员遵守规章制度和风俗习惯，违者视情节予以惩处。在四大种姓之外，还有一个庞大的人群，即不可接触者——贱民（旃荼罗）。这实际上是由从事屠、侩、钓、猎、娼等"不洁"工作的人所组成的种姓等级。因工作、出身卑微，贱民的人身和用过之物都被世人视为龌龊，故而贱民不得同其他人接触。印度种姓制度间的分割与隔绝，是生产发展不够充分的表现。从社会发展而言，长期存在的种姓制度是印度社会肌体上的赘疣，它使印度社会成员处于相互隔绝，彼此排斥的状态中，阻碍了社会生产的发展，削弱了社会凝聚力，也降低了御外敌入侵的能力。因此，种姓制度是印度社会进步和国家民族强盛道路上的主要障碍之一。

三、印度教的兴起

4 世纪之后，随着社会的发展、变革，南亚次大陆的文化观念也出现了新的转变。这集中体现在，自 6 世纪以来受历代奴隶制帝王尊崇的佛教渐趋衰没，而古老的婆罗门教在新的历史形势下出现复兴之势。到 8—9 世纪时，逐渐形成新的宗教体系——印度教。

5～7 世纪，中国高僧法显、玄奘在访印求法时，虽受到印度王公贵族的礼遇，但他们已经注意到佛教的衰败迹象，寺院废弃，佛塔倾残，"异道甚多，僧徒寡少"。佛教衰微的原因十分复杂。自阿育王以来，历代统治阶级对佛教优待礼遇，广大信徒奉献贡纳，使得佛教僧侣身处深寺大庙之中，与社会民众愈来愈远，其说教理论也渐渐失去教祖释迦牟尼时期的那种朴实无华、关注人生的风范。各宗各派偏执一端，相互争辩不已，使佛学愈发抽象、艰深、晦涩。而对社会的巨大转变，却未能作出令人信服的解释，信徒日散，香火难以为继，结果在外邦异域广泛传播的佛教，在故乡本土却陷入衰落的困境之中。

就在佛教败落的同时，印度教悄然兴起。由于印度教的基本特征和文化传统多源自古老的婆罗门教，故又称新婆罗门教。8～9 世纪，著名宗教大师商羯罗发起改革运动，整顿印度教的思想体系和寺院法规，终使印度教趋于定型，并彻底取代佛教，成为印度社会的主导宗教。印度教不是由某个教主所创立的思想体系，而是在社会长期发展过程中逐步形成的宗教信仰，因而所崇拜的神祇多种多样，并随派别的不同而各有区别。这种典型的泛神论、多神崇拜教，同印度 7 世纪之后长期封建割据造成的多元政治局面相适应。同时，它又广泛吸收和消化各地民间的信仰崇拜，因而拥有广泛的生存空间和社会基础。印度教教义的哲学基础是吠檀多派唯心主义，该派奉古代的吠陀为经典，认为神的启示是人类认识的唯一泉源，真理就是对梵天认识的统一，而求得梵我一致，人生才能获得拯救。印度教的教义既保存了婆罗门教的种姓制度理论，又吸收了佛教不抵抗、禁欲、造“业”和轮回等说教；既宣扬虔敬神灵，安分守命，又提倡人的感官享受和恣意寻乐。印度教内部派别众多，主要教派大致有四个，一是尸摩多派，遵奉古婆罗门教传统，奉行多神信仰，承认泛神论为最高真理，其信徒人数颇众；二是毗湿奴派，拜兼有创造与破坏能力的宇宙维持者毗湿奴为最高神，认为通过默念神名和坐禅便可获解脱，强调禁欲、苦行、素食等戒律，主要流行于北印度和西海岸地区；三是湿婆派，奉湿婆为最高主神，视其为毁灭、苦行和舞蹈之神，主要流行于克什米尔和南印度等地；四是性力派，崇尚梵天之妻辩才天女、毗湿奴之妻吉祥天女、湿婆之妻难近母等女性神灵，持具有色情色彩的性力仪式，该派不相信业报轮回，反对种姓制度和歧视妇女，主要流行于孟加拉、尼泊尔和南印度的喀拉拉等地。

四、绚丽多彩的南亚文化

12 世纪以前的南亚中古文化，在继承古代文化硕果的基础上，继续向前发展，更趋繁荣昌盛，在哲学、文学、艺术、科学等领域取得了辉煌成就。

这一时期的哲学成就主要体现为吠檀多派唯心主义哲学体系的创立与发展。7～8 世纪之交，印度哲学大师商羯罗从哲学角度对吠陀经典进行了新的铨释，认为存在的唯一实体是“梵”，它是唯一不生不灭，无所不在，具有无穷创造力的宇宙精神。而现实的大千世界却是不实在的，仅为一种幻想而已。人们称商羯罗的这一学说为“不二论”，它为印度教的基本教义奠定了理论基础。12～13 世纪，另一位著名哲学家罗摩奴迦(1175—1250 年)对吠檀多的“不二论”哲学进行了修正。他认为物质世界、人的灵魂以及神都是实在的，三者构成一个统一体，只不过物质和灵魂都服从于神，而神以物质、时间和灵魂创造了世界。此外，他还主张理解神并不需要对典籍的广泛了解，重要的是对毗湿奴神的真诚信仰。罗摩奴迦的修正理论使印度教信仰更为通俗化，极大地推动了毗湿奴教派和虔诚派的发展。

梵语文学在这一时期进入全盛阶段，其中戏剧成就最大。5 世纪伟大的剧作家迦梨陀婆著有《沙恭达罗》《优哩婆湿》等剧作，主要特点是人物生动饱满，情节细腻精致，直到今天仍为印度人民所喜爱，并蜚声世界。此时的梵语故事集也很有水准，著名的有《五卷书》和《嘉言集》等，其内容多通过生动的情节来讲述一些治国安邦、为人处世之道。其中一些故事对后来的阿拉伯、欧洲的文学都有影响。梵语文学的另一种表现体裁是小说，著名作品有《戒日王传》《十王子传》等。这些作品虽在一定程度上反映了当时印度社会的生活，但因文字冗长，词藻堆砌，文体过于华丽而流传不广。

石窟艺术集中代表了这一时期印度在建筑、雕刻、绘画等领域的高超水平。著名的阿旃陀石窟位于印度中部，是一座由 27 个岩雕组成的石窟寺院。唐朝玄奘曾游观此地，称其“高堂邃宇，疏崖枕峰，重阁层台，背岩面壑”。其雕刻造型生动，壁画色彩斑斓，内容虽为佛教故事，却洋溢着深厚的人间生活情趣，在表现技巧上达到极高水平，为印度艺术的一大宝库。另一著名石窟为埃罗拉石窟，它长约2km，历经3～13世纪的千年时光建造而成，其雕像、壁画庄严肃穆，生动逼真，技艺纯熟精美，建筑规模更为宏大。

自然科学是中古印度文化的重要领域。6世纪大科学家彘日对希腊、罗马的天文学有深入的研究。他创立了5种天文学理论体系。著名数学家梵藏和作明对算术四则运算、开方以及代数中的一次、二次方程的求解都有精深的研究。在6世纪印度数学的论著中，圆周率的计算已相当精确，定为3.1416。数学家、天文学家亚雅巴达，提出了地球绕太阳旋转，并沿地轴自转的科学主张，同时对日蚀、月蚀等天文现象都有清晰的解释。

第三节　日　本

日本是位于东北亚的岛国，由北海道、本州、四国、九州4座大岛及附近数百座小岛组成。西及西北，分别与中国大陆和朝鲜半岛隔海相望。虽弧悬海外，但日本自古以来与中国、朝鲜有着十分密切的文化往来，正是在大量吸取大陆文化的基础上，日本古代社会不断向前发展，并形成了独具特色的民族文化。

一、7世纪以前的日本社会

距今约七八千年前，日本开始进入新石器时代，反映其文化的代表文物是具有绳纹式花纹的陶器，故称为绳纹式文化，它延续数千年，直到公元前3世纪末，遗迹遍布日本各地，出土陶俑多为女性，因此绳纹时代是日本母系氏族公社的繁荣时期。公元前3世纪末，随着秦汉帝国相继兴起，中国的金属文化和农业技术通过朝鲜传到日本，从此日本进入金石并用时代。这个时代的陶器是用陶轮生产形式简洁的素纹陶器，因最先在东京弥生町发现，故称之为“弥生式文化”，这是一种以种植水稻为基础的农业文化，男子在生产中的主导地位，使得父权制氏族公社取代了母权制氏族公社。

1世纪，受大陆文化影响较早的北九州地区社会发展较快，出现了百余国(部落或部落联盟)。国家的产生直到3世纪，当时九州有个大国邪马台国，其女王卑弥呼曾向北魏进贡，得到了“亲魏倭王”的封号和金印。3世纪前后，以京都为中心的地区的发展开始超过北九州，部落国家大量出现。

3世纪中叶以后，在大和(奈良)平原兴起的大和国逐渐强盛，开始走向统一的过程，4世纪时它已经征服九州和本州的大部分地区，并把势力扩张到朝鲜半岛南部，占领任那，以此为据点，不断侵掠半岛，到5世纪，统一过程基本完成。大和国在征服各地氏族、部落时，除把一部分壮劳力和美女当作奴隶带回大和外，一般不破坏当地的氏族组织，使其仍居住在原地，以“部”的形式集体地隶属于王室或贵族，部民在氏族长的统帅下进行生产劳动，向所属主人缴纳年贡，并服劳役，农业生产者编为田部，手工业生产者按专业分别编部，如土师部（陶工）、织锦部（织工）等等。这种部民制社会，迅速提高了生产力技术水平，为大和政权的统一和统治全国奠定了物质基础。部民主要在朝廷和贵族的领地里耕作，他们的来源和地位比较复杂，总的来看，他们近似奴隶，他们没有人身自由，不能随意迁徙，主人对部民可任意转让，全部剩余产品被主人剥夺，主人只给他们一点产品作为生活资料，几乎一无所有，因此，部民实际上是一种“日本式奴隶”，大和国家实质上是奴隶制国家。

大和国的最高首脑为大王（后改称天皇），是世袭的专制君主，但他没有像天皇那样的绝对权力，实际上是氏族贵族联合政权的共主。中央朝廷由几个最有势力的氏族族长、大王的亲信来分掌政务，大伴氏、物部氏掌军事，苏我氏掌财政。地方设国造、县主、稻置等各级官职，都由地方有势力的氏族长充任。中央和地方各级官职是世袭的，并由大王授予特殊的姓，如臣、连、造（表示中央贵族）、君、直（表示地方贵族）等，这些具有世袭尊姓和世袭官位特权的氏族豪强，也称为氏姓贵族（古代日本只有贵族才能有氏、有姓，平民只有名而无姓。氏表示家族血缘关系，姓表示门第尊卑），大和国家就是以大王为首的氏姓贵族统治的奴隶主专制国家。

二、大化革新

五六世纪以来，日本社会生产力进一步提高，铁器农具的广泛使用，使农业生产显著发展，于是个别父家长制大家族逐渐脱离氏族集团而独立进行生产，氏族制度开始瓦解，旧的氏族制度（部民制度）已越来越不适应生产力发展的需要。同时，统治阶级内部为争夺私地和私民的斗争十分激烈。王室和中央贵族依仗特权独占全国最好的土地和具有先进技术的劳动者，引起地方豪族的不满，因此双方矛盾和斗争十分尖锐。日本统治阶级中的有识之士认识到，只有实行必要的改革，才能继续维持和巩固他们的统治。

645 年 6 月 12 日，中大兄皇子联合大贵族中臣镰足发动宫廷政变，一举消灭苏我氏，拥立孝德天皇，中大兄为太子兼摄政，年号大化，次年正月颁布革新诏书，仿效隋唐制度，实行了一系列改革，史称大化革新。

改革的主要内容有：①废除王室和一切贵族的私有领地和部民，全国土地和人民都作为天皇（国家）的公地和公民。②制定班田收受法，国家对公民班给口分田，6 年一次，死后归还，受田者要负担租庸调，租为田租，交稻米，庸为徭役，每人每年 10 天，也可以绢代替，调为贡物，交纳各种土特产品，一般交纳绢布。③改革官制，建立中央集权的国家机构，各级官吏由国家任免，废除世袭制，中央设二官八省，分掌各部事务，地方设国（省）、郡、里（乡）等行政组织，国司、郡司由中央任命，里长由当地族长担任。以上措施在经过反复斗争后才最终在天武天皇（中大兄之弟）时确立，天皇制订了成文法来巩固大化革新的成果。

大化革新使广大部民摆脱了大贵族的直接占有，他们和从前的自由民一起成为国家的公民（良民），公民脱离了从前的氏族集团或部的组织形式，以户为单位直接隶属于国家，班田制就是按口分田、以户耕种、农民负担较固定的租税劳役，地位得到改善，提高了生产积极性，而实行土地国有和中央集权，则抑制了贵族豪强的势力，有利于经济和文化的发展。

大化革新虽然是一次自上而下的政治改革，但他具有划时代的意义，标志着日本部民奴隶制的基本终结和封建生产关系的开始形成，也标志着日本从古代奴隶制到中世纪封建制的过渡。

三、庄园制与幕府政治

8世纪，日本为增加耕地而鼓励人民垦荒，于是，贵族和寺社就驱使奴隶和依附农民大量垦荒，同时利用各种手段兼并农民的土地，这样，私有土地越来越多，公地却越来越少，土地私有制的发展，破坏了土地国有制的原则，国家无地可班，班田制到9世纪后期基本废弛。

在班田制破坏的同时，贵族、寺社领地上形成了庄园，并逐渐成为占统治地位的经济结构，也成了封建主剥削农民的基本组织单位。庄园的基本生产者是庄民，庄民原为国家公民因破产而成为庄园领主的依附农民，庄民以户为单位进行生产，主要耕种水田，向领主交纳实物地租和负担各种劳役，庄民的另一项任务是必须无偿为领主耕种直辖地，庄民不经领主许可不能迁移或改业，其实际地位等于农奴。

地方行政长官也利用手中的权力极力侵占公家或别人的土地，增辟庄园，从而形成地方豪强势力。11世纪，许多有势力的庄园获得“不输”、“不入”的特权，即不向国家交纳租税和不准政府官员进入庄园干预内部事务。地方豪强势力的日益强大，逐渐形成脱离中央控制的割据势力，天皇权力则日益削弱。

9世纪中叶后200余年间，大贵族藤原氏（即中臣氏）专权，政治腐败，贵族经常为争占土地互相火并，为保护自己的庄园，地方豪强把自己的家族成员和仆从武装起来，组成血缘关系、主从关系相结合的军事集团，其成员称为武士。武士势力增长很快，11世纪便形成两大集团：关东源氏和关西平氏。1185年，源氏消灭平氏控制了中央政权。1192年，源赖朝取得“征夷大将军”的称号，在镰仓设立将军幕府，开始了幕府统治时期。

幕府与天皇朝廷同时并存，名义上将军由天皇任命，实际上朝廷没有任何权力，幕府是事实上的中央政府。幕府设政所、侍所和问注所分管全国政治、军事和司法大权。地方上，各国（省）和各地庄园委派亲信武士担任守护、地头，将军是全国最大的封建主，他属下的武士是占有不同数量土地的大小封建主，将军和武士结成主从关系，将军保护家臣（武士），武士宣誓效忠将军，承担纳贡和服兵役的义务。

1333年，后醍醐天皇乘幕府势衰联合武士贵族推翻了镰仓幕府，但不久政权落到了另一个实力派武士足利尊氏手中，1336年他攻入京都，自任征夷大将军，日本进入了室町幕府时期(1336—1573 年)。后醍醐逃到南方另立朝廷,直到 14 世纪末被北朝所灭,史称南北朝时期。事实上室町幕府的统治很不巩固,1467 年因第八代继承人问题引起了长达 11 年的全国性内战,此后,日本内战不休,进入到了战国时代,直到 1573 年室町幕府灭亡。

四、日本文化

日本民族是一个长于思考、善于学习的民族。他们以自己的民族文化为基础,广泛吸收中国的先进文化并加以创造,形成自己的中古文化。公元 3 世纪末,日本通过百济得到中国儒家的《论语》和《千字文》。5 世纪,开始利用汉字作音符拼写日本语,称假名,而有些日本贵族已能熟练地使用汉字写出漂亮的汉文。大约同时,佛教传入日本,对传播中国文化起了重要作用。

大化革新前后,日本多次派遣隋使、遣唐使和留学生前往中国,大力吸取中国文化。共派出遣唐使 19 次,每次百余人到五六百人随行,其中有水手、射手、医生、僧人和留学生等。南渊请安、高向玄理、僧旻等先后留唐二三十年,回国后在大化革新中发挥了重要作用。留学生吉备真备和僧人空海,在借用汉字偏旁草书创制日本字母片假名和平假名的过程中起了重要作用。阿倍仲麻吕 19 岁入唐留学,改名晁衡,及进士第,历仕玄宗、肃宗、代宗三代皇帝,深受器重和信任,并与著名诗人李白、王维、储光羲等人有诚挚的友谊,为中日友好和文化交流建立不朽的功勋。唐代高僧鉴真,年近古稀,双目失明,历尽艰辛,东渡日本,带去许多佛教经典,介绍建筑、雕塑、医学、书法等,为日本文化的发展作出贡献。他在奈良主持修建招提寺,又称唐招提寺,作为受戒传律的基地。寺内藏有初建时的许多文物,如鉴真的干漆夹紵坐像,被定为日本的国宝。招提寺为日本佛教的一个圣地,也是中日两国人民友好往来和文化交流的见证。

奈良时代的日本,大力模仿唐朝。首都奈良就是模仿长安和洛阳修建的,布局整齐,结构划一。中央设大学寮,地方设国学,讲授儒家经典,培养统治阶级需要的人才。学习中国医学,形成具有日本特色的"汉方医学",并设典药寮,培养医药人才。《怀风藻》和《万叶集》是两部著名的文学作品,前者是用汉文写作的诗集,以五言诗居多,后者是用假名写成的和歌集,有 5 至 8 世纪的歌谣 4500 首,作者有天皇、贵族、诗人和普通百姓,真实反映了当时的社会现实。8 世纪初,编成日本最古的两部史书《古事记》和《日本书纪》,前者 3 卷,从传说写到推古天皇(628 年),后者 30 卷,从传说写到 696 年,是研究日本古代历史的珍贵史籍。到平安时代,又编成《续日本书纪》《日本后纪》《续日本后纪》《文德实录》和《三代实录》,连同《日本书纪》合称"六国史"。

平安时代比奈良时代进了一步,它在继承民族文化的基础上,进一步消化唐代文化,形成具有自己民族风格的文化。由于假名的普及,和歌(日本诗歌)渐渐兴起。编成《古今和歌集》20 卷,收和歌一千多首,洋溢着民族自豪感。小说创作空前活跃,涌现一批象《源氏物语》和《竹取物语》等文学杰作。在绘画方面，出现带有浓厚日本民族生活气息的“大和绘”，其中以《源氏物语绘卷》和《信贵山缘起绘卷》最为著称。

从镰仓幕府起，开始武士阶层专政，出现一批描写武士的小说，如《平家物语》《源平盛衰记》等。著名的和歌有《新古今和歌集》《新敕撰和歌集》和《金槐和歌集》。历史著作有《愚管抄》和《吾妻镜》。室町幕府以后茶道盛行，涌现一批著名的茶道大师。德川幕府时期的文化有新特色，涌现一批反映市民利益的作品，称“假名草子”和“浮世草子”，被称作“浮世绘”的风俗画和美人画开始流行。在戏曲方面，盛行受中国戏曲很深影响的“净瑠璃”和“歌舞伎”。

思考题

1. 如何评价伊斯兰教教义的主要内容和阶级实质？
2. 如何认识印度的种姓制度？
3. 简述大化革新的内容及其意义。

第四章　非洲和美洲

中古时期是非洲黑人和美洲印第安人历史上的辉煌时期。这一时期，非洲黑人主要依靠自己的力量和智慧，创造和发展了黑人文明。印第安人也在逐渐摆脱原始的野蛮状态，迈进文明门槛，并创造了丰富多彩的玛雅文化、阿兹特克文化和印加文化，为人类做出了重大贡献。

第一节　非　洲

非洲是阿非利加洲的简称，面积 3 020 万平方千米，占世界陆地总面积的 1/5，是世界第二大洲，它西、南濒临大西洋，东临印度洋，北隔地中海与欧洲相望，中古时期东北角有苏伊士地峡与亚洲大陆相联。非洲大陆海岸线比较平直，缺少优良港湾，与外界交通不便。赤道横贯非洲大陆中央，除了南北两端，全境皆处热带，气候炎热，干燥少雨。地处大陆北部的撒哈拉大沙漠，成为划分非洲自然、人文环境的天然界线，造成南北历史和文化发展的差异。

非洲大陆的古代居民主要由三大部分构成：撒哈拉沙漠以北居住的阿拉伯人、柏柏尔人，属欧罗巴人种；撒哈拉沙漠至赤道之间，即东非和西非地区居住着纯黑肤色的苏丹族；赤道以南的居民是浅黑肤色的班图族人，苏丹族和班图族都属尼格罗人种。除上述人种外，还有少量属蒙古利亚人种的马尔加什人以及混血种人。

一、北非

埃及是北非具有悠久历史的文明古国，早在公元前 4000 年代中叶就建立了奴隶制国家。自公元前 6 世纪起，埃及国势渐衰，先后被波斯、马其顿希腊人和罗马人征服占领。642 年，阿拉伯人侵入埃及，驱逐东罗马的统治势力，埃及成为阿拉伯帝国的一个行省。阿拉伯人的征服，是埃及历史发展的重要转折点。阿拉伯帝国统治埃及期间，大量向埃及移民，实行民族压迫和宗教歧视，并运用国家政权的力量传播和普及伊斯兰教和阿拉伯语，使埃及完全阿拉伯化。与此同时，封建关系得到进一步发展，形成封建土地所有制。阿拉伯军事贵族和清真寺得到哈里发分配的大量土地，成为新的封建主，阿拉伯移民和埃及农民则成为封建主的依附农民或国有土地上的世袭佃农。

9世纪，埃及人民的起义高潮，削弱了阿拉伯帝国的统治，从868—969年的100年中，埃及的统治者虽然名义上是阿拔斯王朝的总督，但实际已是独立君主。从969年建立法提玛王朝以后，埃及正式成为一个独立的阿拉伯国家，首都为旧开罗城、其领土包括今埃及、叙利亚、巴勒斯坦和阿拉伯半岛西部。1187年，埃及统帅萨拉丁(1138—1193年)战败十字军，收复圣地耶路撒冷；1189—1192年，萨拉丁又击退英、法、德国王率领的第三次东侵的十字军，震动了西欧，萨拉丁被誉为民族英雄。13世纪中叶到14世纪初，埃及击退了蒙古军的多次西侵。埃及人民反抗东西方封建主侵略的胜利，保卫了国家的独立，有利于经济、文化的发展。

13—14世纪(马木克王朝时期)，埃及的封建经济有了进一步的发展，水利灌溉工程扩大，尼罗河各段的堤坝得到维修，疏浚了三角洲的河道，农作物的产量有显著的提高。城市手工业作坊增加了很多，各类纺织品畅销欧洲，蔗糖、肥皂、玻璃、陶器、铜器和皮革制品，畅销海外。新兴工商业城市连续出现，如有曼苏拉(开罗和杜姆亚特之间)、开纳、库斯(尼罗河与红海之间)等。埃及商船走遍地中海各国，远达红海、波斯湾和印度。埃及和许多国家缔结了商约。国家收入过去主要依靠封建租税，这时主要依靠过境贸易税和国内工商业税。封建大土地所有制形成后，封建内讧加剧。14世纪末以后，埃及的社会矛盾激化，人民起义不断爆发。1517年经过开罗战役，埃及被土耳其灭亡，成为奥斯曼帝国行省之一。

非洲北部的马格里布地区也是非洲古代文明的发源地之一。公元前2000年代初，土著居民柏柏尔人就在这里活动。古代腓尼基人、罗马人、汪达尔人、拜占廷人等曾在此建立殖民地或施行过统治。7世纪时，阿拉伯人征服了马格里布，倭马亚王朝和阿拔斯王朝先后统治此地400多年。在这期间，封建制度基本确立，语言文字阿拉伯化，伊斯兰教成为国教。

11世纪中期以后，马格里布的柏柏尔人乘阿拉伯帝国衰落之机，先后建立穆拉比特、穆瓦希德等几个独立的封建王朝。12世纪中叶，穆瓦希德王朝(1147—1239年)统一马格里布，但在13世纪中叶便衰落了。此后，马格里布出现了三个封建王朝：东部的哈夫斯王朝(1236—1574年)，首都突尼斯；中部的阿卜德瓦德王朝(1235—1554年)，首都特累姆森；西部的马林王朝(1248—1554年)，首都非斯。它们的疆域范围大致相当于现今的突尼斯、阿尔及利亚和摩洛哥三国。15～16世纪，葡萄牙和西班牙殖民者陆续染指北非沿海。16世纪下半叶，奥斯曼土耳其占据了包括马格里布在内的整个北非。

二、东非

东非的地理范围是指西起乍得湖，东达红海和印度洋沿岸，北接埃及，南至赤道的广大地区，主要包括今日的埃塞俄比亚、索马里、肯尼亚、坦桑尼亚、乌干达和苏丹等国家。这一带由于受到古埃及文明和东西方商路的影响，较早地进入文明社会，并创造出较发达的非洲文化。

公元前后，在今埃塞俄比亚和索马里北部，兴起了阿克苏姆国家（因首都阿克苏姆城而得名）。4世纪时，阿克苏姆国致力于对外扩张，向西渡过尼罗河，征服努比亚，摧毁麦萝埃政权；向东渡红海而控制南阿拉伯地区，形成一个北至埃及，南达索马里，西起尼罗河上游，东到红海东岸也门地区的奴隶制王国。

阿克苏姆国家广泛使用奴隶劳动，农牧业发达，手工业以金属工艺为主，对外贸易是国家的重要经济支柱，基督教为国教。7世纪时，阿拉伯人崛起，阿克苏姆国遂失去对红海贸易的控制权，国力下降。12世纪，阿克苏姆国被南部操库施特语的阿高人所取代。在阿高人建立的札格维王朝（1137—1270）统治时期，埃塞俄比亚的封建生产关系逐渐发展起来。1270年，阿姆哈拉人叶库诺·阿姆拉克推翻札格维王朝，建立所罗门王朝，定都安姆格柏尔。到15世纪，所罗门王朝的疆域已接近今日的埃塞俄比亚，仍以基督教为国教，寺院、皇室和世俗领主占有全国绝大部分土地。随着封建关系的发展，地方割据势力增强，争霸战争时有发生。1517年，奥斯曼帝国征服埃及后，把势力扩展到红海一带，进而威胁到埃塞俄比亚，使国家形势更加紧迫。同时，游牧的加拉人从南方袭来，占地掠城，葡萄牙殖民主义者也是这一时期的不速之客。面对这种困境，埃塞俄比亚人展开了长期艰苦的斗争，捍卫国家的独立，但生灵为之涂炭，财富为之一空，国势衰微。

位于埃及和埃塞俄比亚之间的东苏丹地区，古埃及人称为努比亚。公元前12世纪末，在反对埃及侵略的斗争中，努比亚地区形成了独立的黑人国家——库施王国，定都纳巴塔，故又称纳巴塔王国。公元前8世纪初，库施人侵入埃及，推翻埃及第二十四王朝，自建第二十五王朝，其领地包括东苏丹和上埃及。公元前671年，亚述人侵入埃及，库施人退出。公元前530年，库施王国将首都南迁至麦罗埃（今喀土穆北），称为麦罗埃王国。麦罗埃是一个富庶强盛的国家，创造有自己的文字，炼铁业发达，其国王陵墓、神庙、住宅等遗址至今犹存。4世纪，在阿克苏姆的侵略下，麦罗埃王国衰落。7世纪中叶，征服埃及的阿拉伯人入侵努比亚，13世纪控制其全境，努比亚地区逐渐阿拉伯化和伊斯兰化，成为阿拉伯国家之一。

索马里半岛及其以南沿印度洋海岸一带，自古以来就是国际贸易重要地区。在频繁的国际贸易中，这一带兴起一些城市和城市国家，如泽拉、哈丰角、摩加迪沙、柏培拉、布拉瓦、马林迪、桑给巴尔等。4～5世纪，埃塞俄比亚人征服北索马里，8～9世纪，伊斯兰教传入并形成一些穆斯林小国。在反对信仰基督教的埃塞俄比亚人的斗争中，穆斯林诸小国逐渐统一在北索马里的伊法特人旗帜之下。16世纪，伊法特人摆脱埃塞俄比亚的统治，以阿达尔为中心建立新国家。17世纪末，阿达尔国家为游牧的阿尔法人所灭。

在北索马里与埃塞俄比亚人斗争的时候，南部的班图人以基尔瓦为中心形成黑人国家，波斯语称为桑给巴尔。桑给巴尔并不是真正统一的国家，而是以基尔瓦占统治地位的一些城邦联合体。15世纪是桑给巴尔的繁荣时期，与印度洋各国有广泛的商业贸易往来，其输出的主要是黄金、象牙、龙涎香和奴隶，输入的主要是绸缎、布匹、金属制品和奢侈品等。恰在此时，葡萄牙殖民者侵入，并于1509年在莫桑比克设总督府。从15世纪末至17世纪末的200年中，由于葡萄牙殖民者的大肆掠夺，东非各国许多繁荣的商业城市日益凋敝，逐渐失去昔日的勃勃生机。东非人民也从此展开了长期的反殖民主义侵略的斗争。

三、西非

西非东至乍得湖，西接大西洋，南临几内亚湾，北连撒哈拉沙漠，其北部属热带沙漠气候，中部为热带草原气候，南部多属热带雨林气候。这里的主要居民是苏丹语系的黑人，故又称为西苏丹。历史上，西非与北非关系密切，因为西非内地不产盐，但盛产黄金，而北非有许多产盐区，但由于商品货币关系较为发达，需要大量黄金。这样，两者的相互需求构成了长期贸易的基础，从而促进了西非文明的产生和发展。8～16世纪，西非先后兴起3个文明国家，即加纳、马里和桑海。

加纳位于塞内加尔河和尼日尔河上游地区，其建国时间尚无定论。传说在3世纪时那里已有白种的柏柏尔人建立的国家，到7世纪时已传22代君主。8世纪末，属于黑人曼丁哥族的素宁克人夺得政权，建立加纳国(意为黄金之国)。11世纪中叶，加纳进入极盛时期，版图跨尼日尔河上游和塞内加尔河上游盛产黄金的广阔地区，控制着撒哈拉西段的贸易，成为南北方食盐和黄金贸易的中心。加纳国王是国家的主宰，垄断着矿藏的开采，关税也为王室所独有，地方要向国王纳贡。国王享有很高的权威，临朝时鸣鼓为号，朝见国王须匍匐在地，尘土灌顶，以示敬服，国王死后伴有人殉，王位按母系继承，舅父传位于外甥。奴隶买卖盛行，金矿里广泛使用奴隶劳动。加纳的富裕，使之成为北方大国争夺的对象。9世纪，柏柏尔人常常袭击加纳。11世纪，北非的阿尔摩拉维王朝大举进攻加纳，双方展开了长期战争。在抵御外敌的斗争中，加纳分裂为许多小国，彼此混战，国势日衰，最后于1240年被其附庸国马里灭亡。

马里原为黑人马林凯族在尼日尔河上游所建的一个小国，11世纪时成为加纳国的附庸，信奉伊斯兰教。当阿尔摩拉维人入侵加纳时，马里乘机独立。1240年，松迪亚塔在人民支持下，征服加纳，建都于尼亚尼(今康加巴附近)，史称马里王国。14世纪，马里国势强盛，版图东至尼日尔河中游，西抵大西洋沿岸的塞内加尔，成为古代西非最强大的国家。国王曼萨·穆萨曾经于1324—1326年间率领庞大队伍赴麦加城朝圣。朝圣队伍前有500名手执金仗的奴隶开道，后有80头骆驼满载黄金。曼萨·穆萨沿途慷慨施舍，挥金如土，埃及金价因此而暴跌，欧洲也为之震动。马里国王重视文化教育事业，廷巴克图有驰名穆斯林世界的大学，藏书丰富，埃及和摩洛哥的学者常应邀去讲学，培养了许多黑人学者。从15世纪开始，马里国家陷入频繁的王位争夺战争，一些部落人民乘机自立，外族也多次入侵，国势急转直下。1546年，马里首都被桑海人攻占，马里被迫偏安一隅，1660年被班巴拉人彻底灭亡。

桑海位于马里之东，原为马里辖地。9世纪时，桑海人逐渐沿尼日尔河溯流而上，占领商业重镇加奥，并以此为都而建立桑海国家(历史上又称加奥王国)，信奉伊斯兰教。15世纪，桑海势力日盛，经过30年征战，先后打败北方的图阿列格人，南面的摩希人和西部的富尔贝人，占领马里东部大部分地区，控制了西非的贸易中心。穆罕默德·杜尔统治时期(1493—1529年)，其版图超过马里，成为继马里之后西非又一个大帝国。桑海国有一套统治机构，中央设各部大臣，地方分为四个行省和几个商业特区。桑海实行奴隶制度，奴隶主要来源于战俘，可以转让和买卖，各城市中都有买卖奴隶的市场。奴隶不仅用于奴隶主的家庭服役，还广泛应用于农业生产、捕鱼和船舶修造等行业。国王拥有一支常备军，由战俘和奴隶组成。从16世纪前期开始，桑海内乱迭起，统治阶级为争夺王位而混战不已，国势每况愈下。16世纪末，摩洛哥军队、柏柏尔人诸部落以及桑海人部族，也在这片土地上长期混战。1680年，桑海国在混战中终于灭亡。此后，西非的经济文化中心转向南方的几内亚湾一带。

四、中南非

刚果位于刚果河下游和今安哥拉北部地区，9世纪时，这里的各族黑人曾经建立过一些国家。到14世纪时，出现了强大的刚果王国，定都于姆班扎(马塔迪南部)。刚果王国已建立了比较完整的行政组织机构，国王拥有一支常备军，王位按母系承袭。中央设有分管财政、军事、外交、河流、森林等事务的大臣，地方划分为6个省，省下设县和村，基本居民是自由农民，他们生活在各自的公社里。土地归公社所有，但须向国王缴纳实物贡赋。奴隶买卖盛行。奴隶主要来源于战俘，也有部分债务奴隶。王室和大贵族都占有很多奴隶。15世纪时，刚果王国达到极盛阶段，疆土西起大西洋，东界宽果河，北接刚果河下游，南邻宽扎河。1482年，葡萄牙侵入刚果，先是传播天主教，继而开始罪恶的奴隶贸易，最后控制刚果的政治和经济。葡萄牙殖民者的入侵中断了刚果国家的正常发展道路，引起当地人民的强烈反抗，但刚果也从此陷于长期分裂之中。

津巴布韦是个文明古国，古称“莫诺莫塔帕”，首都设在布韦城。13～16世纪，津巴布韦是南部非洲的一大强国，它的版图北起赞比西河，南接林波波河，东到印度洋沿岸，大体相当于今日的津巴布韦、莫桑比克大部和南非共和国北部德兰士瓦省的部分地区。津巴布韦留下一些文化遗址，其中有一巨石建筑群，包括城墙、高塔、神庙、宫殿、库房、水井、地窖和住宅等建筑，还有高达9.15m、厚6.1m的城墙。其全部建筑用花岗石砌成，并且不施灰浆，严密无隙，坚固异常。还有一处山坡梯田遗址，梯田四周有水井，还有水渠。农作物有玉米、高粱和豆类。手工业也发展到一定程度，尤以采矿和冶金业表现突出。在其文化遗址中，还发现了铸币的泥模、中国瓷器以及印度串珠等物品，说明这个国家有经常性的国内外商业贸易往来。在16世纪葡萄牙人到达这里之前，津巴布韦是一个专制主义的奴隶制国家。国王是国家最高统治者，生活十分神秘，臣民很难见到他。国王有 9 个王后和几千名嫔妃及女奴。王后们拥有决定王位继承人的大权。国家有一套较完整的行政组织机构，农业生产主要在公社组织下由自由农民进行，奴隶劳动广泛应用于采矿和建筑。1575 年，葡萄牙殖民主义者开始侵入这一地区，他们先是垄断海上贸易，切断王国最重要的财源，进而干涉王国内政。津巴布韦人民曾处死耶稣会教士，打败侵略者。但 16 世纪以后王国走上衰落，最终被葡萄牙所控制。

五、非洲和中国的友好往来

中国和非洲之间的经济文化交流源远流长。早在东汉时期，中国已通过印度洋和红海同埃及进行友好往来。到了唐代，中国商船到达埃及。据史书记载，10 世纪，东非的象牙已转运到中国，中国的瓷器也在唐宋时期传入非洲。元顺帝时，摩洛哥旅行家伊本·白图泰曾游历中国，记述了泉州、广州和杭州的情况。元朝中国著名旅行家汪大渊曾到达东非的桑给巴尔。明朝初年，郑和七次下西洋，三次到达非洲，曾访问了索马里和肯尼亚一些地方。非洲东岸国家也多次派使者到中国访问。埃及学者制作的天文历表，也成为中国天文学家郭守敬从事天文学研究的重要参考之一。

第二节 美 洲

美洲是亚美利加洲的简称，处在太平洋和大西洋之间，由北美洲和拉丁美洲（即中、南美洲）两大部分组成。美洲大陆的最早居民是印第安人，属蒙古利亚人种。一般认为，他们的祖先于 5 万年前左右起，陆续从亚洲大陆东北部经白令海峡陆桥进入美洲，尔后自北向南，逐渐扩散到美洲各地。16 世纪初，印第安人总人口约为 1400～4000 万人，语言和方言达 1700 余种。由于美洲地域辽阔，自然环境复杂，印第安人社会发展极不平衡。16 世纪以前，大部分地区还处在从母系氏族到父系氏族末期的原始社会不同发展阶段，经济以采集、渔猎为主。只有中、南美洲的玛雅人、阿兹特克人和印加人等开始进入阶级社会，出现了早期的国家。他们居住的地区形成印第安人的三大文化中心。

一、玛雅文化

玛雅文化是印第安人世界最发达的文化，分布于墨西哥的尤卡坦半岛、危地马拉、洪都拉斯和伯利兹一带。公元前 10 世纪左右，这一地区已发展到定居农业阶段。在公元初的几个世纪里，玛雅人开始建立城邦，到 9 世纪末有文字记载的城邦已达 110 个。12 世纪末，众城邦中的玛雅潘迅速强大起来，确立了在尤卡坦半岛的霸主地位，并且一直维持到 15 世纪中叶。“玛雅”一词，大概就是在玛雅潘成为尤卡坦半岛的政治中心时形成的。

农业是玛雅人的主要经济，他们用原始的耕作方法，培植出玉米、马铃薯、番茄、南瓜、辣椒、可可、烟草、棉花等一大批农作物。手工业也从农业中分离出来，他们用陶土、木头和石头等材料制造各种器皿，还会纺纱织布。在他们的村落和城市中，往往设有广场，用于物品交易。可可豆是交换的媒介。

玛雅人的社会组织以农村公社为基本单位，土地定期分给各家族使用，贵族则占有较多和较好的土地，农民必须负担贡赋和徭役，无力偿还债务时，将沦为债务奴隶。奴隶制已有相当的发展，奴隶的主要来源是战争俘虏。城邦的最高统治者称为哈拉奇·维尼克(意为大人)，具有至高无上的权力，职位世袭。地方行政长官是村长，管理各个村社。僧侣贵族在社会中占有特殊地位，他们是最高统治者和村长的顾问。

玛雅人的经济发展水平虽然不算高，但他们在天文、数学、建筑和艺术等方面取得的成就，却令人惊叹。玛雅人是唯一创造了文字的印第安人。他们创造的象形文字既表音又表意，文字呈方块图形，类似汉字所具有的功能。在洪都拉斯西部的科潘故城，出土有玛雅人的象形文字阶梯，高 26 米，宽 9 米，上下共 63 阶，镌刻象形文字 2500 个。虽经各国学者多年研究，至今还不能完全解读。

玛雅人的历法和天文学知识已达到古代世界的最高水平。他们把一年分为 18 个月，每月 20 天，外加 5 天“忌日”，共 365 天，每 4 年置闰一次，闰年为 366 天，这个历法与实际情况相比，仅差 17 秒。玛雅人建造了美洲最早的天文观察台，能准确地预测日食时间及月亮、金星和其他行星的运行日期。他们计算出太阳历的周期是 365.2420 天，精确度超过格里戈利历。金星的运行周期为 584 天，与现代科学的观测相差无几。在数学方面，他们使用 20 进位法，用点、横、椭圆来表示计算式。他们使用“0”的概念要比欧洲人早 800 年。

玛雅人擅长建筑、雕刻和绘画。他们的城邦一般都有大规模的建筑群，其中心建筑物都是金字塔坛庙，还有巨大的宫殿、广场和供娱乐用的球场。在提卡尔遗址上，已发现各种建筑物 3000 余座，其中有金字塔多座，最大的一座高达 75 米。奇钦伊查城的一座金字塔高 29 米，每边宽 55 米，四面各有梯道 90 级。金字塔的塔顶一般建有神庙，神庙中都有精细的雕刻和辉煌的壁画。在皮德拉斯·尼格拉斯附近发现的波南姆帕克彩色壁画，是玛雅人留下的古代世界壁画艺术的珍宝。该壁画约作于 6～8 世纪，画在一个山冈上的神庙里，由 3 间石屋组成，表现的是玛雅人的战争、凯旋、庆祝游行、呈献贡赋、审判战俘以及贵族的仪仗等场面，构图严谨，色彩绚丽，造型精确，神情逼真，充分表现了玛雅人的艺术才华。

1441 年，被玛雅潘统治的各城邦在乌斯马里的领导下，反叛玛雅潘的霸权统治，并取得胜利。从此，玛雅人长期陷入群龙无首、混乱不安的局面。1519 年，西班牙远征队首次登上尤卡坦半岛，遭到玛雅人的顽强抵抗。1597 年，玛雅人的最后一个据点失陷。从此，玛雅人逐渐失去自己的家园，玛雅文化也一步步走向灭顶之灾。

二、阿兹特克文化

阿兹特克人，又名墨西卡人，原住于墨西哥西部的海岛上，11世纪开始向墨西哥盆地迁移。传说阿兹特克人曾得到部族保护神的启示：如果在哪里见到一只鹰口衔一条蛇，站在仙人掌上，这个地方就是其定居之地。经过两个多世纪的颠沛流离，到1325年，他们终于在特斯科科湖的一个岛上，看到一只鹰衔蛇栖于仙人掌上的神奇景象（今墨西哥国徽即以鹰衔蛇作为图案），于是便定居下来，建立特诺奇蒂特兰城（即今墨西哥城所在地，“墨西哥”意为神指定的地方）。15世纪初，阿兹特克人与邻近两个部落结成联盟，迅速向外扩张，到最后一位首领孟特祖马二世（1475—1520年）时，成为墨西哥谷地的盟主，其疆域北至奇奇梅克边境，南邻中美玛雅地区，人口600多万，进入强盛时代。

根据现代学者研究，阿兹特克社会已具备城邦国家的雏形，其最高组织形式是部落联盟，最高领导机构是由3个部落酋长组成的酋长会议。阿兹特克部落的酋长是最高首领，拥有最高军事指挥权，成为联盟的统帅。被征服的各部落仍保有自己的部落神和习俗，由自己的酋长管理，但要定期向阿兹特克联盟缴纳贡赋。随着联盟势力范围的日益扩大，到西班牙征服前夕，其最高军事酋长权力不断增强，大体上已具有国王的权威和作用。阿兹特克社会实行土地公有制，但已有了私有制的萌芽，奴隶制已存在，但不发达。

阿兹特克人以农业为主。为了扩大种植面积，他们发明了一种独特的“浮园耕作法”，即在用芦苇编成的芦筏上堆积泥土，浮在水面，然后在其上面种植作物和果树。狗是他们唯一的家畜，家禽主要是火鸡。阿兹特克人的手工业制品比玛雅人进步，已能普遍制造铜器，掌握了铸造压印金器、宝石镶嵌等技术。纺织、刺绣、木雕、陶器和羽毛饰物也达到相当高的工艺水平。特诺奇蒂特兰有宽广的市场，四周围高墙，廊柱环绕，每到一定日期，来自包括中部美洲各地的印第安人都携带货物来此交易，多达万余人。交易方式一般是以物易物，也可用可可豆作为交换媒介。

阿兹特克人的历法同玛雅人极为相似，知道一年为365天，闰年则多加一天，20天为一个月，全年共18个月，剩余5天为节日。他们的医学同宗教密切结合，除用巫术治病外，也掌握了一定的医学知识，如用奎宁治疟疾，毛地黄治心脏病，采用土法麻醉等。据说他们能把包括药用的1200多种植物进行分类。

阿兹特克人在文字使用方面不及玛雅人，还停留在图画文字阶段。他们兴办有学校，对青少年进行农业园艺、植物医学、天文数学和军事技术等教育，传授知识和历史以口授为主，辅之以图画。

阿兹特克人是优秀的建筑师，首府特诺奇蒂特兰是其文化的典型代表。这个城市建在特斯科科湖中的小岛之上，占地13平方千米，有3条长堤与湖岸相连。长堤之上架有多座吊桥，遇敌来犯，可吊起阻敌。由于湖水咸而不能食用，他们遂修建两条各5千米长的石槽，从远方引来山泉。全城分为四区，每区又有五街，这可能与氏族部落住地有关。城中有大小金字塔神庙 40 多座，最大的金字塔高 64.5 米，塔基底边各长 225 米，其规模可与埃及胡夫金字塔媲美。塔顶建有相对而立的两座庙宇，一供战神，一供雨神和丰收神，并布满雕刻和壁画。全城四面环水，碧波荡漾，宫殿神庙倒映在湖水之中，景色十分壮丽。该城至沦陷前，有房屋 6 万多幢，人口近 10 万，堪称当时世界上的大城市之一。

1519 年，西班牙殖民军侵犯特诺奇蒂特兰，全城人民英勇抵抗，几乎全部殉难。殖民者进入城中后，赞叹它兼有巴比伦的庄严和威尼斯的美丽。然而，殖民者还是在掳掠一番后，将该城付之一炬。后来，西班牙人在其废墟上按西方风格重建新城，发展为今天的墨西哥城。

三、印加文化

南美洲安第斯高原是美洲古代文明的另一个发祥地。早在公元前 1 世纪左右，居住在这里的奇楚亚、艾马拉和其他语系的印第安部落，就创造了农业文化。印加人是奇楚亚语系的部落之一，最初以狩猎为生，12 世纪时他们以库斯科（今秘鲁南部）为都城建立印加国家。15 世纪初开始对外扩张，征服许多邻近部落，发展成为幅员辽阔的大帝国。16 世纪前期，其疆域包括今秘鲁、厄瓜多尔、玻利维亚、哥伦比亚、阿根廷和智利的一部分，南北长达 4828 千米，面积 80 多万平方米，统治人口近 1200 万（一说 600 万）人。

印加社会的基层组织称“阿伊鲁”，由崇拜同一图腾的人组成，相当于氏族公社。耕地被分为三部分：印加王自己占有的土地称印加田，分给祭司的土地称太阳田，由公社成员共同使用的土地称民田。土地的耕作次序是先种太阳田，次种印加田，最后耕种民田。太阳田和印加田除使用公社农民无偿劳动外，还使用奴隶进行生产。奴隶除战俘外，主要是从被征服部落中征集来的。印加王被视为太阳之子、神的化身，王位世袭，拥有至高无上的权力。臣民觐见国王时，必须身背木柴，低首视地。

印加人继承和发展了安第斯山脉的前农业文化，并把这一文化传播到世界各地。他们已培植出 40 多种农作物，主要有马铃薯、南瓜、甘薯、西红柿、菠萝、龙舌兰、木薯、花生和棉花等。印加人精于农业，他们在坡地筑起层层梯田，并修建灌溉系统，引山涧溪流入田。他们已会制作堆肥，特别重视利用近海众多小岛上堆积如山的鸟粪肥。为此，他们在鸟类繁殖季节，不进入海岛惊扰鸟类，凡捕杀海鸟者将被处死。

印加人在建筑和交通方面成就卓著。库斯科城的宫殿、庙宇和城墙都是用巨大石块砌成，不施泥灰，结合紧密，以至于连刀片都难以插入。雄踞于库斯科城外山坡上的萨克萨瓦曼堡，是一座防御外敌的堡垒，从上到下有三层“之”字形围墙，每层高 18 米，长 540 米，都用巨石建成。古堡最高层建有三座塔楼，与底层网状地道相通，地道也用石块铺成，并建有房子和水道，供战时使用。这一古堡的建造花费约 30 万人工，历时 70 余年，所用巨石达 30 万余块。位于库斯科西北 70km 外的马丘比丘场城堡，修建在高耸入云的安第斯山两座险峰间的山脊上，高大的城墙用巨大花岗石组成，仅有一门作为出入通道。城内有上千座用白色大理石修建的宫殿、庙宇、堡垒及居民点，蔚为壮观。

“印加帝国有两条南北走向的干道，一条沿太平洋岸自厄瓜多尔向南延伸，直到智利中部，全长 3600 千米；另一条依安第斯山修筑，北起哥伦比亚，经厄瓜多尔、秘鲁、玻利维亚、阿根廷和智利，然后与沿海干道相接。这两条干道上有无数隧道和用藤蔓制作的吊桥，吊桥有的长达 60 米。干道上，每隔一定距离设置驿站和信使。由于印加人还没有轮车和马匹，信息的传递是靠接力跑完成的，每天可达 240 千米。在关隘和险要之处，建有要塞和烽火台。烽火信号在 4 小时之内可传达 3200 千米。干道上还有许多支线道路通向全国。

印加人有一套自己的历法。与玛雅人和阿兹特克人不同，他们将一年分成 12 个月，每月为 30 天，年末加 5 天，计 365 天，每隔 4 年再加 1 天。10 天为一星期，每月三星期。这种历法也已达到相当精确的程度。在医学方面，印加人认识了许多珍贵药物，初步掌握了外科学、解剖学和麻醉学等知识，会做开颅手术，用从一种植物中提取的药物作麻醉剂，他们还会制作木乃伊。

印加人没有文字，但他们很重视教育。在他们创办的学校里，学习奇楚亚语、宗教历法和结绳记事方法。他们的结绳方法十分巧妙，在一根粗绳上系上很多条细绳，在这些细绳上系着离粗绳远近不同的各种结子，用这些结子的位置、形状和不同颜色，表示一定的数字或事物。

16 世纪初，第 11 代印加王卡帕克死后，他的两个儿子争夺王位，发生内战，严重削弱了印加国的力量。就在这时，西班牙征服者踏上秘鲁海岸，乘乱而入，于 1533 年攻陷库斯科，灭亡了印加国。

中国和美洲有着悠久的历史联系和未解之谜。考古学家在墨西哥的太阳金字塔附近，发掘出一块雕刻，其文字与中国象形文字相似。在秘鲁境内，也曾发现刻有“太岁”字样的古碑。在厄瓜多尔，发现有汉朝王莽时代的货币。中古时代后期，中国与美洲的联系日益增多。两地商人以菲律宾为基地，发生着频繁的贸易往来。

思考题

1. 简述西方殖民主义入侵前的非洲历史概况。

2. 简述美洲玛雅文化、阿兹特克文化和印加文化的主要成就。

第五章　欧洲资本主义萌芽与封建制度的解体

14至16世纪，人类历史进入封建制度解体与资本主义萌芽的重要转折时期，其标志性的事件主要包括地理大发现、欧洲文艺复兴运动以及宗教改革。

第一节　地理大发现

“地理大发现”是西方学者对15～17世纪欧洲航海者开辟新航路和“发现”新大陆的通称。从15世纪起，欧洲许多冒险家向茫茫大海进行了多次探险航行。他们考察了热带非洲海岸，绕过非洲好望角到达了亚洲，横渡惊险神秘的大洋发现了他们前所未知的美洲大陆，并完成了环绕地球的航行。这就是具有世界影响的“地理大发现”。地理大发现是一个划时代事件，它使人类历史上第一次出现了东西两半球多种文明的汇合，使世界第一次成为一个整体，整体的世界产生了整体的市场，进而促进了封建制度的解体和资本主义的成长。

一、地理大发现的历史背景

新航路的开辟和“地理大发现”有着极其深刻的社会背景，它是当时西欧社会内部经济、政治、文化发展的必然结果。

(1)到东方寻找贸易机遇和金银财宝，是开辟新航路和地理大发现的经济动因。欧洲和亚洲之间早就存在贸易往来，亚洲一直是欧洲许多贵重商品的主要来源地，例如丝、棉织品、地毯、珠宝、瓷器和优质钢，以及部分未加工或半成品的药材和食物，如糖，尤其是香料等。这些商品在欧洲市场上最受欢迎，且价格昂贵，贩运这些商品，有大利可图。因此，自中世纪以来，欧洲与东方国家的贸易交往日益频繁，在欧洲市场上，来自东方的商品逐渐增多。十字军东侵以来，尤其是13世纪后，欧洲与近东、印度和中国就一直保持着比较频繁的经济贸易联系，东方的贸易航线成为欧洲的生命线。当时，西欧到达东方主要有3条商道：一是由小亚细亚沿黑海、里海和中亚到印度、中国的陆路；二是从地中海的叙利亚经两河流域到波斯湾，再横渡印度洋到印度；三是自埃及的亚历山大港穿过西奈半岛到红海，越过印度洋到东方。15世纪中叶，奥斯曼土耳其帝国兴起后，占领了巴尔干、小亚及克里米亚等地，控制了东西方之间的传统商路，对过往商品征收苛税，使运抵欧洲的商品数量大减，价格昂贵，一般商品的价格提高8至10倍，使西欧贸易大量入超。因此，欧洲商人迫切希望寻找一条避过土耳其和阿拉伯人，绕过地中海东部，风险少、赚钱多的直达东方的新航路。

14～15世纪，西欧各国商品生产的发展和资本主义的萌芽，使商品货币经济急剧增长，作为一般交换手段的货币的需要量剧增。15世纪后，黄金成为国际间贸易的主要支付手段，同时也是倍受贵族追逐的奢侈品，而当时西欧贵金属开采量非常有限，与东方的贸易逆差又造成金银大量外流。这就使西欧社会充满了对追逐黄金的渴求。哥伦布曾在日记中写道："黄金真是个奇妙的东西，谁有了它，谁就可以为所欲为。有了黄金，甚至可以使灵魂升入天堂。"当时，意大利旅行家、商人马可·波罗的一本书《马可·波罗游记》风靡全欧，这本书把东方描绘得富丽繁华，认为中国和印度是"遍地黄金，香料盈野"之国。于是，在欧洲人的想象中，在神话般的东方国度里，有数不清的金银财宝。这对西欧的国王、贵族、高级教士、商人和正在形成的资产阶级具有极大的诱惑力，他们沉醉在"黄金梦"中，决心支持一些人冒险远航，到东方寻找黄金。正如恩格斯指出的那样："葡萄牙人在非洲海岸、印度和整个远东寻找的是黄金；黄金一词是驱使西班牙人横渡大西洋到美洲去的咒语；黄金是白人刚踏上一个新发现的海岸时所要的第一件东西。"①寻找黄金就是西欧航海家开辟新航路的第一个目的。

(2)传播基督教是推动西欧人向海外发展的一种精神动力。基督教自认为是一种世界性宗教，要求人人都接受它。为了普及基督教，甚至可以动用武力。这种好战的传教精神驱使他们多次发动十字军东侵。当时在西欧流行一个传说，祭司王约翰是东方一个强有力的基督教君主。西欧的基督教如果和他建立联盟，就可以轻易地打垮穆斯林势力，从而把基督教扩展到世界上更广大的地区。这成为开辟新航路和地理大发现的动机之一。

(3)封建制度危机的加深是促使西欧各国开辟新航路和地理大发现的重要因素。随着西欧资本主义萌芽的出现，封建经济日趋衰败，宫廷开支的上升和官僚体系的膨胀，导致各国在财政上出现困境。许多贵族为了在经济上增加财政收入，缓解矛盾，也都热衷于从事对外军事冒险活动。这一时期，西欧国家中央集权化的加强，为开辟新航路提供了人力、物力和财力等方面的条件，所以开辟新航路基本上都是在政府支持下的航海活动。

(4)西欧科学技术的进步和地理知识的增长，特别是航海术、造船术、军事技术等科技的发达，为新航路的开辟提供了必要的物质和技术条件。15世纪时，造船术已有很大进步，一种可以升起多张帆的三桅新型海船代替了旧式三角帆船，这种新型海船具有船舱宽、速度快、安全性能好等特点，操纵灵活，能够在各种风向中行驶。早在13世纪，中国人民的伟大发明——指南针，就经阿拉伯人传入欧洲，14世纪已广泛应用于航海业，从而使航行的效率

① 《马克思恩格斯全集》第21卷，人民出版社1975年版，第450页。

得到了很大的提高。随着科学技术的发展，地圆学说在欧洲也日益流行。佛罗伦萨地理学家绘制的《世界全图》把印度和中国画在大西洋西岸，为许多航海家所接受。后来哥伦布远航，用的就是这张地图。16世纪，德国冶金家弗兰德斯改进了铸炮技术，铸成的新型大炮火力大，杀伤力强。新型大炮的应用使海战战术由从甲板上短兵相接过渡到用大炮轰击敌舰。西欧诸国凭借其“船坚炮利”和先进的海上作战方法，控制了联结各大洲的海洋。②

另外，西欧新兴资产阶级的利益冲动和冒险进取精神，则是促成开辟新航路的一个不可忽视的文化因素。从欧洲人踏上充满艰辛与风险、历时200多年的远洋探险那一天起，就揭开了人类冒险精神、开拓意识高涨的新时代。

二、地理大发现的主要过程

新航路开辟的内容包括：从欧洲绕过地中海直达印度的航行；从欧洲直达美洲的航行和美洲新大陆的发现；首次环球航行等。

最先进行开辟新航路活动的是葡萄牙人。葡萄牙政府把寻找通往东方的海路作为国家政策的目标，保护和支持海上探险。在政府的支持下，葡萄牙人从15世纪初就开始沿着非洲西部海岸不断向南航行，企图找到直达印度的航路。15世纪初，葡萄牙人就已侵入非洲西北海岸，于1415年占领了直布罗陀海峡南岸的休达地区，把它作为最早的殖民据点。此后，几乎每年葡萄牙人都继续向南探险，不断建立新的据点。亨利亲王亲自组织由武士、商人和传教士组成的“海上远征队”，多次在非洲西海岸一带航行，贩卖奴隶，寻找黄金和象牙。15世纪70年代，葡萄牙人到达加纳，发现那里盛产黄金，于是将这个地方命名为“黄金海岸”。80年代，葡萄牙人到达刚果和安哥拉。在葡萄牙人开辟新航路的活动中，罗托罗缪·迪亚士和瓦斯科·达·伽马的贡献最为突出。

1486年，葡萄牙人迪亚士奉命进行海上探险，率领3艘轻便帆船开始出海航行，1487年到达了非洲最南端的海角后返回，他把这个海角并命名为“风暴角”，后来葡萄牙国王将其改名为“好望角”，国王认为绕过这个海角，就有希望到达目的地印度和中国。

1497年7月8日，葡萄牙人达·伽马率领四艘帆船，约160名水手，从里斯本出发，沿迪亚士开辟的航线继续前进，11月到达好望角，次年3月到达非洲东岸的莫桑比克城。然后继续北上东行，于1498年5月到达印度西海岸的卡利库特城，开辟了东西方新航路。此后，葡萄牙人继续沿东南航线向南亚航行，先后抵达马六甲和摩鹿加丹群岛，1514年到达中国珠江口，并远到日本，从而开辟了由西欧经非洲到达远东的漫长海上商路。

当葡萄牙人沿非洲海岸向印度探航并垄断通往非洲的航路时，西班牙人在地圆学说指导下，决定另辟蹊径，一直向西航行，开辟到达东方的新航线。1492年，意大利热那亚水手

② 吴于廑、齐世荣：《世界史·近代史编》上卷，高等教育出版社2001年版，第5页。

哥伦布在西班牙国王的资助下，从巴罗斯港出发，经过69天的远航，到达了巴哈马群岛中的一个小岛，把它命名为“圣萨尔瓦多”(意思是“救世主”)。哥伦布误以为他所到的地方就是印度，所以称当地人为“印第安人”。此后，船队继续南行，先后到达古巴和海地等地。1493年3月，哥伦布返回西班牙。这之后，他又连续三次西航，陆续发现了牙买加、波多黎各、多米尼加等岛，并到达中美的洪都拉斯和巴拿马，以及南美洲大陆北岸的俄利诺科河口，为西班牙人的殖民事业打下了基础。不过，直到1506年逝世，哥伦布一直以为他所发现的是亚洲的边缘地区，而不知道那是一块“新大陆”。1499年至1504年，意大利人亚美利哥·韦斯普齐几次到南美洲沿岸进行了详细考察，断定哥伦布发现的地区不是印度，而是另一块新大陆。后来人们用他的名字给新大陆命名，称其为“亚美利加洲”，这就是今天美洲名称的由来。

1519年9月，葡萄牙人麦哲伦在西班牙国王的资助下，奉命率船队启航。他们越过大西洋，沿巴西海岸南下，于1520年10月到达美洲南端海峡(后人命名为“麦哲伦海峡”)；11月继续西航进入“大南海”，由于天气很好，航途风平浪静，麦哲伦便将“大南海”改称为“太平洋”；1521年3月，船队到达菲律宾群岛。为了侵占这块新土地，麦哲伦在干涉岛上当地人的内争中被杀死。他的同伴继续航行，沿着葡萄牙通往印度的航路，穿过印度洋，绕过好望角，于1522年9月回到西班牙，完成了人类历史上首次环球航行的壮举。

三、地理大发现的重要影响

新航路的开辟和“新大陆”的发现，是当时世界上最具影响的重大事件之一，对世界历史进程产生了重大影响，对欧洲社会经济生活的影响尤为显著。

(1)新航路的开辟，使欧洲的贸易发生了巨大的变革，出现了所谓的商业革命。其主要表现为世界市场的扩大，商品流通的数量和品种增多，商路及商业中心的转移及商业经营方式的转变，使西欧早已萌芽的资本主义迅速发展起来。正如马克思和恩格斯指出的：“美洲的发现、绕过非洲的航行，给新兴的资产阶级开辟了新天地。东印度和中国的市场、美洲的殖民化、对殖民地的贸易、交换手段和一般商品的增加，使商业、航海业和工业空前高涨，因而使正在崩溃的封建社会内部的革命因素迅速发展。”[③]地理大发现之后，扩大了欧洲和亚洲、非洲、美洲之间的贸易范围，改变了东西半球及其局部地区彼此隔绝、不相往来的状况，世界市场初步形成。世界市场的扩大也意味着新的产品出现在各国市场上。如在欧洲市场上，出现了许多以前所没有的新商品，如烟草、咖啡、可可和茶叶等。以往欧洲人很少食用的大米和蔗糖，输入量大大增加了。来自东方的产品——香料更是大量涌入欧洲国家。香料

③ 《马克思恩格斯选集》第1卷，人民出版社1995年版，第273页。

由供贵族富豪享用的高级奢侈品，变为普通人消费的大众化商品。[④] 传统的商品交易量也较以前大为增加。如以前通过意大利商人转运到欧洲的胡椒，每年只有 2100 吨，新航路开辟以后，每年仅运往里斯本的香料就猛增到 7000 吨。[⑤]

主要商路和贸易中心也发生了转移。欧亚、欧美新航路开通后，欧洲贸易中心从地中海转移到大西洋沿岸。意大利的商业城市丧失了独占东方贸易的地位，陷入衰落。西班牙的塞维利亚、葡萄牙的里斯本、尼德兰的安特卫普，成为 16 世纪新的贸易中心。进入 17 世纪，荷兰的阿姆斯特丹和英国的伦敦繁荣起来。[⑥]

商业经营方式发生了变化。开始出现有固定组织的市场——商品交易所、证券交易所、拍卖市场等。商品交易所从事品种划一、规格标准的大宗商品交易，最早的一家于 1531 年开业于安特卫普，该市交易所的墙上写着“为了各个国家和操各种语言的商人的利益”。此后，阿姆斯特丹出现了粮食交易所，伦敦办起了综合交易所。17 世纪后，伦敦的证券交易所成为国际证券交易的中心。为了有效地控制国内外贸易，英、法、荷等国建立起一种有别于中世纪商人工会的新型贸易公司，如英国的和荷兰的东印度公司，荷兰的和法国的西印度公司，等等。这种贸易公司由国家给予种种特权，有的甚至可以自行铸币、拥有武器、对外宣战和缔结条约。这些公司在世界各地经营垄断贸易，进行殖民掠夺，对西欧资本原始积累起了重要的作用。[⑦]

(2)它引起了东、西两个半球的汇合和世界范围的经济文化交往的扩大，原来阻隔人类交往的浩淼大海变成了通途，新兴的资本主义开始由海道向全球扩散，使过去那种地方的、民族的自给自足和闭关自守状态被各民族的各方面的互相往来和互相依赖所代替。在人类社会由区域文明向全球文明过渡的新格局下，美洲的橡胶、烟叶、玉米、可可和马铃薯等物产由西班牙人带回欧洲，后传遍整个世界。麦子、水稻、甘蔗、葡萄等植物和马、牛、驴、骡等动物及先进的生产方式，则随着欧洲移民一起进入美洲，极大地影响了美洲的经济生活。但是，东西两半球各种文明的汇合伴随着西欧殖民主义者对亚非拉人民的殖民掠夺，地理大发现引发了欧洲近代几个世纪的大规模海外扩张，开始了欧洲对世界征服和侵略的历史。

(3)它也导致了一场“价格革命”。新航路开辟的另一个经济后果是引起了 16 世纪欧洲的“价格革命”。“价格革命”是指西班牙和葡萄牙从殖民地特别是美洲掠夺了大量金银，使欧洲市场上的货币流通量剧增，进而导致物价上涨。据统计，1521 至 1544 年间，西班牙每年从美洲殖民地掠夺黄金 2910 千克，白银 30700 千克，1581 至 1600 年间这两个数字分别增至 4330 千克和 374600 千克。[⑧] 从 15 世纪末到 16 世纪末，全欧洲的黄金储量由 55 万千克增加

---

④ 宋则行、樊亢：《世界经济史》上卷，经济科学出版社 1994 年版，第 53 页。
⑤ 金卫星，刘大明：《世界近代史》，高等教育出版社 1999 年版，第 25 页。
⑥ 李纯武：《简明世界通史》上册，人民教育出版社 1983 年版，第 315 页。
⑦ 宋则行、樊亢：《世界经济史》上卷，经济科学出版社 1994 年版，第 54 页。
⑧ 王斯德主编：《世界通史，前工业文明与地域性历史——1500 年以前的世界》，华东师范大学出版社 2001 年版，第 373 页。

到 119.2 万千克，白银储量由 700 万千克增加到 2100 万千克。[9] 西班牙是当时贵金属流入最多的国家，通货膨胀也表现得最为明显，16 世纪末西班牙物价水平比 15 世纪末上涨了 4 倍多，谷价上涨了 5 倍。英、法和德国大约平均上涨 2 倍左右，农产品价格的上涨要比工业产品更高一些。

价格革命促进了阶级关系的变化。按照传统方式收取定额货币地租的封建主，由于物价上涨、货币贬值而实际收入减少，财力和地位迅速下降。城乡雇佣工人由于价格上涨幅度大，工资却没有相应地提高，虽说工人的名义工资有所增加，但实际收入却大打折扣，当英国物价平均上涨 155%时，工资却只提高了 30%。新兴的工商业资产阶级和与市场有联系的贵族从剥削廉价劳动力和高价出售商品中牟取暴利，经济实力愈益增长。因此，价格革命实际上促进了收入在各个阶级之间进行再分配，这是资本原始积累的一个重要组成部分。

总之，地理大发现以及随之发生的商业革命和价格革命，直接促使了资本势力的增长和新兴资产阶级的壮大，进而影响了整个世界。正如马克思所指出的："在 16 世纪和 17 世纪，由于地理上的发现而在商业上发生的并迅速促进了商人资本发展的大革命，是促使封建生产方式向资本主义生产方式过渡的一个主要因素。世界市场的突然扩大，流通商品种类的增多，欧洲各国竭力想占有亚洲产品和美洲富源的竞争热，殖民制度——所有这一切对打破生产的封建束缚起了重大的作用。"[10]

第二节 欧洲文艺复兴运动

文艺复兴是指 14～17 世纪西欧国家先后发生的第一次资产阶级文化运动，也是人类文明史上一次伟大的思想变革。

一、文艺复兴运动产生的社会背景

"文艺复兴"一词原意是指人文科学的"复兴"或"复活"。"文艺复兴之父"弗兰齐斯科·彼得拉克(1304—1374 年)认为，古代是人类创造力的鼎盛时代，人类要前进，有赖于古典学术的复活。这一观念成了人文主义者根深蒂固的信念。从 14 世纪起，欧洲越来越多的人把从古代结束到 14 世纪这段时期称作"黑暗时期"，他们认为在欧洲古典时代文艺曾高度繁荣，进入中世纪后一片黑暗，直到他们的时代，文艺才又获得复兴和再生。但"复兴"不是简单的"复古"，而是以复兴古典文化为发端，按照自己时代的要求和需要，创造一种资产阶

⑨ 宋则行、樊亢：《世界经济史》上卷，经济科学出版社 1994 年版，第 55 页。
⑩ 《资本论》第 3 卷，上册，人民出版社 1975 年版，第 371－372 页。

级的新文化。“文艺复兴”一词，作为一个专用术语，是由意大利艺术史家基奥基俄·萨瓦里(1511—1574年)提出的。他在其1550年出版的名著《意大利绘画·雕刻建筑名家列传》的导言中，正式把“再生”[11]作为专门术语介绍给西方世界。“文艺复兴”在欧洲作家的著作和讲演中逐步被运用，日益深入人心。

文艺复兴的发源地是意大利的一些城市。14世纪的意大利是东西方贸易的中心，同时也是世界各民族思想文化、价值观念和宗教信仰交流的集散地。基督教单一的信仰和规范被冲淡，意大利人思想观念日益活跃和开放。当时，在一些学院和大学里，人文科学逐渐突破了以神学为本的观念束缚，世俗学科的研究和传授开始受到重视，古希腊、罗马的古典知识开始“复活”。意大利还有一个独特的文化环境，在这里留下了不少古罗马的遗迹。这使意大利人的古典文化传统比西欧任何其他国家都更为强烈。承袭罗马帝国东半壁江山的拜占廷，在土耳其人入侵时和罗马教会联合，以争取西方的支援，他们与意大利的使者、学者往来频繁，许多希腊文手抄本被带回意大利，诱发了意大利人对古典文化进行研究和鉴赏的浓厚兴趣。恩格斯说：“拜占廷灭亡时抢救出来的手稿，罗马废墟中发掘出来的古典古代雕像，在惊讶的西方面前展示了一个新世界——希腊古代；在它的光辉的形象面前，中世纪的幽灵消逝了；意大利出现了出人意料的艺术繁荣，这种艺术繁荣好像是古典古代的反照，以后就再也不曾达到过。”[12]此外，中国的四大发明，特别是印刷术的西传，对文艺复兴的传播也起了促进作用。马克思说指出：“火药、指南针、印刷术——这是预告资产阶级社会到来的三大发明。火药把骑士阶层炸得粉碎，指南针打开了世界市场并建立了殖民地，而印刷术则变成新教的工具，总的来说变成科学复兴的手段，变成对精神发展创造必要前提的最强大的杠杆。”[13]

二、文艺复兴运动的演进历程

如果说，地理大发现是欧洲在向未知的物质世界进军的话，文艺复兴则标志着欧洲向着人类精神世界的探索。全部文艺复兴运动分为3个阶段。

运动的萌发阶段(14世纪初～15世纪中叶)：文艺复兴最早发生在意大利，其文学成就最为突出，代表人物是被称为文坛“三杰”的但丁、彼特拉克和薄伽丘。

但丁是意大利文艺复兴的先驱者，跨时代的文豪。代表作《神曲》是早期文艺复兴开端的重要标志。《神曲》分三篇：由“地狱”、“炼狱”、“天堂”组成。全诗以梦幻文学的形式，使用隐喻象征的笔法，抨击教会的贪婪腐化和封建统治的黑暗残暴。但丁还把当时活着的教皇卜尼法斯八世的灵魂打入第八层地狱，对意大利四分五裂、民不聊生的现实深恶痛绝，遣责

---

⑪ 张椿年《从信仰到理性——意大利人文主义研究》，浙江人民出版社1993年版，第2—8页。
⑫ 《马克思恩格斯选集》第2卷，人民出版社1995年版，第427页。
⑬ 《马克思恩格斯全集》第47卷，人民出版社1979年版，第427页。

“意大利所有的城市都充满了暴君”。透过《神曲》中世纪的外衣，可以看到它所包含的摆脱禁欲主义的思想解放的号召。在但丁看来，生活的本质、人与人之间关系的神圣核心，就是“爱”。他在诗的结尾庄严地写道：“我看见宇宙纷散的纸张，都被爱合订为一册”。他赞扬人的自由意志，强调这是上帝给予人类的“最大的赠品”，人应该发挥自己的自由意志，奋发有为，战胜一切困难，去铸造自己的命运。恩格斯对但丁有很高的评价，他说：“封建的中世纪的终结和现代资本主义纪元的开端，是以一位大人物为标志的。这位人物就是意大利人但丁，他是中世纪的最后一位诗人，同时又是新时代的最初一位诗人”。[14]

彼特拉克是佛罗伦萨著名的诗人和学者。他首先提出“人学”和“神学”的对立，是第一个人文主义者，被称为“人文主义之父”。彼特拉克写下了许多诗篇，其中最优秀的是14行体的抒情诗集《歌集》。诗中他袒露对少年时代恋人劳拉火一样的爱情，展示了自己的内心感情，被誉为“桂冠诗人”。他揭露罗马教廷，说罗马是“野蛮凶狠的庙堂”，“是黑暗的监狱”。1374年，罗马市民起义，反对贵族的暴虐统治，彼特拉克不顾70岁高龄，写信给起义首领表示支持。在他的诗中，克服了抽象性和隐晦的寓意，直言不讳地畅述内心情感，表现了新的人文主义精神。

薄伽丘是意大利和西欧第一位资产阶级自由主义和现实主义的文学家，他协助彼特拉克奠定了意大利文艺复兴的基础。薄伽丘的代表作是故事集《十日谈》。书中揭露和讽刺教会的虚伪与腐败，指出罗马教廷“从上到下没有一个不是寡廉鲜耻，犯着‘贪色’的罪恶”。他极力提倡个性解放，反对禁欲主义，认为现世享乐是人的本性和权利。他在书中写道：“谁要是想阻挡人类的天性，那可得好好拿点本事出来呢。如果你非要跟它作对不可，那只怕不但枉费心机，到头来还要碰得头破血流。”小说还热情赞扬商人和手工业者的机智勇敢，具有明显的民主倾向和现实主义特点。

在启蒙文学家的影响下，一批现实主义的艺术作品和历史著作相继问世。“欧洲绘画之父”乔托(1266—1337年)，是近代现实主义绘画艺术的拓荒者，他在阿累那教堂的壁画中，通过圣母玛丽亚一家及耶稣的遭遇，表达了尘世和人生的情感与境遇。此外，马萨乔(1401—1428年)的人物画与风景画，多纳太罗(约1386—1466年)的人体雕刻(如大卫像等)，也充分显示了现实主义的艺术魅力。列奥纳多·布鲁尼(1370—1444年)是15世纪上半叶最著名的人文主义者，其史学名著《佛罗伦萨史》充分肯定了人在现实生活中的作用。

运动的繁荣阶段(15世纪中叶～16世纪中叶)：这一时期绘画艺术、文学戏剧和哲学思想的兴盛将文艺复兴运动推向繁荣。它主要表现在下述三方面。

(1)文艺复兴运动越出意大利国界，波及欧洲各国。当然，此时的意大利仍然处在西欧文艺复兴的中心，在艺术上达到了前所未有的繁荣，尤以造型艺术最为突出，其著名代表人

---

[14] 《马克思恩格斯选集》第1卷，人民出版社1995年版，第269页。

物有达·芬奇、米开朗基罗、拉斐尔，他们被誉为意大利的“艺术三杰”。达·芬奇（1452—1519年）是文艺复兴后期的一位“巨人”，是一个复合式奇才。恩格斯说：他“不仅是大画家，而且也是大数学家、力学家和工程师，他在物理学的各种不同分支中都有重要的发现。”[15]达·芬奇一生勤于作画，留下了大量的画稿和素描。其中最著名的代表作是《最后的晚餐》和《蒙娜丽莎》。《最后的晚餐》取材于圣经，表现耶稣在餐桌上说出“你们当中有人要出卖我”的话时，12个门徒的个性和心理状态。《蒙娜丽莎》是世界美术史上最卓越的代表，画中的佛罗伦萨城女市民丰盈美丽，尤其是她那恬静的微笑，被不少美术史家称为“神秘的微笑”。最为重要的是这幅画作反映出作者已基本跳出了宗教题材的范围。米开朗基罗（1475—1564年）是著名的雕刻家、画家、建筑工程师和诗人。他的雕塑代表作品是雕像《大卫》和《摩西》。雕像充满生机，以力量和气势见长，具有一种雄浑壮伟的英雄精神。此外，他的绘画作品《创世纪》《末日审判》也极具雄伟气概。拉斐尔（1483—1520年）擅长画圣母像，其绘画特点是典雅、秀美、圆润、和谐，被后世称为画圣。代表作品有《圣礼之争》《雅典学派》《帕那苏斯山》等。

（2）文学方面，尤其是戏剧方面成就辉煌。这一时期最主要的作品有意大利最伟大的诗人阿里奥斯托（1474—1533年）的《疯狂的米兰》，法国文学家拉伯雷（1494—1553年）的讽刺小说《巨人传》，西班牙塞万提斯（1547—1616年）的长篇小说《唐·吉诃德》，英国莎士比亚（1564—1616年）的《哈姆莱特》《仲夏夜之梦》等。拉伯雷、塞万提斯和莎士比亚被誉为后期文艺复兴的“文坛三杰”。

拉伯雷是法国文艺复兴运动中在文学上的突出代表。他花了近20年的时间，写作了一部包括五卷的长篇讽刺小说《巨人传》。这部名著，使他享有崇高声誉。拉伯雷以夸张的手法歌颂人的力量的伟大，嘲讽宣传禁欲主义的教会和饱食终日无所用心的贵族。他认为，全面地发展人的个性和传授人类进步知识，是培养一个完美的人所必须的，同时，还要有健康的体魄。他深信人的智慧和力量定能战胜愚昧和黑暗，知识可以把人武装成巨人。

塞万提斯是西班牙最杰出的文学家。他生于西班牙埃纳雷斯，小说《堂·吉诃德》是他的传世之作，至今已有100多种文字的译本。小说叙述一个穷乡绅想当游侠骑士，他自命堂·吉诃德，拼凑了一副破盔甲，骑上一匹瘦马，外出冒险，闹出许多笑话，几乎丧命。小说的重大历史意义在于描绘了16世纪末期西班牙社会的广阔画面，嘲弄了没落的骑士制度，揭露了封建社会的黑暗和贵族、教士的专横，揭示出这个曾威震世界的王国已经破绽百出，走向衰落是其必然的趋势。这在一定程度上表达了人民群众的情绪和愿望。

莎士比亚是文艺复兴时期英国杰出的大戏剧家和诗人。他一生创作了37部悲喜剧和历史剧、两部长诗和154首14行体诗。戏剧中最著名的有《罗密欧与朱丽叶》《哈姆雷特》

---

[15] 《马克思恩格斯选集》第4卷，人民出版社1995年版，第262页。

《奥赛罗》《李尔王》《威尼斯商人》等。这些戏剧情节生动，内容深刻，形象鲜明，语言丰富多彩。他的作品，以资产阶级人文主义思想为基础，对英国社会作了广泛而深刻的反映和描述，充分体现了文艺复兴的精神。如对自然的热爱，对青春和美的欣赏，对爱情和友谊的歌颂，对人类力量的信心，等等。恩格斯极为欣赏莎士比亚剧作的“情节的生动性和丰富性”，要人们“多注意莎士比亚在戏剧发展史上的意义”。

(3)哲学思想蓬勃发展，并达到新的高度，为资产阶级反封建、反教会的斗争提供了强大的思想武器。这一时期的政治思想家在人文主义影响下，开始摆脱神学的影响，提出了许多新颖的政治观念。

资产阶级政治思想启蒙家马基雅弗里(1469—1527 年)为国家学说的发展作出了特殊的贡献。其代表作有《论蒂特·李维的前十年书》《君主论》《佛罗伦萨史》。他提出应以“国家的利益”为政治行为的唯一标准的政治观点，这一集权的政治观点对改变当时四分五裂的意大利有一定的进步意义。法国著名政治思想家、近代主权学说创始人让·博丹(1530—1596 年)的国家学说也具有深远影响。他在国家理论、主权理论和政体理论上均建树颇丰，为近代国家主权学说奠定了重要基础。另外，这一阶段，空想社会主义也开始出现。康帕内拉(1568—1639 年)的《太阳城》，托马斯·莫尔(1478—1535 年)的《乌托邦》等首次提出了消灭私有制的问题，试图建立一个“财产公有，人人劳动，平均分配”的理想社会。

运动的尾声(16 世纪末～17 世纪)：文艺复兴运动不仅使人文科学得到发展和繁荣，同时在人文主义精神的鼓舞下，17 世纪自然科学也得到勃兴，并为新的哲学世界观提供了依据。这一阶段，天文学首先冲破神学世界观的束缚，产生了一系列成果，使文艺复兴运动达到了登峰造极的地步。

哥白尼(1473—1543 年)是波兰天文学家，年轻时曾在意大利留学 10 年，受到人文主义气氛的熏陶。哥白尼从持续不断的观测中得出了“日心说”，并写成《天体运行论》，认为宇宙的中心不是地球而是太阳，日出日落不是太阳的移动，而是地球在自转。1533 年，罗马教皇得知“日心说”的内容后大为震惊，随后对哥白尼进行迫害。哥白尼的学说从根本上推翻了所谓上帝选定了地球为宇宙中心的谬论，“他用这本书来向自然事物方面的教会权威挑战，从此自然研究便开始从神学中解放出来，科学的发展从此便大踏步地前进”。[16] 乔达诺·布鲁诺(1548—1600 年)是意大利著名哲学家和思想家，他继承和发展了哥白尼的学说，认为地球围绕着太阳旋转，而太阳只是太阳系的中心而不是宇宙中心。从而彻底否定了“地心说”。布鲁诺因彻底否定教会的宇宙观，被开除教籍，流亡国外，回国后即被监禁，1600 年被教会烧死在罗马鲜花广场的十字架上，成为中世纪悲壮的科学殉道者。

伽利略(1564—1642 年)，意大利物理学家、天文学家和哲学家，近代实验科学的先驱

---

⑯ 《马克思恩格斯选集》第 2 卷，人民出版社 1995 年版，第 263 页。

者。1590 年，他做了“两个铁球同时落地”的著名实验，从此推翻了亚里斯多德“物体下落速度和重量成比例”的学说。1609 年，他创制了天文望远镜，用来观测天体，亲手绘制了第一幅月面图。1610 年，伽利略发现了木星的四颗卫星，为哥白尼学说找到了确凿的证据。其代表性著作有《星际使者》《关于太阳黑子的书信》《关于托勒密和哥白尼两大宇宙体系的对话》和《关于两门新科学的谈话的数学证明》。

约翰·开普勒（1571—1630 年），德国天文学家，他通过分析研究发现了行星沿椭圆轨道运行，并且提出行星运动三定律（即开普勒定律），为牛顿发现万有引力定律奠定了基础。他还编制成《鲁道夫星表》，该表直到 18 世纪仍被天文学家和航海家们视为珍宝，它的形式几乎没有改变地保留到今天。其主要著作有《宇宙的神秘》《光学》《宇宙和谐论》《哥白尼天文学概要》《慧星论》和《稀奇的 1631 年天象》等。

除了天文学，这一时期在数学、物理学、生理学和医学等方面也有许多新的发展。如布鲁塞尔的维萨留斯完成了《人体结构论》，成为近代解剖学的奠基人。英国医生威廉·哈维发现了人体血液循环系统，为近代医学和解剖学奠定了基础。

在近代自然科学发展的基础上，人们的思想从神学桎梏下开始解放出来，逐渐形成了新的哲学思想。法国学者勒奈·笛卡尔（1596—1650 年）被誉为杰出的哲学家、数学家、物理学家和心理学家，是把哲学从经院束缚中解放出来的第一人。其代表作有《物理学》《形而上学的深思》《哲学原理》等，其中《物理学》成为 19 世纪法国唯物主义的基础。荷兰唯物主义者斯宾诺莎（1632—1677 年）继承和发展了笛卡尔的思想，并将其二元论改造为一元论，认为宇宙只有一个实体——自然界。其代表是《神学政治论》《伦理学》。这一时期哲学领域中贡献最大的是英国著名哲学家弗朗西斯·培根。他是近代第一个资产阶级唯物主义哲学家，最先倡导近代实验科学方法。马克思、恩格斯称培根是“英国唯物主义和整个现代实验科学的真正鼻祖”。他的主要哲学著作有《学术的进展》《新工具》《论科学的价值与增长》等。培根反对经院哲学家把客观存在神秘化，认为自然界是物质的，自然是可以认识的，人们应当客观地研究自然，发现规律，以便征服自然，为人类谋福利。他还提出了只有归纳、分析、比较和实验才是科学的认识方法，认为感性认识和理性认识相结合，才能得到真正的知识。他提出了“知识就是力量”的名言。

三、文艺复兴运动的历史意义

文艺复兴被经典作家们认为是一次人类从来没有经历过的最伟大的、进步的变革。恩格斯评价说：“这是人类以往从来没有经历过的一次最伟大的、进步的变革，是一个需要巨人而且产生了巨人——在思维能力、激情和性格方面，在多才多艺和学识渊博方面的巨人的时代。它无论对欧洲历史的发展，还是对世界文明的进程，都产生了巨大的影响。”[17]一定的文化总是一定的社会经济、政治在观念形态上的反映。作为资产阶级思想文化运动的文艺复兴，是资本主义经济发展的产物，是正在兴起和形成的资产阶级政治要求和经济利益的最初反映，同时，文艺复兴运动又有力地促进了资本主义的发展。马克思指出：“资本主义时代是从16世纪才开始的。”文艺复兴在许多方面都创造了巨大的成就，但集中起来，核心是把人们的注意力从来世转到现世，从以神为中心转到以人为中心，弘扬人的价值、人的理性、人的力量。因此，这是一个人的主体意识觉醒和高扬的时代，是人性从中世纪神学摧残下复苏和回归的时代。这种人文主义的思想，与社会发展的要求是相适应的，它给长期停滞不前的欧洲社会注入了新的生机和活力，动摇了欧洲中世纪教会神权的权威，打破了禁锢人们思想的蒙昧主义和宗教迷信，为新兴的资产阶级登上政治舞台提供了思想启蒙和舆论准备，也为近代自然科学和各种学术的发展扫除了障碍，开辟了道路。

文艺复兴也不可避免地有它的历史局限性。人文主义者强调要从神权枷锁中解放出来的“人”，并不是普遍的或抽象的人，而是新兴的资产阶级自己。处在中世纪向近代转变的特定历史时期，人文主义作为正在形成中的资产阶级的世界观和思想体系，一方面在为新生阶级的地位和利益而呐喊，另一方面还保留了不少中世纪的思想。他们并不一般地反对宗教，也不一般地反对教会，而只是反对那种贬抑人性、否定现世、腐化堕落的宗教和教会。他们批判封建制度，反对暴君，但拥护明主。尽管如此，文艺复兴的巨大历史作用和深远影响是不容置疑的。

第三节 欧洲宗教改革运动

随着文艺复兴的广泛开展，人们的思想、观念获得了极大的解放，自然科学特别是唯物主义的发展给基督教传统观念以巨大冲击，基督教的权威受到各国世俗政权的怀疑，教会内部逐渐形成一股改革力量。因此，就在文艺复兴从意大利向西欧各国扩展的时候，另一场反对天主教的宗教改革运动在德意志兴起，并很快推广到瑞士、英国等其他西欧国家。文艺复兴和宗教改革，是近代西方崛起之时资产阶级新思想新文化运动的一对“双璧”。如果说文艺复兴使欧洲从中世纪的迷梦中苏醒，那么宗教改革可以被看作是欧洲人挣脱中世纪的迷梦的第一次努力。而且，与文艺复兴相比，16世纪的宗教改革不但在理论上对于天主教会进行了系统的批判，而且是一场冲击社会各个阶层的全民性运动。

---

[17] [德]恩格斯：《自然辩证法》，见《马克思恩格斯选集》第3卷，人民出版社1995年版，第361页

一、德意志宗教改革与农民战争

欧洲宗教改革是一场大规模的反对罗马天主教会的社会政治运动，其实质上是一场早期资产阶级的反封建斗争。宗教改革的发生与资本主义的生产、生活方式在西欧的萌芽与扩展息息相关，也受到了文艺复兴以来从神本主义向人本主义观念转变的鼓励。

中世纪的欧洲，政治上呈现出封建诸侯割据与罗马教皇一统天下的局面，天主教会成为当时欧洲封建统治的集中代表和政治中心，是最有势力的封建主集团，也是封建阶级进行精神统治的有力工具。恩格斯指出："中世纪只知道一种意识形态，即宗教和神学。"[18]15—16世纪，天主教会极其腐败，教会对于财富的占有达到了惊人的程度。16世纪初，大约四分之一的法国，三分之一的德国以及二分之一以上的意大利的财产都掌握在教会手中，在德国，教会的土地占了一半。教士们采取各种手段聚敛钱财，如征收什一税、特赦税，出售神职和赎罪券等。因此，天主教会成为西欧各国资本主义发展的障碍，以资产阶级为首的广大群众要求冲破封建神学思想体系的束缚，获得解放，这是宗教改革发生的根本原因。

此外，欧洲当时的政治和经济状况也是引发宗教改革运动的重要因素。德国由于各种矛盾特别尖锐，且急剧恶化，因而成为西欧宗教改革的策源地。

15世纪后半叶到16世纪初，德国经济获得了较快发展，但是，由于封建割据的限制，从总体上来看，德国的经济发展远远落后于欧洲其他国家。国内尚未形成统一的国内市场，德国对内贸易少于对外贸易，各城市之间缺少商业联系和交往。经济的分散性严重影响了政治的发展。16世纪初，德国虽然已经基本上完成了地域的统一，接近成为一个民族联合体，帝国皇帝马克西米连一世(1493—1519年)已自称"德意志王"。但是在政治上，德国仍旧处于分裂状态，还没有形成权威的中央政府，没有统一的军队、法庭和货币，甚至没有明确的疆界，实际上是由7个大选侯、10多个大诸侯、200多个小诸侯、上千个骑士和100多个自由城市统治着。这种割据局面的分散性不利于政治统一，而政治不统一又影响了经济的发展。[19]

随着资本主义生产关系的发展，德国的阶级关系日趋复杂，内部矛盾异常尖锐。社会各个阶层，从自身利益出发，全部将斗争矛头指向天主教会。出身低微的劳苦人民，尤其是境况悲惨的农民，深受教俗封建主、商人、高利贷者的层层盘剥，如有反抗，就面临着挖眼、割鼻、截指、断手等刑罚的威胁。因此，他们对教会怀有强烈不满。15世纪末，南部一带的农民成立秘密组织"鞋会"，他们在旗子上画着一只鞋子，以示与穿长靴的贵族对抗。16世纪初，地方性的农民起义不断爆发，农民要求没收教会地产，废除教会法庭，取消封建赋税，建立统一的中央集权国家。城市中产阶级，包括新兴的手工工场主、富裕的手工业者和商人，

---

⑱ 《马克思恩格斯选集》第4卷，人民出版社1995年版，第231页。

⑲ 李纯武：《简明世界通史》，上册，人民教育出版社，1983年，第328—329页。

他们文化水平较高，具有较为宽广的眼界。“他们希望像管理自己的商业事务一样来管理自己的宗教事务，认为教会的僧侣等级制度已深深地嵌入封建的、豪华的君主制度之中”，[20]不满意教会的特权，嫉妒它的财产，要求推翻教会专制，发展工商业和资本主义。国王与诸侯、骑士也不满教会的统治。长期以来，“他们与教会在财产、税收、司法和政治影响等问题上一直存在着争端。每一个统治者都想当自己领土上的主宰”。[21] 世俗贵族不满罗马教廷对德国内部事务的干涉，并凯觑教会的领地和财产。骑士阶层由于其自身的军事、经济地位大大下降，对诸侯的专权极其不满，又嫉妒教会的富有。总之，德国的一切社会矛盾都围绕着教会日趋激化，教会的腐败统治和封建分裂局面成为阻碍德意志统一民族国家形成和资本主义发展的严重障碍。因此，天主教会已成为众矢之的。

整个德意志民族与罗马教廷的矛盾在1517年由教士马丁·路德(1483—1546年)的一篇论文所引起的争论而爆发。马丁·路德是德意志宗教改革的首创者和领导人。他出生于萨克森的一个富裕市民家庭。他从小受到父亲的严格管束，在对基督的虔信和中世纪神秘主义的家庭气氛中长大。路德的父亲是一位矿工出身的作坊主，做过曼斯菲尔德城的议员。路德与中产阶级社会的联系决定了他一生的政治倾向。他对于社会问题的看法基本上始终站在中上层阶级而不是站在农民的立场上。他一直认为社会改革的途径不是民众的起义而是上层的政治决策，因此，他反对革命带来的暴力和破坏，主张有秩序的逐渐的转变。1500年，路德进入当时德国最优秀的爱尔福特大学学习法律，后来又在维登堡大学学习，深受人文主义和唯名论思想影响。1505年，路德在奥古斯丁修道院当修道士，1507年成为神甫，1512年获神学博士学位，并出任维登堡修道院副院长和维登堡大学神学教授，致力于《圣经》的研究。通过研究，他得出结论：“人们只有依靠信仰才能在上帝面前使自己释罪。”[22]这种“因信称义”的全新的神学思想可以归结为以下4点：首先，人的得救不因任何行为而在于信仰，并且唯有信仰；其次，最高权威不是来自罗马教会，而是《圣经》；第三，基督教会包括一切信众，而非仅神职人员，“平信徒皆为祭司”；最后，基督徒的生活之本在于不分僧俗，恪守其天职，因为在上帝的眼中，一切有用的天职都同样神圣。

这一“因信称义”的思想从理论上否定了教会的权威。因为每个人都可以在通过阅读、理解《圣经》而产生对基督的信仰，教会及其所操持的一切复杂的宗教仪式和活动便成了多余的东西。这实际上肯定了个人的理性、意志在宗教活动中的地位，体现了人文主义的精神。路德这种具有个人主义色彩的神学成为近代资产阶级神学的鼻祖。

1517年，罗马教皇利奥十世以修缮罗马圣彼得大教堂为名，派特使向德国大量贩兜售赎罪券，以搜刮财富。特使无耻地宣称：“只要买主的钱落入钱箱丁当一响，他已死家属的灵

[20] [美]帕尔默·科尔顿著，孙福生、陈顿全译：《近现代世界史》上册，商务印书馆1988年版，第94页。

[21] [美]帕尔默·科尔顿著，孙福生、陈顿全译：《近现代世界史》上册，商务印书馆1988年版，第94页。

[22] [美]爱德华·麦克诺尔，伯恩斯著，罗经国等译：《世界文明史》第2卷，商务印书馆1987年版，第195页。

魂马上就从炼狱飞升天堂。”在特使的唆使下，许多人纷纷前去购买，希望灵魂获得拯救。这种欺骗行为使作为维登堡大学神学教授的马丁·路德对此极为愤怒，他率先发难，在维登堡教堂的正门上张贴出自己起草的《关于赎罪券的95条论纲》，公开反对赎罪券买卖。“95条论纲”的主要内容如下：首先，它表达了德意志民族对于教廷的愤怒。路德指出，如果教皇真的想拯救德国人民的话，他应该宁可让圣彼德大教堂倒在尘埃中也不会以信徒的血肉来重建它；其次，他怀疑教皇拯救灵魂的能力。如果教皇真的有能力为捐款修缮教堂这样一件极不重要的事情而解救无数灵魂，为什么不索性一切灵魂从炼狱中救出？第三，也是最重要的一条，路德认为赎罪券诱使人们进入一种错误的心态，它使罪人关心逃避惩罚，而真正得救不能依靠逃避，心灵的宁静来自于对《圣经》的理解和对于上帝的虔信。他认为，人必须信仰上帝，也必须过宗教生活，这样灵魂才能获救升入天堂。但这一切并不需要通过教会，也不需要借助教会那些奢侈而繁杂的宗教仪式，因为人可以“因信仰得救”，即只要自己虔诚地信仰上帝，诵读《圣经》，就可以与上帝直接沟通。由于“论纲”否定了教会的特权和权威，道出了德意志人民对罗马教廷和教会统治不满的心声，因此迅速引起了广泛影响。“论纲”被从拉丁文译成通行的德文，人们争相传抄，两星期内流传到全德，反教会运动自发地在全国蔓延开来。

在人民的支持下，路德反教会的态度日趋激烈，逐渐走上与罗马教皇彻底决裂的道路。1518年10月与1519年6月，路德同教皇两次进行公开辩论。教皇代表勒令路德悔罪，路德的回答则是，教皇的权力不是神授的，教皇并非上帝的代表，宗教会议的决议也可能犯错误。比如，宗教会议宣布胡斯为异端就是错误的，公开为胡斯翻案。1520年，路德先后发表《致德意志民族的基督教贵族公开书》《关于基督教自由》和《教会被掳于巴比伦》三篇重要文章。第一篇文章是路德的政治纲领。在这篇充满民族主义愤慨的檄文中，路德向德意志贵族呼吁：“沉默的时代已经过去，发言的时候到了。”号召德国贵族联合起来，反对教皇，要求停止向梵蒂冈纳税，废除教廷对于德国教职的任命以及审判德国教职人员的权力，取消教皇出卖神职的权力，实现教会组织独立，废除教皇施特恩的权力，教皇除负责传教外，其他应服从皇帝，以《圣经》取代经院哲学，神职人员可以结婚等。后两篇是路德的宗教纲领，全面系统地阐述了路德“因信称义”的思想，彻底否定了教会对于教徒的权威。1520年6月15日，教皇利奥十世颁布教皇训令，谴责路德的学说，宣布路德为“异端”，下令焚毁路德的著作，并将其革出教门。路德以当众焚烧教皇训令作为回答。1521年4月，德皇查理五世秉承教皇旨意召开沃尔姆斯帝国会议，要路德公开认错，路德在议会席上义正词严地为自己申辩，拒绝认错，并宣称：“除了以圣经为根据证明我是错误的外，我现在不会、将来也不会后退，因为我们决不违反我们的良心。”5月8日，查理五世下令捉拿路德。路德的革命行动受到德国人民的热情支持。不久，德法战争爆发，查理五世忙于战争。后来，路德改名换姓，避入萨克森选侯的瓦特堡。在那里他将《新约》从希腊文译成德文。这一工作在德国语言文学史上有着划时代的意义，因为他在文章结构、词语和文字表达等方面都有创新，对于德文的发展起了巨大的作用。他的德文《圣经》译本在德文发展史上占有重要地位，

但是，沃尔姆斯会议以后，宗教改革力量发生了分裂，形成了 3 个营垒：皇帝、高级教士、部分诸侯和城市贵族，反对任何改革；新兴资产阶级、中小贵族和部分大诸侯，主张没收天主教会的土地和财产，改革天主教会，建立脱离罗马教廷的教会；[23]路德同贵族和诸侯站在一边，主张和平发展和消极抵抗，他告诫全体教徒："切勿乱说、乱想、乱动"，应"合法地前进"。下层民众强烈要求改革现存的社会制度，少数激进派甚至主张废除私有制。他们的代言人是托马斯·闵采尔。

托马斯·闵采尔（1489—1525 年）出生于德国采矿业的中心哈茨的施托尔堡。17 岁时，他曾在莱比锡大学和法兰克福大学学习哲学和神学，获得学士和硕士学位，此后，他先后做过教区学校的教师和传教士。在传教过程中，他广为游历，充分接触到下层社会的的悲惨生活，因而立志改变腐败的现实。路德开始宗教改革时，闵采尔曾表示积极支待。但是，路德的宗教改革方针是依靠贵族的上层改革，因此更多地是民族性和宗教性的，而闵采尔则主要致力于彻底改革不公正的社会，因此二人不可避免地分道扬镳了。1521 年 4 月，闵采尔及其同伴离开茨维考，辗转前往捷克。由于他在《布拉格宣言》中主张用暴力革命实现社会变革，受到捷克当局的迫害，只好回到德国。1523 年初，他在图林根的阿尔斯特德小镇担任牧师。这时，闵采尔的宗教政治观点逐渐成熟，他毫无畏惧地攻击诸侯和天主教会，建立革命组织基督教联盟。闵采尔的思想比路德更为激进。闵采尔否认《圣经》是唯一的正确无误的启示，强调理性才是真正的启示。他说信仰就是理性，人人皆有，人人不必依据《圣经》而建立个人的信仰，信仰可以通过与上帝的直接交流得到，而直接领悟神启的基础就是人人皆备的理性，人人可以靠它升入天堂。天堂不在来世，而在现世。可见，闵采尔是一个泛神论者，他实际上在神学的名义下，否定了神学的最根本依据，甚至在个别地方达到了无神论的边缘。闵采尔的另一个重要思想是，解除人民灾难的唯一途经是用暴力革命手段废除一切等级制度，一切暴君、徭役以及整个旧社会，财产必须平等地分配，消灭所有压迫和剥削，最终建立一个没有阶级差别、没有私有财产、没有压迫社会成员的国家政权的社会，即"千年天国"。恩格斯说："他的纲领接近于共产主义。"[24]

在闵采尔的思想影响下，德国在 1524—1525 年间爆发了规模宏大的农民战争。这次农民战争有 3 个斗争中心，即士瓦本、法兰克里亚、萨克森和图林根。约有三分之二的农民参加了起义。这次农民战争是德国宗教改革的继续和高潮。

1524 年夏天，士瓦本南部的农民发动起义。起义队伍一度扩大到三四万人。1524 年

㉓ 金卫星、刘人明主编：《世界近代史》，高等教育出版社 I999 年版，第 5 页。

㉔ 《马克思恩格斯全集》第 7 卷，人民出版社 1959 年版，第 413—414 页。

底，闵采尔来到士瓦本地区，在他的思想影响下，农民军提出《黑森林书简》纲领，主张受压迫者团结起来，成立“基督教同盟”，用暴力打倒现存统治阶级，由普通人建立人人平等的社会。《黑森林书简》是德国农民战争中出现的最为激烈的斗争纲领，它反映了受压迫最深的贫苦农民的理想，因此它的反封建性质也最为彻底。1525 年 3 月初，6 支农民起义队伍代表多次在门明根开会，通过了《十二条款》斗争纲领。纲领提出废除农奴制和什一税，减轻劳役、地租和徭役，归还被领主侵占的森林和牧场等主张，但它仍没有触及没收地主的土地这一最根本的农民问题。与《黑森林书简》比较，《十二条款》主要代表了农民、特别是富裕农民希望通过和平方式减轻封建剥削的幻想。它流传的范围更广，为许多农民所接受。由于缺乏统一领导，纪律松弛，4 月底，这支农民起义最终被诸侯军队镇压下去。

1525 年 3 月末，在法兰克里亚地区也爆发了更大规模的农民起义，一些骑士如葛茨·冯·伯利欣根和洛里安·格叶投入了农民起义军。许多城市平民和工匠也加入了起义队伍，斗争异常激烈。他们烧毁了几百座城堡和修道院，惩治了罪大恶极的封建贵族。1525 年 5 月，起义军制定了《海尔布琅纲领》(《帝国改革纲领》)。纲领具有鲜明的反映市民利益的特点，其中心思想是要求建立强有力的中央政府，瓦解诸侯的一切同盟，建立帝国最高法院。纲领还提出了统一币制和度量衡，取消妨碍商业贸易的“商税”、“过境税”、“食品税”以及其他苛捐杂税，允许农民赎买封建义务，等等要求。纲领反映了市民阶级的要求，带有资产阶级性质。虽然在特殊时期不能立刻实施，但却符合社会发展的要求。6 月初，在诸侯军队主力的进攻下，起义失败。

萨克森和图林根地区的起义领导人是闵采尔。1525 年 3 月，缪尔豪森的平民和矿工一举推翻了城市贵族的统治，成立“永久会议”，控制了这里的政权。闵采尔成为新政权的实际负责人。起义很快扩展到整个萨克森和图林根地区。4 月底，诸侯的军队进攻缪尔豪森，闵采尔率一支 8000 人的队伍迎战。由于缺乏装备和训练以及军事经验的不足，到 5 月 16 日，农民军战败，闵采尔受伤被俘。在敌人严刑拷打下，他仍坚贞不屈，于 5 月 27 日凌晨壮烈牺牲。起义队伍被淹没在血泊之中。[25]

1526 年大部分地区起义失败，个别地区的斗争一直坚持到 1527 年。农民战争遭到失败后，有 10 万以上的农民被杀戮，各处农民再次陷入领主奴役之中。

16 世纪的德国农民起义虽然失败了，但是这场斗争具有重大意义，农民起义摧毁了无数修道院和教会产业，使天主教会受到重创，从根本上动摇了天主教会在德国的统治地位，撼动了德国封建统治的基础，显示了德国农民、平民在促进社会变革中所具有的巨大力量，在客观上为路德教的传播和合法地位的确立开辟了道路。

农民起义被镇压后，德国各地诸侯分成路德派和天主教派。北方部分诸侯国发展成为

---

[25] 刘明翰:《试论闵采尔》，载《世界历史》，1979 年第 5 期。

路德派新教国家，南部的诸侯国仍坚持旧的信仰。1529年，在斯拜尔召开的帝国议会上天主教诸侯占优势，重申了1521年沃尔姆会议反对异端的禁令。路德派于1531年成立了一个互相保护同盟，诸侯拒绝接受这个禁令，与天主教诸侯对抗。新旧教派的诸侯相持不下，互相混战。1555年双方签订了奥格斯堡和约，规定“教随国定”原则，即诸侯有权决定其臣民的信仰；1552年以前为新教诸侯夺去的天主教会的财产，均应由其继续占有。路德派新教取得了合法地位。新教主要流行于德意志北部和中部，并向欧洲其他地方传播，德国南部仍主要保留天主教。

二、宗教改革的扩展

继德国之后，西欧许多国家也相继发生了宗教改革运动。这一运动，表面上是反抗天主教会与罗马教皇的专横特权和腐化贪婪，实际上却是反抗当时封建社会制度的政治斗争。在这些国家，由于资本主义经济和市民阶级的力量较为强大，宗教改革的进程也更为激烈，一种代表新兴资产阶级经济文化利益的新教教义得到了迅速的传播，代表性的有路德宗派和加尔文宗派，其中以加尔文的宗教改革影响最大。

加尔文(1509—1564年)出生于法国，曾学习神学和法律，在巴黎时受到路德教影响，积极提倡宗教改革，遭受法国政府迫害，流亡到瑞士的日内瓦，在那里形成了他的改革学说。1536年，加尔文发表了《基督教信徒典范》一文，对新教原理作了系统的阐述。加尔文像路德一样，主张“信仰得救”，建立“廉俭教会”，但观点比路德更为激进，更能充分反映新兴资产阶级的思想。他进一步提出了所谓“先定论”的说法，认为人的命运如何，是得救还是入地狱，并不是由教会来决定，不能靠斋戒、忏悔、赎罪等善行，而完全依赖于上帝的意旨所先定，人在现实生活中的成功与失败，就是上帝“选民”和“弃民”的标志。“选民”注定成功得救，“弃民”注定受穷和失败。如果一个人在现实世界里，事业上获得成功，经营致富，就可以证明他是上帝的选民，否则，就是上帝的弃民，是早已注定要下地狱的。很明显，加尔文企图以宿命论来掩盖剥削的实质。他要人们相信某些人能发财致富(如银行家、富商和新兴工场企业主等)。他甚至把殖民制度也说成是“上帝的安排”。这种教义反映了16世纪欧洲资本原始积累时期新兴资产阶级的观点和要求。他还提出建立由教徒选举产生长老的“民主教会”，取消罗马教皇的特权和封建等级制，这将有利于新兴市民阶级政治上的崛起。他主张取消一切浮华的宗教仪式，节制任何形式的奢侈娱乐活动，倡导一种勤勉节俭的清教徒式的生活方式和道德标准，清教徒应一生勤俭，积攒财富，精于计算，不断扩大经营，成为事业上和道德上的楷模。

从1541年起，加尔文成为日内瓦教会的领袖。加尔文的教会组织，既不隶属教皇，也不隶属于诸侯，而是由选举产生的长老管理，长老一般都是富有的市民。加尔文教在日内瓦建立了政教合一的神权国家。新政权对人民的进步思想概不宽容，人称加尔文为新教教皇，日内瓦是新教的罗马。加尔文教对不同信仰的人同样采取放逐和死刑的办法,或开除教籍和入狱。由于达尔文教的教义和教会组织形式有利于资产阶级,适应了资本主义发展的需要,所以在西欧各国得到了迅速而广泛的传播,成为资产阶级开展反封建斗争的一面旗帜。在16世纪以后的欧洲和北美殖民地,新兴资本家、农场主、自由小农和城市市民大多都成为新教教徒。西欧资本主义的出现决定了新教的胜利,而新教伦理地位的确立又推动了资本主义的进一步发展。

三、天主教的反宗教改革

宗教改革的发展,严重打击了天主教会,引起了罗马教廷的恐慌。天主教会在德皇和西班牙封建反动势力的支持下,力图挽回颓局,在16世纪40年代发动了反宗教改革活动。特兰托会议和耶稣会便是反宗教改革中两项重要的活动。

1545年,罗马教皇保罗三世在德国边境特兰托召开了宗教会议,德国、意大利、法国和西班牙等国的代表参加。会议的宗旨是反对宗教改革运动,并提出要在天主教会内部进行改革。特兰托会议连续开过3次。会议宣布新的教派都是异端,坚持不与新教妥协,重申教皇的权威不可侵犯,原有的教义、制度和仪式不得更改。罗马教皇除了召开特兰托会议进行反宗教改革活动以外,还采取其他措施反对宗教改革运动和进步力量。早在特兰托会议以前,罗马教皇保罗三世于1542年在罗马建立中央宗教裁判所,镇压异端,把一切有新思想倾向的人拘捕、监禁或者烧死在火刑柱上。1559年罗马教皇保罗四世公布了第一批禁书目录,规定61个出版商的书刊全部禁阅,41种不同版本的《圣经》也遭禁阅。与此同时,天主教会内部也进行了调整,惩办渎职、贪污腐化和严重违犯教规的教士,加强对神职人员的监督等等,以改善教会的形象。

在天主教会反对宗教改革的活动中,耶稣会是一个重要组织,其创始人是伊格纳修·罗耀拉(1491—1556年)。耶稣会于1534年组成并开始活动,1540年经罗马教皇正式批准。耶稣会分为见习会士、会士、副手和信士4个等级,有一套严密的组织,纪律严格,要求会士绝对服从。它成立初期的格言是:"为达目的,不择手段",主张反对远离世俗,鼓吹会士要渗入社会一切阶层,特别是社会的上层,以便扩大政治影响。耶稣会还大力兴办学校,吸收上层子弟入学。他们不穿僧衣,与俗人交往。为达到目的,不惜采取造谣、暗杀等手段,其目标是欧洲新教的君主。耶稣会还渗透到欧洲各国,抵制新教运动,反对进步活动,成为一支维护罗马教廷的黑卫队。

天主教会的反扑一度取得了一些成果,但是,天主教会的反改革活动不可能长期压制新教势力,西欧很多国家都建立了独立的新教组织,而耶稣会从17世纪起先后在威尼斯、法国和葡萄牙等国遭到取缔,到18世纪后半期,耶稣会被解散。

四、宗教改革的历史意义

16 世纪席卷整个欧洲的宗教改革运动沉重打击了西欧的封建势力，西欧封建土地所有制受到极大冲击，天主教会的大量土地和财产被资产阶级和新贵族所没收，从而加强了新兴资产阶级的经济实力，推动了资本主义的发展。

宗教改革对欧洲封建社会的精神支柱天主教会的打击，为西欧资本主义的发展进一步解除了精神枷锁。宗教自由成为一种发展趋势。在宗教改革过程中形成了与天主教、东正教并列的基督教第三大支派——新教。新教的广泛传播，为资本主义发展提供了信仰的力量，为信仰新教的民族取得经济上的成就起了促进作用。

宗教改革大大增强了新兴资产阶级在经济和政治上的力量，同时也促进了西欧各国的民族文化、教育事业的发展。宗教改革使人们的思想得到进一步解放，有利于欧洲科学文化的发展。在宗教改革的推动下，一些思想家、工业家、商人等在冲破了天主教的思想禁锢之后得以自由发挥他们的才能，施展他们的本领，从而推动了后来资产阶级革命的爆发。“而清教派继续推进宗教改革的斗争，终于导致了英国革命的爆发和北美殖民地的建立。这对于近代资产阶级政治思想发展史上由宗教斗争到宗教宽容，再形成自由民主的概念这个过程起到了重要影响”。[26]

思考题

1. 简述并评价“地理大发现”。
2. 为什么说文艺复兴是人类以往从来没有经历过的一次最伟大的、进步的变革？
3. 简述欧洲宗教改革的历史意义。

[26] 于郭方：《英国宗教改革》，见朱庭光主编：《外国历史大事集》古代部分第 2 分册，重庆出版社 1986 年版，第 304 页。

第六章　近代资本主义制度的确立

第一节　英国资产阶级革命与工业革命

英国资产阶级革命，在世界历史上具有划时代的意义，它是人类历史从封建社会进入资本主义社会的重要标志，人类社会从此开始步入资本主义时代。这次革命为英国资本主义的发展扫除了政治障碍，促进了英国资本主义经济的快速发展，在此基础上，工业革命首先在英国发生并波及全欧。

一、英国资产阶级革命

大约在15世纪，英国开始出现资本主义萌芽。到17世纪初期，资本主义手工工场已经有了很大发展，尤其是毛纺织业特别发达，成为当时英国的“民族工业”，毛纺织品的出口额一度占到英国总出口额的90%左右。除纺织业外，造纸、火药、玻璃、制糖、造船和棉织业等新兴工业部门也相继出现并成为推动英国经济发展的重要产业。伴随着手工业的发展，英国的商业特别是海外贸易也日益兴旺发达。

新航路开辟之后，大西洋沿岸代替地中海地区成为世界贸易的中心，得天独厚的地理优势极大地刺激了英国海外贸易的发展。16—17世纪之间，英国商人相继建立起一批商业垄断公司如“非洲公司”和“东印度公司”等，专门从事“黑奴”的贩卖和海外掠夺性贸易，从而为资本主义的发展积累了大量原始资本。

革命前英国资本主义发展最重要的特点，是资本主义经济广泛地深入农村。从15世纪末开始至19世纪上半叶，“圈地运动”席卷整个英国农村。“圈地运动”实质上是在农村进行的资本原始积累运动，它为资本主义的发展提供了大批廉价的劳动力和巨额资本，实现了农业生产者同生产资料土地的分离，是一场土地制度的大变革。通过“圈地运动”，资本主义土地所有制代替了封建土地所有制，农村的封建剥削关系转变为农业资本家对农业工人的雇佣剥削，促进了英国农业生产的发展，为农业机器的应用和推广创造了条件。但是，这个过程是在牺牲广大农民利益的基础上进行的，成千上万失去土地的农民成为“流浪汉”，那些身强力壮的人乞讨无门，只得沦为农场主或手工工场主的雇佣劳动者。因为被圈占的土地大部分被用于养羊，圈地运动又有“羊吃人”运动之称。

随着资本主义经济的发展，英国的阶级关系和阶级力量对比也发生了变化。首先，圈地运动使农村中的贵族产生了分化，分裂为旧贵族和新贵族两大阶层。在英国北部地区，大部分贵族仍沿袭旧的剥削方式，靠榨取农民的地租生活，称为旧贵族。而在东部及西南部地区，许多中、小贵族雇佣农业工人，以资本主义方式经营土地，其经济力量日益雄厚，成为新贵族。他们在政治上与旧贵族享受同样的特权，但多半担任地方官，出现了被称为新贵族的阶层。而旧的封建贵族势力则逐渐削弱。其次，伴随着资本主义工商业的发展，诞生了一支资产阶级队伍。他们包括农业资本家和城市工商业资产阶级，以及与宫廷有密切关系的大金融家。资产阶级的主体是中、小工商业者，他们受到封建行会制度和国王推行的垄断制度的束缚，在政治上又处于无权的地位，所以，他们强烈要求废除封建专制制度，发展自由资本主义，成为革命中的领导力量。[①] 第三，在圈地运动中丧失土地的农民，一部分继续留在农村，成为农牧场的雇佣劳动者；另一部分流浪到城市，成为雇佣工人，他们和城市中原有的手工业者构成了英国最早的无产阶级，身受封建的和资本主义的双重剥削，成为后来革命中一支重要的生力军。

英国内战的爆发与清教的勃兴有着密切的联系。英国在16世纪的宗教改革中，把圣公会确立为国教。国教确立后，与封建王权更紧密结合在一起，成为封建专制制度的强大支柱。教会通过教堂布道，向人民灌输“神权高于一切”“王权神授”等封建迷信思想，竭力维护专制统治，宗教法庭对非国教教徒实行严厉的镇压。因此，人民群众的反封建斗争势必指向国教。

英国资产阶级革命是在宗教旗帜下进行的，这是英国革命的一大特点。为了同国教进行斗争，英国资产阶级和新贵族创立了清教。清教适应并反映了资产阶级的要求和主张，体现了处于上升阶段的资产阶级的宗教和政治态度。它反对专制王权和国教，主张宗教信仰独立自由，要求废除主教，“精简”教会，清除从天主教保留下来的繁杂仪式。它把工商业者的活动看作是神圣的使命，认为发财致富者才是上帝的选民。清教内部又分成主要的两派，其中温和的一派是长老派，主张废除主教代之以教徒选出的长老的宗教会议，代表着富裕上层的利益。另一派是教徒中的左翼，称独立派，它不但否定主教而且也反对长老派的宗教会议，主张教会独立。由于清教教义在一定程度上反映了下层人民的要求，许多手工业者、工人、平民和农民已信仰清救。清教在动员群众反封建斗争中起了组织领导的作用，成为一支政治力量。

16世纪60年代在英国出现了以加尔文教义为斗争武器，要求清除国教中的天主教成分

---

① 王斯德主编：《世界通史》第2编：《工业文明的兴盛》，华东师范大学出版社2001年版，第49—51页。

的“清教”运动。清教的广泛传播，清教运动的兴起，为即将到来的革命作了舆论准备。

就在资产阶级和新贵族倡导社会变革之时，英国王室却在加强封建专制统治，由此导致议会与王权的斗争日益激烈。

15 世纪末，英国开始形成专制制度。1603 年，都铎王朝的最后一个统治者伊丽莎白女王死后无嗣，由她的远亲苏格兰国王詹姆士·斯图亚特继承王位，称詹姆士一世，但两国并未合并。从此，斯图亚特王朝开始统治英国。詹姆士一世入主英国后，对内加紧搜刮民财，疯狂迫害清教徒，对外讨好英国海外贸易和殖民事业的强大敌人西班牙，大大损害了资产阶级的利益。

詹姆士一世还屡次侵犯国会权利。英国国会产生于 13 世纪，分为上下两院。上院由国王直接任命的世袭贵族和高级僧侣组成，下院由选举产生。17 世纪时，新贵族在下院中占统治地位。按照传统习惯，非经国会同意国王不得征税。詹姆士一世 3 次召开国会，企图强迫国会通过征税法案，国会不予批准，他就蛮横的解散国会。1625 年查理一世即位，继续执行他父亲的反动政策，国会与王权之间的斗争更为激烈。1628 年，国会向国王提出一份“权利请愿书”，要求非经国会同意，不得征税或强行借债；除非依据法庭判决及国家法律不得逮捕任何人或剥夺其财产；不得按战时法逮捕公民；军队不得占用民房等。查理出于财政困难，假意批准请愿书，但在骗取 35 万镑补助金后，立即解散了国会。

从 1629—1640 年间，查理没有再召开国会，实行无国会的国王专治。在这 11 年间，他强行征收各种苛捐杂税，大量出售专卖权，恢复早已废弃的古老捐税，把拒绝交税的人逮捕入狱，对清教徒的迫害也变本加厉。

查理的横征暴敛，加重了人民的灾难。城乡劳动人民举行起义。1639—1640 年伦敦多次出现手工业者和工人的大规模示威游行。剑桥、林肯郡的农民也掀起了反圈地斗争的新高潮。劳动人民的广泛斗争，标志着革命风暴日益迫近。

革命的直接导火线是 1638 年的苏格兰人民起义。次年，苏格兰人击溃英军，攻入英格兰境内。1640 年 4 月 13 日，查理一世为镇压苏格兰起义，下令召开已停止了 11 年的议会，在议会拒绝国王的军费提案后，查理一世一怒之下解散了议会。这届议会只存在了 3 个星期，史称“短期议会”。1640 年 8 月，苏格兰人再次发动新的攻势，查理不得不于 11 月重新召开议会，这届议会存在了 13 年之久，史称“长期议会”。在这次议会上，资产阶级和新贵族迅速占据优势，国王被迫结束了个人独裁统治，王权受到制约。长期国会的召开，标志着城乡人民群众反对专制王权的斗争走上新的阶段，揭开了英国资产阶级革命的序幕。历史上把 1640 年 11 月“长期议会”的召开，作为英国资产阶级革命开始的标志。

议会召开后，通过了革命初期资产阶级和新贵族的政治纲领，采取了一些反对封建王权的措施，目的是要把英国改造成资产阶级议会制的君主立宪制国家，1642 年 8 月，查理一世为进行反扑，公然纠集封建贵族势力，向议会宣战，第一次内战爆发。内战中，由于领导议会的长老派随时准备与国王妥协，使议会军在战争初期屡遭失败，处境危急。在这种形势下，虔诚的清教徒、独立派领袖克伦威尔组成了新模范军，并大败王军，第一次内战结束。战后，围绕建立什么样的政治制度，革命阵营内部长老派与独立派、独立派与平等派之间展开了激烈的斗争。1648 年 2 月，第二次内战爆发。军队中的独立派和平等派为共同对付国王再度联合，9 月，议会军占领苏格兰首都爱丁堡，第二次内战结束。在人民群众的推动下，议会下院通过决议，组成特别法庭，以人民的名义审判国王。1649 年 1 月 30 日，查理一世在成千上万群众的围观之下被推上断头台，5 月 19 日，议会宣布英国为共和国，革命至此发展到顶点。

在革命发展过程中，长老派、独立派、平等派都属于革命阵营，是革命力量内部的不同派别。但革命能够不断向前发展，起决定作用的是城乡广大中下层人民和军队中广大士兵的英勇斗争。正如恩格斯所说："如果没有这些自耕农和城市平民，资产阶级决不会把斗争进行到底，决不会把查理一世送上断头台。"(《马克思恩格斯选集》第 3 卷，第 392 页。)共和国的建立，代替了斯图亚特王朝，宣告了新的社会制度的诞生，有力地打击了君权神授和君主专制思想。

在英国历史上，共和国仅存在了 4 年。以克伦威尔为首的国务会议独揽大权，对中下层人民要求政治权利、要求土地、要求改善生活的呼声置之不理，激起了人民群众的强烈不满，许多地区发生了农民占领公有地或垦殖荒地，以此来实现土地公有的"掘土派"运动。同时，平等派也再度起来斗争。这些都严重威胁到土地私有制度和共和政府，因此遭到了镇压。这表明，共和国政府在反封建斗争方面已丧失了主要的社会基础。此后，克伦威尔为镇压爱尔兰反英起义，瓦解军队中的平等派，于 1649 年 8 月亲自率军征讨爱尔兰，使一支革命的军队被殖民战争腐蚀变质，也给英吉利民族留下了沉重的历史负担。远征爱尔兰的胜利，使克伦威尔的权势大增。与此同时，人民反抗运动和王党复辟活动仍在继续发展。资产阶级和新贵族为了巩固其既得利益，要求建立强有力的独裁制度。在资产阶级和新贵族的支持下，克伦威尔于 1653 年 4 月强行解散"长期议会"，12 月又解散了自己亲自培植的"小议会"，被宣布和拥戴为终身护国主，集立法、行政、军事大权于一身，成为英国的无冕之王。共和国从此名存实亡。马克思说他是一个"集罗伯斯庇尔和拿破仑于一身"的人物，他与拿破仑的不同仅仅是没有戴上"皇帝"的桂冠而已。

1658 年，克伦威尔去世，他的儿子理查德继位为护国主。他既无战功，又无能力，是个平庸之辈。高级军官都不服他，政局动荡，护国政府面临严重危机。理查德知难而退，被迫放弃护国主权位，护国政治结束。而资产阶级和新贵族又迫切要求建立一个"新秩序"，来保护他们的既得利益。他们既害怕人民革命，又厌倦军事独裁统治，认为只有恢复斯图亚特王朝的统治，才能建立"新秩序"。所以，他们决心迎接查理一世的儿子查理・斯图亚特回国复辟。

1660 年 5 月,查理带领一群流亡的保王党人回国,并且在资产阶级和新贵族的拥戴下,登上了王位,称查理二世,开始了英国历史上的复辟时期。在这一时期,封建王党力图恢复革命前的状态。但 20 年来,资本主义因素在英国已不可逆转地发展起来。

1685 年,查理二世去世,其弟继位,称詹姆士二世。他是个狂热的天主教教徒,继位后立刻决定恢复天主教。这招致了新兴大地主和工商业资产阶级的反对。前者害怕天主教一旦恢复,就得归还寺院的土地,后者害怕天主教不利于他们的经济活动。于是,新的土地贵族与资产阶级达成妥协,联合发动了 1688 年政变,拥立詹姆士二世的女儿玛丽和女婿荷兰执政官威廉来英国,尊为英国女王和国王,即玛丽二世和威廉三世,确立了国会凌驾于国王之上,国王成为"统而不治"的最高权力象征的君主立宪制度。这次未经流血的政变,被资产阶级史学家美其名为"光荣革命"。至此,英国资产阶级革命经过近半个世纪的曲折斗争,终于完成了推翻封建专制制度的历史任务。

英国资产阶级革命在世界历史上具有划时代意义,它是人类历史上资本主义制度对封建制度的一次重大胜利。

首先,英国革命为英国走上资本主义发展道路提供了必要的政治前提。英国革命推翻了英国的封建专制制度,结束了议会对王权的依赖,确立了议会在国家政权中的中心地位。为法律至上、议会民主、政党与内阁制度的形成奠定了基础。至此,资本主义生产关系在英国的统治正式建立起来,从而为资本主义发展扫清了道路,也为英国工业革命提供了重要的政治前提。据此,恩格斯称英国革命为英国历史上的"辉煌时期"②。

其次,英国革命具有世界意义,标志着世界近代史的开端。英国革命对欧洲各国的反封建革命运动产生了巨大的影响,开辟了资产阶级世界革命的新时代。马克思曾把英国革命和 18 世纪法国革命看作是欧洲范围的革命,他指出:"它们宣告了欧洲新社会的政治制度。……当时资产阶级的胜利意味着新社会制度的胜利,资产阶级所有制对封建所有制的胜利,……两次革命不仅反映了它们本身发生的地区即英法两国的要求,而且在更大得多的程度上反映了当时整个世界的要求。"③

最后,英国革命也有其保守性。1688 年革命后,英国保留着国王、贵族和上院,国家体制是君主立宪而非共和。这些就是人们常说的英国革命的保守性。马克思对此作过解释:"资产阶级与大部分土地所有者之间建立了长期的联盟,而这种联盟使英国在革命本质上有别于用分散土地来消灭大土地所有制的法国革命。"④

---

② 《马克思恩格斯全集》第 7 卷,人民出版社 1995 年版,第 251 页。

③ 《马克思恩斯选集》第 1 卷,人民出版社 1975 年版,第 321 页。

④ 《马克思恩格斯选集》第 3 卷,人民出版社 1975 年版,第 392 页

二、英国工业革命

工业革命是以机器生产取代手工劳动、以工厂制取代家庭作坊和手工工场的一场变革，是社会生产力的一次空前飞跃。英国工业革命大约从18世纪60年代开始，到19世纪40年代基本结束，前后历时约七八十年。

英国工业革命首先从轻工业开始。这是由于轻工业投资较少，资金周转较快，获利比较容易；在轻工业中，棉纺织业作为一个新兴部门，没有旧传统的束缚，便于采用新技术，棉纺织品又是人们的生活必需品，市场需求量大，当时的手工业生产已不能满足需要，因此，技术革新首先从棉织业开始。

1733年，机械师凯伊发明了飞梭，把织布工效提高了一倍，成为棉纺织业发展的关键。飞梭的使用造成了纺纱与织布之间的不平衡，一个织工需要6～8个纺工供给棉纱，结果出现了“纱荒”。1765年，纺织工哈格里沃斯发明了“珍妮纺纱机”，珍妮机是由手工工具变为机器的典型，是英国工业革命开始的标志。珍妮机能同时纺几十根纱，大大提高了工效，解决了长期存在的“纱荒”。但是珍妮机的动力是人力，纺出的纱线太细，很容易断。1768年凯伊和海斯发明了水利纺纱机，1769年理发师阿克莱特取得了该项发明的专利权，并在克隆福德开办了第一个水力纺纱厂，短期内雇佣了600多名工人，成为利用机器按照规模组织生产的近代机器大工厂的开端。此后，又相继发明了“骡机”、水利织布机、净棉机、梳棉机、漂白机、整染机等，纺织业成为第一个实现机械化的行业。

随着工作机的发明和使用，解决动力问题便提上日程。1769年，格拉斯哥大学机械修理工詹姆士·瓦特，吸收前人研究成果，并且加以改进，试制成功单向蒸汽机，1782年又造出双向蒸汽机，解决了大工业发展所必需的动力问题，推动了工业革命进一步向纵深发展。冶金业的焦炭冶炼法、搅炼法，交通业中的蒸汽机车、汽轮机等相继出现。到19世纪30至40年代，又发明了各种锻压设备和金属加工机床，逐渐用机器制造机器。机器制造业的机械化，标志着工业革命的完成。

继英国之后，法、美、德等国也在18世纪末、19世纪初先后开始了工业革命。

英国工业革命是生产技术上一次重大的变革，是人类自觉应用自然科学，以自然力代替人力的一场技术革命。这场技术革命的过程，是以机械代替人力、自觉应用自然科学的过程。社会对技术的需要把科学推向前进，自然科学的基础理论指导技术改革，技术改革把科学知识应用到生产过程，构成为“直接生产力”。工业革命使社会生产力有了惊人的发展。正如马克思、恩格斯指出的：“资产阶级在它不到一百年的阶级统治中所创造的生产力，比过去一切世代创造的生产力还要多，还要大。”⑤通过工业革命，英国取得了世界工业和世界贸

⑤ 《马克思恩格斯选集》第1卷，人民出版社1995年版，第256页。

易的垄断地位，产品行销世界，成为“世界工厂”。

工业革命确立了近代工厂制度，使用机器生产的各种近代大工厂如雨后春笋般建立起来。到 1800 年，英国的工厂达到数百家。

工业革命改变了英国的经济地理和人口分布。工业革命把居民从农村地区驱赶出去，在工业城市里集中起来。工业革命前，经济最发达的地区是以伦敦为中心的东南部地区，工业革命以后，盛产煤、铁的西北地区成为新的工业中心，曼彻斯特、伯明翰等新兴工业城市迅速发展起来。

工业革命是一次深刻的社会变革，它引起了社会生产关系的巨大变化。两大对立阶级——近代工业无产阶级和工业资产阶级的产生，是工业革命的最重要的社会后果。

工业革命也使资本主义的固有矛盾，即生产的社会化和生产资料私人占有制之间的矛盾开始明显地暴露出来。1825 年，英国发生了第一次经济危机。这次危机过后，大约每过十年左右，就发生一次周期性的危机，一次比一次更猛烈地冲击资本主义社会的基础。

第二节　北美独立战争

列宁指出：“现代的文明的美国的历史，是从一次伟大的、真正解放的、真正革命的战争开始的”。⑥ 列宁这里所说的革命战争即北美独立战争，即 18 世纪 70 年代，在北美爆发的反对英国宗主国统治、争取独立的民族解放战争。北美独立战争不仅使美国人民获得了民族独立，同时也为美国的资本主义发展开辟了道路。

一、英属北美殖民地的形成与发展

北美洲土地的最早主人，是被后来称为印第安人的土著居民。但是，由于美洲新大陆的“发现”，欧洲殖民主义者的蜂拥而入，打断了北美印第安人独立的历史发展进程。

1607 年到 1733 年，英国殖民主义者通过与西班牙、法国等殖民者的激烈竞争，以及对印第安人的掠夺和屠杀，占据了东起大西洋沿岸西至阿巴拉契亚山脉的整个狭长地域，建立起了 13 块英属北美殖民地。

英属北美殖民地社会经济制度相当复杂，有资本主义制度，有野蛮的农奴制，还有半封建的租佃制。到 18 世纪中叶，以波士顿为中心的北部地区，资本主义手工工场，如造船、纺织、采矿、冶炼、食品加工等工业已相当发达；以纽约、费城为中心的中部，农业发达，土地肥沃，盛产粮食，有“面包殖民地”之称；南部则盛行以黑人奴隶劳动为主的大种植园经济，那里

⑥ 《列宁选集》第 3 卷，人民出版社 1995 年 6 月第 3 版，第 557 页。

生产的烟草、兰靛等经济作物主要供应欧洲市场;沿海一带的贸易也日益繁荣,使经济联系大大加强,殖民地内部初步形成了统一的市场。经济的发展,促进和带动了文化教育的发展。各殖民地都办起了报刊、杂志,建起了图书馆,哈佛、耶鲁等高等学校也相继出现,纽约、费城、波士顿等发展成为北美殖民地的政治、经济和文化中心。各殖民地来自欧洲的移民虽然分属不同的民族,但讲英语的人占殖民地人口的三分之二以上,因此,北美式英语逐渐成为他们的共同语言。这样,构成近代民族的经济、文化、语言等要素逐渐具备,统一的美利坚民族开始形成。列宁说:"由于美国资本主义发展具有特别有利的条件并且特别迅速,这个国家的巨大的民族差别就比世界上任何一个国家都更加迅速更加彻底地消灭,成为一个统一的'美国'民族。"⑦英国殖民主义者为了把北美变为英国工业品的销售市场和廉价原料供应地,极力采取压迫、控制等政策,阻止北美殖民地资本主义经济的独立发展。在17世纪晚期,英国一连颁布几个法案,规定:北美殖民地出产的烟草、甘蔗、兰靛等农产品,必须用英国商船运往英国,然后才能转销其他国家;殖民地所需工业品必须从英国输入等。英法"七年战争"后,由于战争造成国库空虚,负债累累,英国政府为转嫁战争负担,从1763年起,相继颁布《土地法》《食糖法》《驻军法》《印花税法》等一系列新的法令,强化了对英属北美殖民地的统治。这些措施,直接限制了北美殖民地经济的发展,使各阶层人民利益受到不同程度的损害,加剧了北美人民与英国统治集团之间的矛盾。特别是印花税法,激起了资产阶级、人民群众和南方种植园主的强烈不满。他们纷纷集会,成立"自由之子社"、"自由之女社"等反英组织,捣毁税务机关,焚烧印花票,将英国收税官吏游街示众。1765年10月,北美9个殖民地的代表在纽约举行反印花税大会,要求取消税法,号召抵制英货,迫使英国政府不得不取消印花税法,反英斗争取得了初步成果。后来,英国又颁布了《汤森税法》,对输入北美的茶叶、纸张等商品征税,使抗税和抵制英货的斗争再度掀起。1770年3月,驻扎在波士顿的英军蛮横行凶,枪杀无辜,制造了震惊整个北美的"波士顿惨案",促使北美各阶层人民组织起来,开展更大规模的反抗斗争。英国政府被迫宣布废除在北美殖民地实施的一切税法,但仍保留了一项茶税。1773年12月16日,殖民地人民又掀起了反对英国殖民当局征收茶税的斗争。一些化装成印第安人的波士顿居民,把英国东印度公司运来的300多箱茶叶统统抛进大海,制造了"波士顿倾茶事件"。面对北美人民如火如荼的反抗形势,英国统治者决定施以高压政策,并接连颁布五项高压法令。英国的镇压政策,激起殖民地人民的普遍愤怒,反英运动更加高涨,一场反对英国殖民统治,争取美国独立的战争不可避免地发生了。

二、独立战争

为便于采取联合行动,1774年9月,各殖民地代表在费城召开第一届大陆会议,从此北

⑦ 《列宁全集》第23卷,人民出版社1988年版,第283页。

美人民开始了有组织的抗英斗争。1775 年 4 月 18 日，英军到波士顿附近的康科德搜查民兵武器，并企图逮捕民兵领导人。民兵事先得到这个消息，迅速集合起来，4 月 19 日拂晓，当英军走近来克星顿时，突然遭到民兵的伏击，被打死打伤近 300 人。来克星顿战斗，是北美人民武装力量与英国正规军的第一次交锋，史称“来克星顿枪声”。它揭开了北美独立战争的序幕。

在广大人民群众的要求下，大陆会议宣布与英国处于战争状态。1775 年 5 月，在费城召开了第二届大陆会议，通过了“必须采用武力”的宣言，决定把波士顿附近的民兵整编为“大陆军”，任命乔治·华盛顿为大陆军总司令，准备进行武装自卫。

1776 年 7 月 4 日，在第二届大陆会议上通过了由托马斯·杰弗逊起草的《独立宣言》。宣言宣布：“一切人生而平等，都有生命权、自由权和追求幸福的权利”；为了实现上述权利，人民群众有革命和建立新政府的权利；宣言正式宣告北美 13 个殖民地从此是自由和独立的国家，与英国之间的一切政治关系全部断绝。《独立宣言》公布后的整整一周内，美国人民都沉浸在欢乐之中。在费城，《独立宣言》公布当天，教堂钟声齐鸣，人们拥向街头互相庆贺，士兵们列队鸣枪致贺。《独立宣言》是一个伟大的历史文献，它第一次以国家的名义宣布人民的权利神圣不可侵犯，具有广泛的人民性，是动员和组织北美人民进行反英独立斗争的旗帜，它也是 18 世纪末法国资产阶级革命时期《人权宣言》的蓝本。马克思赞誉它是“第一个人权宣言”。《独立宣言》的发表，标志着美利坚合众国的诞生。7 月 4 日后来被定为美国的国庆日。

《独立宣言》的发表，宣告了美国的成立，但它并不等于美国真正获得了独立。殖民地人民经过长期艰苦卓绝的斗争才取得独立战争的最后胜利。从来克星顿战斗开始，到 1781 年 10 月约克镇战役结束，美国人民同英国殖民者进行了长达 6 年的独立战争。

战争初期双方力量的对比是很悬殊的。当时的英国是世界第一强国，本土人口 1000 万人，拥有强大的陆、海军，装备精良，已派到北美的就有 9 万人。而美国刚成立不久，经济落后，人口只有 220 万人，大陆军刚刚由民兵整编而来，不足 2 万人，装备简陋得甚至几个士兵合用一支枪。因此，战争一开始英国就占据着主动权，而大陆军则明显处于劣势。但是，美国进行的是争取民族解放的正义战争，有着广泛的群众基础，尽管大陆军缺衣少食，忍饥受冻，在极其困难的条件下同英军作战，但士气却十分高涨。他们采取迂回、机动灵活的散兵战，出其不意地袭击敌人，陷敌于被动挨打的境地。

1777 年 10 月，大陆军击溃一支孤军深入的英军，尔后将其围困在纽约州北部城市萨拉托加，逼迫其残部 5000 余人投降，取得了重大胜利。“萨拉托加大捷”改变了整个战局，使战争出现了转折，也使欧洲国家转变了中立、观望的态度，开始支持北美独立战争。1778 年 6 月，美军和法国海军联合发动攻势，迫使英军放弃费城，退却纽约，南方英军退守弗吉尼亚。1781 年 10 月，华盛顿在法国海军支援下，围困约克镇，切断海上退路；英将康华里在走投无路的情况下，率 7000 人向大陆军投降。美国独立战争终于宣告结束。1783 年 9 月 3 日，美英签订《巴黎和约》,英国正式承认美国独立。独立战争的胜利,是北美大陆第一次民族解放运动和资产阶级革命的一个辉煌成果。

北美独立战争是世界近代史上继英国资产阶级革命后的又一伟大历史事件。它不仅是美国人民用暴力推翻英国殖民统治、争取民族独立的民族解放战争,而且也是一次资产阶级革命。它不仅使美国获得了民族独立,建立了独立自主的资产阶级民主共和国,为美国资本主义发展扫清了道路,而且也给殖民地被压迫民族解放运动和欧洲反封建斗争以巨大鼓舞。但是,北美独立战争没有完成资产阶级革命的全部任务。它没有废除黑人奴隶制度,没有用民主方式解决农民土地问题。掌握政权的资产阶级奴隶主阶级继续屠杀印第安人,继续奴役黑人和广大劳动人民。

三、1787 年宪法和三权分立体制的确立

美国历史学家贝克尔曾说,美国革命是一场双重革命,对外是反英独立战争,对内则是争取民主的斗争。为了确定未来国家的政治体制,在独立战争中,大陆会议就通过了《邦联条例》。按照这一条例,只设一个没有任何实权的邦联会议,美国成为邦联制国家。这一政体既不能发挥经济职能,又无法形成强有力的中央权威来维护资产阶级的利益,导致新国家在政治、经济上出现混乱,社会矛盾激化。为了巩固资产阶级专政,镇压人民起义,资产阶级和奴隶主秘密地制定了 1787 年宪法。

1787 年 5 月,除罗德岛州外,其他各州的代表在费城秘密召开会议,制定了《联邦宪法》,即 1787 年宪法。根据 1787 年宪法,美国是一个按照立法、行政、司法“三权分立”原则,由各州联合组成的联邦制国家,代替了过去的邦联制。联邦政府由国会、总统和最高法院组成,是各州的中央政府,但各州在地方行政上仍保持着很大的独立性。国会是最高立法机关,分上下两院,上院叫参议院,下院叫众议院,众议院通过的法案得到参议院的签署后才能生效。联邦的行政权属于总统,总统由间接选举产生,任期四年,为国家元首和行政首脑,兼任武装部队总司令。联邦的司法权属于最高法院。最高法院有解释宪法和一切法律的权力。法官由总统任命,终身任职。但 1787 年宪法对公民的人身、言论、出版、信仰自由等基本人权只字未提。奴隶制不但没有废除,而且宪法规定奴隶贸易为合法行为。1787 年宪法与《独立宣言》相比较,显然是后退了。在社会各阶层人民的斗争和激进的资产阶级民主派的推动下,国会在 1789 年通过了宪法十条“补充条款”,又叫《人权法案》。

1787 年宪法及后来补充的《人权法案》,无疑是一部革命性的、进步的历史文献。这部宪法使美国成为真正的统一国家,确立了资产阶级的民主原则和共和政体,为资产阶级政治统治的巩固、完善奠定了法律基础,对近代各国资产阶级革命以及资产阶级政权建设都发生了重大的历史影响。1789 年 3 月,按照这个宪法所产生的美国第一届国会在纽约开幕,华盛顿当选为美国第一任总统。

第三节　法国资产阶级革命与拿破仑帝国的兴亡

18 世纪末法国资产阶级革命作为资本主义上升时期最彻底、最深刻的一次革命，它的影响大大超出了法国的国界。而在法国大革命中应运而生的拿破仑帝国，曾作为大革命的象征，在反对欧洲封建势力干涉的侵略战争中达到过兴盛的顶点，后来又在压迫本国人民和奴役外国民族的连年战争中走向灭亡，导致了波旁王朝的复辟。

一、18 世纪末法国资产阶级革命

法国作为欧洲最为典型的封建专制国家，是一个农业人口占 90%以上的落后的农业大国。早在 16 世纪，法国封建社会内部已经出现资本主义萌芽。18 世纪以来，资本主义经济获得了较快的发展。在农业上，北部和东部出现了一些资产阶级化的地主，建立起以雇佣劳动为基础的大农场；工业上，城乡有许多手工工场，有欧洲大陆最为发达的手工工业，分布在纺织、冶金、采矿、造纸等部门；商业上，国内市场逐渐发展，对外贸易迅速扩大，从 1776 年到 1789 年，法国的对外贸易总额增加了 4 倍。

但是，法国资本主义经济的发展，却受着封建专制制度的种种束缚。封建行会的限制，专卖制的垄断，关卡林立和捐税的苛刻，都严重阻碍了资本主义工商业的自由发展。特别是在全国 2500 万人口中的 2300 万农民，紧紧被束缚在封建主的土地上，他们承担着繁重的捐税和封建义务，封建主还巧立名目，对农民任意敲诈勒索，大多数农民濒于破产，生活贫困，农业生产力受到摧残，国内市场越来越狭小。摧毁封建制度，已成为法国资本主义发展的一种必然要求。

法国社会还存在着异常森严的封建等级制度。法国波旁王朝君主专制政体，把所有社会成员分为 3 个等级：第一等级是天主教僧侣，第二等级是贵族，第三等级是资产阶级、城市贫民和广大农民。以国王为首的僧侣和贵族是特权等级，他们占全国人口不到 2%，却占有全国土地的 40%左右，把持着国家的重要职位，享有各种特权，是封建专制制度统治的基础。而占人口 98%的第三等级，担负着沉重的纳税义务，供养着特权等级，在政治上没有任何权利。在这个等级中，农民人数最多，受苦最深，迫切要求获得土地，他们最痛恨封建专制制度，最富有革命精神。城市贫民，包括手工工场工人、各种帮工等，被称为“无套裤汉”，他们深受特权等级压迫和歧视，生活异常困苦，同农民一道是革命的主力军。资产阶级在第三等级中人数最少，他们拥有雄厚的经济实力，但在政治上却处于无权地位，因此迫切要求推翻封建专制制度，并且以第三等级的面目出现，充当领导者的角色。

18 世纪 20 至 70 年代，一场声势浩大的思想启蒙运动席卷法国。启蒙运动中，涌现出一

批杰出的启蒙思想家，如伏尔泰、孟德斯鸠、卢梭、狄德罗等，他们的启蒙思想犹如灿烂的群星，照耀在法国天空上，给法国人民带来了光明和希望。他们虽然属于资产阶级不同的阶层，有着不同的利益和要求，但都把矛头指向神圣的神权、王权与特权，公开提出天赋人权、人生而自由平等、主权在民的思想；强调法律至高无上，主张三权分立，以法治国；崇尚知识，倡导科学，反对蒙昧主义。他们对资本主义的新制度充满信心，认为第三等级一定能够战胜特权等级，封建制度最终必然失败。启蒙运动是继欧洲文艺复兴之后人类历史上第二次伟大的思想解放运动，它实质上是资产阶级为了向封建阶级夺取政权，建立资本主义统治而做的舆论和意识形态方面的准备。同时，它对人类文明发展和社会进步也产生了巨大而深远的影响。

18 世纪中叶以来，法国的经济危机、财政危机、政治危机接踵而至，汇合成封建专制制度的全面危机。1789 年春，全国爆发了 300 多次农民起义和城市平民起义。

1789 年 5 月，为了挽救危机，解决财政困难，路易十六被迫在凡尔赛宫召开停止了长达 175 年的三级会议。会上，路易十六准备征收新税和款项来挽救财政危机，而第三等级代表不顾国王和僧侣、贵族们的反对，强烈要求实行政治改革，宣布成立国民议会，制定新宪法，7 月 9 日国民议会进一步改名为制宪议会。资产阶级在三级会议上的行动表明，他们基本上形成了自己的政治纲领，即制定宪法、限制王权、实行君主立宪政体。这些举动大大激怒了路易十六，他加紧调集军队，妄图以武力驱散制宪议会，血洗巴黎。巴黎人民群情激愤，纷纷举行反对政府的集会和示威游行。7 月 12 日，他们和军警发生武装冲突。7 月 13 日，巴黎群众开始武装起义，一举控制了巴黎大部分地区。7 月 14 日，起义群众向封建专制统治的象征——巴士底监狱发起攻击，经过 4 个小时的激战，终于攻下了这座封建堡垒，后来又将它夷为平地。攻打巴士底狱的胜利是法国大革命开始的标志，这一天被定为法国的国庆日。

此后，法国大革命沿着上升的路线发展，先后经历了君主立宪派执政、吉伦特派执政和雅各宾派执政 3 个阶段。

第一个阶段是君主立宪派的统治时期(1789 年 7 月—1792 年 8 月)。1789 年 7 月 14 日革命后，制宪议会里的大资产阶级君主立宪派掌握了政权，其首领是米拉波、拉法耶特等。他们的政治纲领是实现与封建势力妥协的君主立宪制。从 8 月 4 日到 12 日，制宪议会陆续通过了一系列决议(“八月法令”)，宣布废除农奴制、教会什一税，取消领主的司法权和特权等级的免税权等。8 月 26 日，制宪会议通过了《人权和公民权宣言》，简称《人权宣言》。《人权宣言》共十七条。宣布人生来自由，在权利上是平等的；言论、集会、出版、人身等自由和反抗压迫，是“天赋不可剥夺的权利”；国家主权属于人民，“财产是神圣不可侵犯的权利”。《人权宣言》是法国大革命的纲领性文献，它集中表达了 18 世纪启蒙思想家的政治主张，规定了资本主义社会的基本原则，是君主立宪派改造法国封建社会、使法国走向近代资本主义的指导方针。

1791年9月，制宪议会通过了法国第一部宪法——《1791年宪法》，规定法国是君主立宪制国家，国王是行政首脑、军队总司令；立法权集中于立法议会，但国王有权暂停实施立法议会通过的议案；宪法取消了封建的等级制度，但却把法国公民按财产多寡划分为"积极公民"和"消极公民"，剥夺了绝大多数劳动人民的权利。根据宪法，制宪议会解散，新选出的立法议会于10月1日召开。法国1791年宪法，是继美国1787年宪法之后的近代第二部资产阶级成文法，是法国资产阶级按照自己的意图改造社会的根本大法。

法国革命的胜利，引起了欧洲反动势力的恐慌。普鲁士、奥地利两国率先发表联合声明，准备武装干涉法国。法国立法议会先发制人，于1792年4月首先向奥地利宣战。然而，战争开始后，王后将法军的作战计划泄露给奥地利，国王甚至写好了谴责革命的宣言，贵族军官公开叛变，国内反动分子趁机大肆活动。这一切，使法国军队节节失利，普、奥联军侵入法国。面对外敌入侵和国内封建势力的反扑，雅各宾俱乐部的资产阶级民主派领袖罗伯斯庇尔、马拉和丹东等，号召人民为拯救祖国而战。7月11日，立法议会宣布"祖国在危机中"的法令，开始征集各省义勇军。全国人民开始组织起来，坚决要求推翻国王，严惩叛国将领，但君主立宪派却力图保全国王。8月9日夜间，警钟敲响，巴黎人民再一次发动武装起义，攻占王宫，囚禁国王。在武装群众的压力下，立法议会被迫宣布暂时停止国王权力，召开国民公会。这次起义，推翻了法国几百年的封建君主制和3年来的君主立宪制，废除了1791年宪法，法国大革命上升到一个新阶段，开始了第二次高潮。

法国革命的第二个阶段是吉伦特派派的统治时期（1792年8月—1793年5月）。这时的法国出现了两个政权并存的局面：吉伦特派掌握的立法议会和雅各宾派领导的巴黎公社。吉伦特派上台后，并没有一心进行抗战，而是着手铲除异己。9月2日，普、奥联军攻下军事重镇凡尔登，威逼巴黎。吉伦特派竟然想弃城逃跑，雅各宾派则挺身而出，组织抵抗。9月20日，法国人民组成的义勇军在瓦尔密大败普军，使法国转危为安。第二天，由成年男子普选产生的国民公会开幕，宣布废除君主政体。22日宣布成立共和国，史称"法兰西第一共和国"，把"自由、平等、博爱"作为共和国的政治口号。1793年1月21日，在雅各宾派的压力和人民群众的强力推动下，国民公会审判国王，把路易十六送上了断头台。但共和国成立后，代表工商业资产阶级利益的吉伦特派只考虑自身利益，其采取的社会经济措施造成粮食供应紧张，物价飞涨，人民生活日益恶化。在这种情况下，出现了反映贫苦劳动者利益，要求实行商品限价，制裁投机商，实行革命恐怖，平分土地的政治团体——忿激派。他们的要求和主张，与吉伦特派形成了尖锐对立。1793年5月4日，罗伯斯庇尔提出《粮食最高限价法案》，奠定了雅各宾派同人民群众联盟的基础。5月30日，忿激派和雅各宾派决定共同领导武装起义。他们包围了国民公会，用163门大炮对准议会厅，迫使国民公会屈服，吉伦特派被推翻，政权转到了雅各宾派手中。法国大革命发展到它的最高阶段，进入第三次高潮。

法国革命的第三个阶段是雅各宾派的革命民主专政时期（1793年6月—1794年7月）。

雅各宾派上台时，共和国形势十分危急。国内反革命叛乱遍及63个郡，外国干涉军从三面包围法国，共和国危在旦夕。为了摆脱困境，保卫革命果实，雅各宾派依靠群众，采取了一系列强有力的革命措施。先后通过3个土地法，以利于农民的方式解决土地问题，摧毁了封建土地制度；国民公会通过了1793年宪法。宪法宣布法国是共和国，最高立法机构是立法议会。宪法保障公民的财产所有权，并规定每个公民都享有人身、信仰、出版、请愿、结社等自由，有受教育和受社会救济的权利，有劳动权、起义权，凡年满21岁的男性公民都有选举权等。这部宪法是近代最进步、最民主的资产阶级宪法。它对促进革命的发展起了积极的作用。它所宣布的民主原则对各国资产阶级革命运动发生了深刻的影响。但是这部宪法仍然是一部资产阶级宪法，它规定私有财产神圣不可侵犯。由于当时激烈的斗争环境，雅各宾派决定暂不实行这部法律，以革命恐怖对付反革命恐怖。他们逮捕各类反革命分子，并把王后、吉伦特派头面人物和各类反动分子纷纷处死；通过最高限价法令，对主要食品及其他商品规定最高价格，违者被视为重大罪行；颁布总动员令，实行普遍兵役制，壮大了武装力量。通过这些措施，雅各宾专政用革命手段，有力地打击了国内外敌人的猖狂进攻，挽救了年轻的共和国。

随着国内危机的消失，革命阵营内部的矛盾和斗争又激烈起来，出现了严重的分裂。在丹东周围，形成了一个要求放松专政，实行宽大政策，取消限价，并与国外议和的右派集团；以埃贝尔和肖美特为首的左派则主张更坚决地镇压敌人，更严格地实行限价政策，把土地无偿分给贫苦农民；罗伯斯庇尔成了中间派。1794年3—4月间，罗伯斯庇尔镇压了左右两派，先后把丹东、埃贝尔和肖美特送上断头台。1794年7月，右派分子纠集反罗伯斯庇尔势力发动政变，又将罗伯斯庇尔等人送上了断头台，史称“热月政变”。法国大革命的上升路线从此被打断，第三次革命高潮结束。

1789—1794年法国大革命是世界历史上最大的最深刻、最彻底的一次资产阶级革命。它推翻了根深蒂固的封建专制制度，建立了资产阶级共和国，为资本主义的发展扫清了障碍。具体而言，法国资产阶级革命具有以下特点和进步意义。

第一，在这次大革命中，人民群众发挥了决定性的作用，充分显示了人民群众创造历史、推动历史前进的巨大力量。在法国革命中，人民群众在革命的每个关键时刻都挺身而出，力挽狂澜，使革命始终沿着上升路线发展，经历了立宪派、吉伦特派和雅各宾派专政的三个阶段。同时，人民的力量还直接影响到革命的立法，争取到了不少的民主成果，使法国革命无论在深度上还是广度上都居于早期资产阶级革命之冠的地位。如果没有轰轰烈烈的人民革命运动，法国大革命是不可能成功的。

第二，法国革命具有反封建的彻底性。它从基础到上层建筑彻底地摧毁了封建主义，使资本主义制度在欧洲一个大国取得了完全的胜利，“从而从社会基地上清除了那些妨碍建立现代国家大厦这个上层建筑的最后障碍。”[⑧]为法国资本主义发展开辟了广阔的道路。

第三，法国革命是在资产阶级与广大劳动人民建立联盟的基础上进行的，是第一次完全地抛开宗教外衣，在“自由、平等”的口号下向强大的封建阶级进攻的，这一突出的特色是任何资产阶级革命所不能比拟的。

第四，法国革命具有伟大的国际意义。它有力地推动了整个欧洲范围的反封建斗争，拉美不少国家也受到了法国革命的直接影响，先后爆发了民族独立运动。列宁指出，在整个19世纪，“即给予人类以文明和文化的世纪，都是在法国革命的标志下度过的。”[⑨]

二、拿破仑帝国的兴亡

“热月政变”后，开始了大资产阶级的统治。他们极力清除雅各宾派的恐怖政策和革命民主措施，热月党人取消了雅各宾派专政时期的各种措施，废除了限价法令，仅保留了对他们有利的革命成果。1795年11月，组成了以巴拉斯为首的督政府。在督政府统治时期，内忧外患不断出现。国内出现了以空想社会主义革命家巴贝夫为代表的平等派运动。在国外，1798年底，沙俄伙同英国、土耳其和奥地利等国组成第二次反法联盟。法国在国外的军队到处遭到袭击并节节败退。到1799年秋，法国处于外国干涉军大兵压境、国内王党分子与外国干涉军密切配合企图复辟的危险境地。在这种情况下，法国大资产阶级迫切需要建立一个强有力的军事独裁政权，用以镇压人民的反抗，击败外国干涉军，防止王党复辟。这就需要有强大的军事力量和铁腕人物。在这种特定的历史条件下，拿破仑·波拿巴出现了。

拿破仑（1769—1821年），出生于科西嘉岛的一个破落贵族家庭，少年时进军事学校读书，深受资产阶级启蒙思想家卢梭、孟德斯鸠思想的影响。1793年在土伦战役中，拿破仑崭露头角，被破格提升为将军。他曾两次成功地镇压巴黎王党叛乱，还曾率督政府军队攻入意大利，打败奥地利军队。1798年他率法军远征埃及，显示了杰出的军事天才。正当拿破仑远征埃及的时候，保皇党人掀起了新的暴乱，英国纠集俄、奥、土等国结成第二次反法同盟，纠集35万军队从四面八方进逼法国。督政府束手无策。1799年10月16日，拿破仑听到国内政局动荡的消息后星夜从埃及赶回巴黎，大资产阶级把他看作“救星”而予以热烈欢迎。11月9日（共和历雾月十八日），拿破仑策划发动了政变，迅速用武力控制巴黎，取消督政府，成立3人组成的执政府，自任第一执政，独揽大权，从此开始了以拿破仑为首的大资产阶级的军事独裁统治。这次政变，史称“雾月十八日政变”。

1802年，拿破仑宣布第一执政为终身任职，1804年12月，拿破仑加冕称帝，建立拿破仑帝国，即法兰西第一帝国（1804—1814年）。国家形式虽然由共和国变为帝国，但政权为大

---

⑧ 《列宁全集》第29卷，人民出版社1988年版，第344页。

⑨ 《马克思恩格斯全集》第17卷，人民出版社1995年版，第355页。

资产阶级利益效劳的实质并没有改变，仍然是一个资产阶级帝国。

拿破仑在他执政的15年间，对内政策主要是维护和巩固大资产阶级的统治，保证资本主义自由发展，为此，他采取了一系列政治、经济和军事措施。

为了强化中央集权的资产阶级国家机器，拿破仑取消了法国大革命以来实行的地方自治制，各省省长以及城乡基层官吏都由中央委任，完善了中央集权的国家机器；他亲自掌握军权，建立了一支忠于自己的近卫军，设立了直接从属于自己的巴黎警察总署，建立司法部，改组法院，取消陪审制度；他调整和改变法国的宗教政策，承认罗马天主教的国教地位，并把天主教会的活动置于政府的领导之下，使天主教变成拿破仑政权的精神工具；他还取缔了言论、集会、出版的自由，对民主力量进行严厉镇压。1803年，又制订了"工人手册"制度，授权雇主记载所谓工人的表现，作为资本家处罚和解雇工人的依据。

为了推动资本主义经济的发展，拿破仑采取了一系列有利于资本主义的财政经济措施。他进行财政改革，于1800年创办法兰西银行，次年成立"促进民族工业协会"，向工业提供补贴和机器设备，鼓励采用新技术；他还采取保护关税、改革税制等政策，扶持资本主义工商业发展。

拿破仑还制定了法典，以法律来巩固法国资产阶级革命的成果。1804年颁布了《民法典》，又称《拿破仑法典》。《法典》共2281条，详细规定了资本主义的财产制度，保证私有财产不受侵犯。恩格斯称它为"典型的资产阶级社会的法典"。[⑩] 法典还废除了封建佃农制，固定了小农土地所有制。此后，又陆续颁布了《商法》和《刑法》，这些法典巩固和发展了法国资本主义所有制。

拿破仑的政治生涯是同对外战争紧紧联系在一起的。从1799年拿破仑上台到1815年，历经了6次对反法联盟的战争。拿破仑帝国的许多对外战争，兼有民族自卫、争夺霸权和侵略扩张的不同性质。前期进行的战争主要由欧洲封建君主国为扑灭法国革命而引起，因此带有自卫战争的进步性。从1802年到1809年，拿破仑先后击溃奥军、俄奥联军、英荷普等联军、英奥联军，取得了战胜第二、第三、第四和第五次反法同盟的重大胜利。在这些战争过程中，法军所到之处，实行了一些资产阶级性质的改革。在意大利，推翻了封建小邦的反动王朝；1806年，拿破仑废除了老朽的"德意志民族的神圣罗马帝国"；在波兰废除农奴制等。这些改革都打击了欧洲封建制度，客观上有利于这些国家的资本主义发展。

但是，1807年提尔西特和约签订后，法国大资产阶级对外侵略和扩张的欲望日益强烈，资产阶级的掠夺和争霸就成为战争的主要方面。拿破仑为了同英国争霸，1806年在柏林宣布《大陆封锁令》，禁止大陆各国与英国通商。1807年，拿破仑借口防止英国与大陆从事走私贸易，悍然出兵占领葡萄牙和西班牙，这种侵略行为激起了葡、西人民的英勇反抗。1809

⑩ 《马克思恩格斯选集》第4卷，人民出版社1995年版，第249页。

年，拿破仑又粉碎了英国与奥地利组成的第五次反法联盟。到 1810 年，拿破仑几乎控制了除俄国外的整个欧洲大陆，帝国疆域空前扩大，人口增加到 7500 万人，是大革命前的 3 倍，约占欧洲总人口的二分之一，拿破仑帝国达到了鼎盛时期。

拿破仑帝国的强盛是暂时的、不巩固的，它从一开始就潜伏着各种危机。在它统治下的欧洲各国，不断爆发反法民族起义，而国内工人、农民由于赋税沉重，失业增多，也对帝国充满敌意。在这种危机四伏的情况下，拿破仑继续对外征战，试图通过征服俄国寻求出路。

1812 年 6 月，拿破仑为了打败争霸欧洲的对手，亲率 60 万大军渡过涅曼河，远征俄国。9 月 14 日，法军进入莫斯科时这里已是一座空城。俄国人民纷纷拿起武器，给予法国侵略者以沉重打击。10 月，陷于绝境的法军被迫撤离，到 12 月，法军只剩残兵败将 2 万余人。拿破仑几乎只身逃回巴黎。拿破仑侵俄战争的失败，是帝国由盛而衰的转折点。

1813 年，英、俄、普、奥、西、葡、瑞典等国，利用欧洲各国人民反法解放斗争的有利时机，组成第六次反法联盟。10 月 19 日，拿破仑在莱比锡与反法联军进行了一次大规模的战争，结果法军大败，1814 年，联军攻入巴黎，扶植波旁王朝的路易十八复辟。拿破仑第一次退位，被囚禁在地中海上的厄尔巴岛。

1815 年 3 月 1 日，拿破仑利用人民对复辟王朝的仇恨情绪，潜回法国，路易十八仓皇出逃，拿破仑重登皇位。正在维也纳开分赃会议的欧洲各国首脑闻讯大惊失色，紧急拼凑了第七次反法同盟，调集近百万大军向法国猛扑，6 月 18 日在比利时的滑铁卢再次打败法军。拿破仑第二次退位，不久即被流放到大西洋的圣赫勒拿岛。拿破仑帝国至此彻底瓦解，路易十八在外国反动势力扶持下再度复辟。1821 年 5 月 5 日，拿破仑在圣赫勒拿岛逝世。

拿破仑是法国资产阶级政治家和军事家。他在历史舞台上活动了 20 年，几乎统治了整个欧洲，在欧洲资产阶级发展史上，是一个有巨大影响的不可忽视的历史人物。在欧洲新兴资本主义同没落封建主义进行决定性较量的时代，拿破仑适应时代的潮流，打击国内复辟势力，抵抗外国侵略，为巩固由法国大革命建立起来的资本主义制度作出了贡献。但是拿破仑在建立了军事独裁统治之后，对内镇压人民群众，对外进行侵略扩张，战车踏遍了整个欧洲，使欧洲人民蒙受了重大灾难；他还把战火烧到北非、西亚、印度和美洲，使这些地方也遭到了拿破仑铁蹄的蹂躏，生产力受到严重破坏。拿破仑背弃了法国革命宣布的不侵略、不奴役其它国家和民族的原则，终于导致了他的最后失败。

拿破仑建立的帝国既与法国大革命有着密切的联系，保留了有利于大资产阶级的革命成果，用法律把资产阶级的政治社会制度巩固起来，又和法国革命有着区别，从共和国到帝制，从执政到皇帝，拿破仑的所作所为，与法国革命的许多重要原则背道而驰，破坏了法国革命的民主成果。

第四节　1848 年欧洲革命

1848 年到 1849 年，欧洲大陆爆发了一场世界近代史上规模最大、范围最广的资产阶级民主革命，从意大利的巴勒摩到法国的巴黎，从德国的柏林到匈牙利的布达佩斯，都相继卷入革命风暴之中。这是欧洲资本主义制度同封建制度进行的最后一次大规模的较量。其中，以法国和德国的革命影响最大。

一、1848 年法国革命

拿破仑帝国灭亡后，复辟的波旁王朝开始其反动的专制统治。1824 年查理十世即位后，企图进一步恢复封建秩序，引发了 1830 年的“七月革命”，革命后建立了以路易·菲利浦为国王的“七月王朝”，它是金融贵族的政权，代表着银行家、交易所经纪人、铁路大王、大矿主、大地主等大资产阶级的利益。在七月王朝统治下，工业资产阶级被排除在政权之外。从 1847 年起，资产阶级反对派为了加强自己在政府中的地位和权力，发起了“宴会运动”，他们在全国各地以举行“宴会”为名，召开群众性集会，鼓吹政治改革，这个运动得到社会的普遍响应。1848 年 2 月，当资产阶级原定在巴黎举行的宴会遭到政府禁止后，他们害怕了、退缩了，但巴黎的无产阶级和广大人民群众却不甘心退让。22 日，巴黎工人、学生和市民不顾禁令，冒着倾盆大雨，高唱“马赛曲”，高呼“改革万岁”的口号，举行声势浩大的示威游行，并很快转变为武装起义。武装工人修筑街垒，与政府军展开巷战，起义群众冲进王宫，把国王的宝座搬到巴士底广场的烈士纪念碑前烧毁。路易·菲利浦逃往英国，奥尔良王朝被推翻。

二月革命是一次资产阶级民主革命。无产阶级虽然在这次革命中发挥了主力军的作用，但政权却被工业资产阶级所独占。2 月 24 日临时政府成立，由杜邦·德·累尔任主席。临时政府的 11 名成员，7 人属资产阶级共和派，2 人属小资产阶级民主派，其他 2 人是小资产阶级社会主义者路易·勃朗和工人代表阿尔伯。临时政府在表面上是参加革命的各阶级的联合，实际上是资产阶级的代表垄断了一切要职。25 日临时政府迫于工人的强大压力，宣布成立共和国，即“法兰西第二共和国”(1848—1852 年)。

资产阶级窃取了二月革命的胜利果实后，无产阶级决心为成立“社会共和国”和实现“劳动权”而斗争。

临时政府建立后，表面上对工人阶级做出了一些让步，如颁布劳动权法令，成立“劳动委员会”，让路易·勃朗和阿尔伯任正副主席，实际上是把他们排挤出权力机构之外。马克思曾嘲笑“劳动委员会”是“社会主义的礼拜堂”。与此同时，临时政府还加紧聚集力量，招募流氓无产者组成别动队，依靠金融贵族，大量启用七月王朝的达官贵人。他们还以开办和维护

“国家工场”为名，提高由农民和小资产阶级负担的四种直接税，并恶意造谣说是工人要你们加税，还要夺取你们的土地，以此来挑拨工农关系，使工人阶级处于孤立无援的状态。4月23日，资产阶级共和派在制宪议会选举中以绝对优势取得胜利，后又在5月4日召开的制宪议会中选出5人组成的执行委员会，取代临时政府，路易·勃朗和阿尔伯被排除在外。

5月15日，巴黎15万工人举行大规模示威游行，反对政府的反革命措施，结果遭到政府军队的疯狂镇压。6月22日，巴黎工人重新拿起武器，筑起街垒，举行大规模武装起义，并成立了革命司令部，与数倍于己的反动武装展开激烈的巷战和殊死搏斗，经过5天浴血奋战，终因寡不敌众，最后被血腥镇压下去。

六月起义虽然失败了，但无产阶级至少是带着进行过世界历史性的伟大斗争的光荣而失败的。其伟大意义在于：“这是现代社会中两大对立阶级间的第一次伟大战斗。这是为保存或消灭资产阶级制度而进行的战斗。”[11]它是世界历史上第一次真正冲击了资产阶级的统治秩序的伟大斗争。

六月起义失败后，资产阶级共和派的反动统治进一步加强。6月28日，卡芬雅克被任命为共和国行政首脑。为了巩固其统治，11月12日，资产阶级共和派通过了法兰西第二共和国宪法，即1848年宪法，以立法形式肯定了资产阶级共和派的统治。12月10日，根据宪法举行总统选举。选举结果，路易·波拿巴完全出乎资产阶级共和派的意外当选为总统。

路易·波拿巴(1808—1873年)是拿破仑一世的侄儿。他是个政治野心家，企图像他伯父那样在法国建立帝国。他上台后，立即玩弄反革命权术，逐步动摇共和派的统治基础，加强自己的力量。1851年12月1日深夜，路易·波拿巴调集7万军队，占领了整个巴黎，宣布解散议会，逮捕反对派议员。这就是法国历史上的“路易·波拿巴政变”。1852年12月2日，路易·波拿巴正式宣布为法兰西皇帝，称拿破仑三世，法兰西第二帝国(1852—1870年)代替了法兰西第二共和国。路易·波拿巴政权代表了银行家、高利贷者和大地主构成的金融寡头以及和宫廷、政府有密切联系的大工业家们的利益，它是大资产阶级中最反动、最富有侵略性的阶级统治的一种特殊形式。它的建立使资产阶级国家的军事警察官僚机器以前所未有的规模加强起来，不但阻碍着国内的民主改革，而且也使法国成为欧洲的反动堡垒之一。

二、1848年德国革命

革命前的德国是一个四分五裂的国家。它包括大小不等的38个封建邦和4个自由市。在这个松散的邦联中，大大小小的封建君主各霸一方，各自为政。奥地利和普鲁士在邦联中是两个最大的邦。当时，商人从柏林去瑞士要经过10个邦，换10次货币，办10次过境手

⑪ 《马克思恩格斯选集》第1卷，人民出版社1995年版，第415页。

续，上 10 次关税。19 世纪初以来，德意志各邦的资本主义经济有了长足的发展，民族市场逐渐形成，工业产值逐步提高，封建农业正逐步向资本主义农业过渡。资本主义的发展，迫切要求结束割据局面，清除封建势力，建立统一的民族国家。因此，1848 年德意志革命的首要任务，就是完成国家的统一。

巴黎二月革命的消息传到德国西南各邦后，推动了德国革命的爆发。1848 年 2 月底 3 月初，毗邻法国的德意志西南各邦首先爆发人民革命运动。3 月中旬，奥地利和普鲁士也相继爆发了人民武装起义。3 月 13 日，奥地利首府维也纳的工人、大学生、中小资产阶级一致行动，推翻了反动政府，首相梅特涅男扮女装狼狈出逃。梅特涅垮台的消息传到柏林，民心振奋。这一天，柏林爆发了声势浩大的群众集会和示威游行，后来发展为群众与军队的流血冲突，国王被迫下令停战，宣布立即召开国民议会，制定宪法和改组政府。由于工人群众继续坚持斗争，18 日政府军向王宫广场前的群众开枪，100 多名群众被打死，工人立即举行了武装起义。一时间，整个柏林城“都为街垒所覆盖”。普鲁士国王出动了 1 万多名军队和几十门大炮，始终未能攻下工人的堡垒。到 19 日凌晨，政府军狼狈撤出柏林，柏林三月革命取得了胜利。三月革命胜利后，资产阶级夺取了胜利果实。3 月 29 日，威廉四世任命资产阶级自由派康普豪森和汉泽曼组织新政府，资产阶级与反动势力结成联盟，保存了封建王朝的全部国家机器。

柏林三月革命胜利后，资产阶级害怕革命继续深入发展，企图通过召开全德议会实现君主立宪，统一全德。1848 年 5 月 18 日，全德国民议会在法兰克福开幕。议员绝大多数是资产阶级自由派和贵族代表，其中主张以奥地利领导统一的德意志帝国，称“大德意志派”；主张排除奥地利，由普鲁士领导统一的德意志帝国，称“小德意志派”。就在全德议会纠缠于制定宪法的争论之际，奥地利封建王朝首先向革命反攻。1848 年 11 月，普鲁士国王发动反革命政变。而法兰克福议会对此却置若罔闻，仍沉湎于冗长的清谈和讨论，直到 1849 年 3 月 28 日，才通过一部“德意志帝国宪法”。宪法规定，德国将是一个资产阶级君主立宪国家，普鲁士国王为帝国的皇帝；帝国中央统一掌握对内外政策、关税立法、统一币制等权力。同时还承认各邦有对内政策的自主权。尽管这部宪法具有浓厚的保守色彩，但与保持封建割据局面相比较，还是一个进步。它要求德国统一，提出一些民主权利，在一定程度上得到人民群众的支持。但就是这样一部保守的宪法，仍遭到各邦君主的敌视和拒绝，因而激起了人民的极大愤慨。1849 年 5 月，维护帝国宪法的运动在各地兴起，它具有清除封建割据势力，实现国家统一的革命性质。在整个五月起义期间，法兰克福议员们却表现了可耻的怯懦。他们把议会迁到斯图加特，剩下不到百名议员，当反动军队赶到时，又个个望风而逃。法兰克福议会的解散和维护帝国宪法运动的失败，标志着 1848 年德意志革命的结束。这是一次资产阶级民主革命，既没有摧毁封建专制统治，也没有完成德国的统一。

三、1848 年欧洲革命的历史意义及其影响

1848 年欧洲革命虽然失败了，但是它在世界近代历史上有着深远的影响。马克思主义创始人历来认为，“革命是历史的火车头”。对于 1848 年欧洲革命来说，无论胜利了还是失败了，对于人类历史的发展都具有同样重要的意义。它摧毁了欧洲封建专制制度的基础，使资产阶级在经济和政治生活中赢得了新的阵地；它加速了分裂国家的统一，促进了欧洲农奴制的解体，推动了各国工业革命的进程和资本主义的发展；这场革命也极大地教育和锻炼了各国无产阶级，无产阶级在这次革命中的英勇斗争，对以后的工人运动和社会主义运动产生了巨大的影响。

马克思、恩格斯对 1848 年欧洲革命投入了极大的热情。他们不仅始终关注着革命的发展，给革命以有力的支持和指导，还亲身参与革命斗争。恩格斯曾以维利希自愿部队副官的身份，参加了巴登等起义的多次大规模战役。革命失败后，马克思、恩格斯先后写下了《1848 至 1850 年的法兰西阶级斗争》《德国的革命和反革命》《路易·波拿巴的雾月 18 日》等重要著作，对 1848 年欧洲革命的经验教训作了极为深刻的总结，为以后各国的无产阶级革命斗争提供了有力的思想武器。

第五节　19 世纪中后期的资产阶级民族民主运动

随着 19 世纪中后期资本主义的发展，客观上要求进一步冲破欧洲各国的反动秩序，由此促进了世界范围的资产阶级民族民主运动的高涨。这次民族民主运动，是资产阶级革命的最后一个高潮，它把资本主义制度的确立和巩固推向了新的历史阶段。从此，资产阶级基本完成了从夺取政权的阶级向统治阶级的历史性转变，资本主义逐步发展成为世界体系。

一、意大利、德意志的统一运动

1848 年，意大利也和其他欧洲国家一样爆发了波澜壮阔的资产阶级领导的民族独立革命斗争，最后在国内外反动势力的镇压下失败了。1848 年革命失败后，民族解放运动进入低潮，意大利仍处于四分五裂和民族压迫之中。在外国武力支持下，意大利各邦基本上都恢复了专制制度，唯有撒丁王国继续实行 1848 年自由主义宪法，成为各邦中唯一保持独立的君主立宪制国家。

但是，1848 年革命毕竟打击了意大利的封建制度，削弱了外国的统治势力，有利于资本主义经济的发展。19 世纪 50～60 年代，在撒丁王国、伦巴底、托斯坎纳等北部地区，工业革

命已经开始，冶金业和机器制造业开始建立，棉纺工业有了较大的发展，还出现了资本主义农场，有的贵族地主参与经营银行业务，向工业企业等部门投资。

资本主义经济的发展和日益增长的民族自觉性，再一次提出了意大利民族统一的要求。在如何实现民族独立和国家统一的问题上，存在着两个派别，提出了两种不同的主张，代表了两种不同的道路。以撒丁王国首相加富尔为代表的资产阶级贵族自由派希望通过自上而下的王朝战争来实现统一；以马志尼、加里波第为代表的资产阶级民主派，主张以自下而上的人民革命完成统一。双方在反对异族压迫、争取民族独立问题上是一致的，并在反奥战争中采取了联合行动。意大利的统一是在两个派别、两条道路的错综复杂的斗争过程中实现的。

意大利的新的统一运动，是从反对奥地利民族压迫的斗争开始的。1858 年，伦巴底、威尼斯掀起反奥地利的斗争，加富尔抓住时机和拿破仑三世秘密签订反奥军事同盟，以图借助法国力量驱逐奥地利势力。双方约定法国出兵协助撒丁王国把奥地利势力逐出伦巴底和威尼西亚，使两地并入撒丁王国；撒丁王国则把萨伏依和尼斯给法国作报酬。1859 年 4 月，意法两国对奥战争爆发，法国和撒丁王国联军连战连捷，奥军一败涂地。这次战争推动了人民革命运动的高涨，动摇了奥地利在意大利的统治，但也使拿破仑三世感到不安。7 月，拿破仑三世背信弃义，单独同奥皇媾和，极大地激怒了意大利人民。加富尔趁机进行兼并活动，使各起义地区的临时政府纷纷加入撒丁王国，意大利北部和中部逐步完成了统一。

1860 年 4 月，西西里岛农民武装起义，但遭到当地政府军的血腥镇压。身在热亚那的加里波第闻讯后，立即从工人、手工业者、渔民以及大学生中招募志愿人员，组成千人红衫军前往支援。红衫军历尽艰辛，在西西里岛一个小港口登陆，一举攻下了巴勒摩，到 6 月底解放了西西里全岛。尔后挥师北上，解放了那不勒斯。加里波第本来可以依靠人民的力量，在共和国的旗帜下自下而上地统一整个意大利。可是他在解放了西西里以后表现出政治上的软弱和幼稚，对撒丁王国充满着幻想。因此，当加富尔派兵进入西西里时，他拱手交出了统治权，志愿军被解散。1861 年 3 月，意大利王国正式宣布成立，撒丁王国的国王登上了意大利王国的王位。

意大利王国建立后，全国领土基本上统一了。但意大利的统一事业还没有最后完成，威尼斯仍被奥地利占据，罗马教皇还倚仗法国驻军维持统治。法国和奥地利仍是意大利统一的最后障碍。1866 年，意大利利用奥地利在普奥战争中战败的机会，收复了威尼斯。1870 年，意大利又利用法国在普法战争中战败的机会，把军队开进罗马，将教皇辖区并入意大利王国。教皇避居梵蒂冈。不久，意大利将首都从佛罗伦萨迁往罗马，民族统一运动以自由派建立起统一的意大利王国而宣告结束。意大利民族国家的形成是历史的进步，但由于意大利的统一不是经过自下而上的革命道路完成的，使统一后的意大利保存了大量君主制和封建残余，这对以后意大利资本主义的发展有很大的影响。

1848年革命失败后，德意志民族统一问题仍没有得到完全解决。但是，革命的冲击，动摇了整个封建统治的基础，有利于资本主义的发展。1848年革命后，德意志的政治、经济状况发生了一定的变化，资产阶级开始参政，拥有了一定的政治权利。到19世纪50至60年代，德意志以重工业为先导，促进和带动相关工业，使整个工业都出现了跳跃发展的势头；封建农奴经济已经缓慢转化为资本主义经济，农业国开始转变为工业国。60年代，民族统一运动重新高涨。德意志社会各阶级都从自身的利益出发，要求统一。但是，由谁来领导德意志统一？通过什么道路实现统一？统一后建立什么样的国家？不同的阶级提高了不同的主张和要求。普鲁士、奥地利统治阶级竭力想把德意志各邦并入自己的版图，资产阶级则希望加强政治势力，无产阶级和劳动群众迫切要求消灭封建残余，建立统一的民主共和国。当时，德意志社会力量对比是有利于普鲁士容克阶级的，这种情况决定了统一只存在一条可能的道路，就是普鲁士容克阶级通过王朝战争"自上而下"地统一德国的道路。马克思和恩格斯都极其关心德意志的统一，他们号召德意志人民"自下而上"地用革命手段推翻以普鲁士为首的德意志各邦的君主统治，建立统一的德意志民主共和国。这是一条对人民最为有利的道路。但是，由于德意志资产阶级政治上的怯懦，也由于德国无产阶级还不成熟，马克思、恩格斯的革命主张未能实现。

普鲁士为了与奥地利争夺统一德国的领导权，大力扩充军备，积极进行军事改革。1860年至1861年，普鲁士政府两次向议会提出军队改革方案，但议会中的资产阶级自由派害怕军事改革会进一步加强王朝和容克贵族地主的专制统治，两次予以否决，此即"宪法纠纷"。1862年9月，威廉一世为加强力量与议会斗争，紧急任命俾斯麦为宰相。俾斯麦（1815—1898年），出身于普鲁士贵族家庭，是一个资产阶级化的容克大地主。他强烈维护王权和贵族特权，极力想把普鲁士专制制度推广到整个德国，是普鲁士——德国当时最强有力的政治家和外交家。接任首相后，他根本不把资产阶级自由派放在眼里，擅自支付经费，改革并扩大军队，解散了众议院，禁止自由派一切活动，并积极准备发动王朝战争来统一德国。由于他惯以武力推行强力路线，因此被称为"铁血宰相"，其政策也被称为"铁血政策"。他充分利用了普鲁士在德意志各邦中的强国地位和有利的国际形势，先后进行了3次王朝战争，实现了德意志的统一。第一次是对丹麦的战争。1864年，俾斯麦与奥地利结成同盟对丹麦开战，迫使丹麦放弃德国北部的施勒斯维希和霍尔斯坦，两个公国分别并入普、奥版图。第二次是对奥地利的战争。1866年，俾斯麦经过精心策划，发动了对奥地利战争，并在萨多瓦决战中大败奥军。8月23日，俾斯麦为迅速结束战争，没有割占奥地利一分土地，很快同奥地利缔结和约。从此，奥地利退出德意志邦联，放弃干预德意志事务。到1867年，除德意志南部四邦还保持着独立地位外，普鲁士统一了整个北部和中部21个邦，建立起在普鲁士领导下的北德意志联邦，德国实现了初步统一。第三次是对法战争。拿破仑三世不愿看到德国的统一和强大，决心以战争来削弱德国，阻止德国的统一。1870 年 7 月，法国挑起对普战争，这正中俾斯麦下怀。9 月 2 日，装备精良的普军很快在色当决战中大败法军，生俘拿破仑三世，直逼巴黎，从法国割去阿尔萨斯和洛林两地区，南德四邦宣布加入北德意志联邦。1871 年 1 月，德皇威廉一世在凡尔赛宫宣布成立德意志帝国，德国统一最后完成。

德意志实现统一是历史的进步，它结束了政治上长期分裂的局面，扫除了德国历史发展中的障碍，为资本主义的发展开辟了道路。此后德国成为中欧强国，在国际事务中处于举足轻重的地位。但是，德国的统一和意大利一样，也是经由自上而下的王朝战争实现的，所建立的政权是容克地主和资产阶级的联合专政，在政治、经济上保留了大量封建残余，也埋下了军国主义的隐患，使德意志帝国成为欧洲反动势力的堡垒和世界大战的策源地。

二、俄国农奴制改革

俄国是在莫斯科大公国基础上发展起来的。1547 年，莫斯科大公伊凡四世自称“沙皇”（“沙”是罗马皇帝凯撒的俄文音译），表明自己要像罗马帝国皇帝那样行使专制权力，从此莫斯科大公国成为沙皇俄国。伊凡四世统治时期，沙皇俄国还是一个内陆国家。彼得一世继位后，励精图治，大刀阔斧地推行改革，同时进一步对外扩张，争夺世界霸权。经过长达 21 年之久的北方大战，获得了波罗的海出海口。叶卡特琳娜二世即位后，继承和加强推行彼得的侵略欧洲争霸世界的政策。在欧洲推行西进兼并波兰，打开通向西欧的走廊；南下侵略土耳其，夺取了黑海北岸的大片土地，取得了在黑海上自由航行的权利，俄国从此跻身于欧洲大国行列。

直到 19 世纪中期，俄国还是一个农奴制为基础的封建君主专制国家。但从 19 世纪初起，资本主义关系已经在封建社会内部缓慢地发展起来。在工业方面，从 19 世纪 30 年代开始，俄国已走上了工业革命的道路。1851 至 1860 年，俄国机器制造业生产总额增加了 16 倍；从 1825 年到 1860 年，雇佣工人从 34 万多人增加到 89.9 万多人。这时，莫斯科已成为全国最大的工业中心，彼得堡、图拉、乌拉尔和弗拉基米尔等城市或省区，已初步成为工业基地。在农业方面，由于国内工业城市的发展和西欧市场对农产品需求的增大，刺激了农业资本主义的发展，在乌克兰和波罗的海沿岸地区出现了使用农业机器的资本主义农场。工商业和交通运输业也有了很大发展。19 世纪，国内集市达 6500 多个；对外贸易，从 19 世纪初到 50 年代增加了 3 倍。1851 年从彼得堡到莫斯科的铁路正式通车，伏尔加河、第聂伯河等主要河道上已有轮船通航。但是，俄国的资本主义经济发展，受到了农奴制的严重阻碍。由于农奴被束缚在土地上，生产极端落后，工厂得不到充足的原料和自由劳动力。工厂中大量使用农奴工人，农奴外出做工必须向地主缴纳代役租，厂主还必须付给地主一部分利润才能雇用,地主随时可以召回这些工人。这种以农奴劳动为基础的自然经济,使自由雇佣劳动力得不到保障;农民生活贫困,购买力低下,也不能为资本主义工业的发展提供广阔的市场。因此,到19世纪中叶,俄国的生产水平大大落后于其他资本主义国家。废除农奴制,已成为俄国社会经济发展的必然趋势。

1853—1856年,沙俄与土耳其、英、法等国爆发了克里米亚战争,俄国战败并签订了巴黎和约。俄国的惨败,动摇了它在欧洲的霸权地位。克里米亚战争充分暴露了俄国农奴制和沙皇专制制度的极端腐朽,使社会危机进一步加剧,农民暴动连绵不断。各地农民抗租抗税,拒绝服役,烧毁庄园,杀死地主,许多地方政权机构瘫痪,建立在农奴制基础上的俄罗斯帝国的大厦已处在风雨飘摇之中。

面对内外交困的局面,沙皇亚历山大二世不得不承认农奴制再也无法维持下去,必须进行农奴制改革。1861年3月3日,亚历山大二世正式批准了关于废除农奴制度的法令,并发布了关于废除农奴制的特别宣言。废除农奴制的法令由《关于农民脱离农奴依附关系的一般法律》《赎地法律》以及《地方法律》等17个文件组成。法令规定农奴取得人身自由,地主再也不能把他们任意买卖和交换;农奴有占有动产不动产、从事工商业、独立订立契约和诉讼等权利。法令还规定,农奴在获得"解放"时,可以获得一块份地和宅边园;改革后农村保留和利用原有村社组织,建立连环保,设立由地方贵族担任的"调停吏",调停地主与农民的关系。但法律规定,在拨给农民份地时,地主割去农民原种份地中最肥沃的部分,而且农民要为自己得到的一份地支付赎金,其金额超出实际地价。按照规定,农民取得的全部份地约值6.5亿卢布,而农民却要付出近9亿卢布的赎金。这笔巨款的75%至80%先由国库垫支,然后由农民在49年内加利息逐年偿还。

1861年后,沙皇政府还实行了一些其他资产阶级性质的改革。1864年,沙皇政府在各地设立州和县地方自治局,管理修路、设立医院、学校等事务。还进行司法改革,法庭实行公开审讯以及陪审制度,但政治案件除外,1870年建立市杜马。1874年,进行军事改革,以普遍义务兵制代募兵制等。

俄国农奴制改革,是俄国历史上从封建生产方式过渡到资本主义生产方式的转折点。改革为资本主义发展提供了必需的劳动力、市场和资金,这在一定程度上解放了生产力,推动了资本主义的发展。

俄国农奴制改革是由农奴主阶级自上而下进行的,它有着极大的局限性。列宁指出:这次改革"只能具有农奴制形式,带有农奴制性质和采用农奴制方法。"[12]因此,在农民"获得'自由'的时候,已经被剥夺得一干二净。"[13]俄国农奴制改革也是极不彻底的,它没有完成资产阶

⑫ 《列宁全集》第17卷,人民出版社1995年版,第102页。
⑬《列宁全集》第17卷,人民出版社1995年版,第71页。

级革命的任务。地主大土地所有制和沙皇专制制度没有被摧毁，还继续阻碍着俄国社会经济的迅速发展。

三、美国内战

独立战争之后，美国迅速走上了对外扩张领土的道路。到19世纪中叶，通过强行“购买”、战争掠夺以及屠杀印第安人等手段，美国的领土已从大西洋扩展到太平洋，比原来13个州的200多万 km^2 的面积扩大了近10倍。

美国独立后，资本主义虽然有了很大发展，但只限于北部和东部诸州，由于没有废除奴隶制，南部占统治地位的仍是奴隶制经济。因此，美国在殖民地时期和独立后的最初数10年间，就已经包含着深刻的矛盾。19世纪上半期，美国进入工业革命阶段，北部和东部地区的资本主义经济迅速发展，到60年代初，美国工业产品总值已居世界第二位。在工业化的刺激下，南方种植园主开始大规模种植棉花，并对黑奴实行超经济的强迫劳动。这种野蛮落后的剥削制度，与当时美国社会的发展要求格格不入。从30年代起，黑奴争取自由解放的斗争已发展为美国人民广泛同情和支持的废奴运动，各地出现了许多“废奴协会”和废奴运动者成立的全国性组织，支持黑人奴隶的反抗斗争，协助黑奴逃离南方奴隶主的统治，在南部各州也不断爆发要求废除奴隶制的武装起义。

资本主义和种植园奴隶制这两种不同社会制度的平行发展，也加深了美国各方面的矛盾。首先，南方种植园主要求维护奴隶制度和开放奴隶贸易，扩大土地，更多地输出棉花、输入工业品和实行低关税率；北方工业资产阶级要求解放奴隶以补充自由劳动力，扩大国内市场，保证充足的原料，实行保护关税政策。其次，随着西部扩张领土，北方资产阶级力图使新建立的州成为禁止奴隶制的自由州，南方奴隶主则力图使新建立的州成为实行奴隶制的蓄奴州。1819年，美国有22个州，自由州和蓄奴州各占一半。1820年，当密苏里州决定加入联邦时，南方种植园主坚持把它变为蓄奴州，北方资本家不答应，发生了严重的分歧，最后双方签订“密苏里妥协案”，北方做出了让步。再次，争夺参众两院席位的矛盾和斗争也变得突出起来。根据1787年宪法，众议院席位按各州人口数量决定，参议员每州选出2名，由于北部和东部地区随经济发展人口迅速增长，他们在众议院中的代表也就相应增加，从而削弱了种植园奴隶主在众议院中的优势。而种植园主千方百计通过争夺蓄奴州，来增加参议员席位。这些，使南北之间的经济、政治矛盾愈加尖锐，愈加不可调和。1854年，堪萨斯州和内布拉斯加州申请加入联邦。按照规定，这两个州理应为自由州，但是在种植园主的操纵下，国会决定由两地居民投票决定其归属，并组织武装匪徒企图用武力控制投票，强行推行奴隶制度。北方的工人、农民也携带武器进入堪萨斯州，并引发了“堪萨斯内战”，由此揭开了美国南北战争的序幕。

“堪萨斯内战”是南北战争的预演，它导致国内政治力量进一步分化。1854 年，北部诸州主张废除奴隶制的资产阶级分子成立了一个新的共和党，以与当时代表南部奴隶主利益的民主党对抗。1860 年 11 月，共和党候选人林肯当选为美国第 16 届总统。林肯（1809—1865 年）是资产阶级民主派的代表人物，是进步的资产阶级改革家。他主张限制和逐步取消奴隶制，并由此而著名。他的当选意味着联邦政府的统治权落到了北方资产阶级手里，因此，引起了南方奴隶主的惊恐和强烈不满。为了重新夺回国家领导权，12 月，南方 11 个州先后宣布独立，1861 年 2 月，成立南方同盟，另立总统，制造分裂，发动叛乱。4 月 12 日，南方军队首先炮击并占领联邦政府军守卫的萨姆特要塞。林肯政府立即宣布南方各州为叛乱州，下令征召志愿军，号召人民为恢复联邦的统一而战。南北战争正式爆发。

美国内战从开始到结束可分为两个阶段：第一阶段从战争爆发到 1862 年底。南部种植园奴隶主在这一阶段控制着战争的主动权，并且取得了多次胜利。北军屡战屡败，引起了人民群众的日益不满，他们强烈要求解放奴隶，以革命的方式进行战争。林肯也痛切地感到，为了赢得胜利，解放黑奴的行动再也不能拖延下去了。1862 年 2 月，林肯颁布《宅地法》，9 月 24 日，颁布了震动世界的《解放宣言》，从而用民主方式解决了土地问题，废除了黑奴制度。这两项革命措施的实行，使战争发生了根本性的转变，内战变为广大人民消灭奴隶制度的革命战争，激发了南方黑人参加斗争的热情。他们纷纷逃离种植园，或发动起义，或投身北方军队，北方开始从战争劣势转为优势。从 1862 年末到 1863 年，内战进入第二阶段。北方军队转入反攻。1863 年 7 月 1 日至 3 日，北方军在东战场上取得盖特茨堡战役的胜利。在西战场又攻陷了密西比比河下游的维克斯堡，南方军开始溃退，北方军基本摧毁了南方军的进攻力量。1865 年 4 月 3 日，北方军攻占“南部各州同盟”的首都里士满。9 日，南方军司令罗伯特·李率部在弗吉尼亚向北方军格兰特将军投降，至此，美国南北战争以北方的胜利宣告结束。奴隶主所拼凑的“国家”取消了，美国又恢复了统一。

从 1865 年到 1877 年是美国历史上的“重建时期”，这一时期是美国反对复辟、进行战后经济建设和建立政权的时期。

内战刚刚停止，不甘心失败的奴隶主出于对林肯的刻骨仇恨，派遣间谍，对其进行刺杀。1865 年 4 月 14 日，林肯在福特大剧院观看演出时，被南方奴隶主派来的刺客开枪击中，不治身亡。林肯是杰出的资产阶级政治家，是美国最杰出的总统之一，他为维护美国统一，解放黑人，消灭奴隶制，作出了巨大的贡献。

林肯遇刺后，美国国会通过了废除奴隶制的宪法修正案，此后经过长达 10 年的“南部重建”，资本主义制度最终取代了种植园奴隶制度。

南部重建是美国历史发展过程中的一个重要阶段，结果以资产阶级和种植园主妥协告终。经过内战和南方重建，废除了黑人奴隶制，黑人获得了公民权。但黑人没有争得土地，此后黑人多变为佃农或雇工，政治上、社会生活上仍因种族歧视而处于无权的地位。

美国内战具有重大的历史意义，它是美国历史上的第二次资产阶级革命。列宁曾高度评价这场战争具有“极伟大的、世界历史性的、进步的和革命的意义”。内战消灭了黑人奴隶制，维护了联邦的统一，确立了中央集权制，为进一步发展资本主义扫除了障碍，使美国经济在 19 世纪 90 年代迅速赶上和超过英法等先进资本主义国家，跃居世界首位。但是，美国黑人没有完全得到解放，他们中的绝大多数处于被剥削、被压迫、被歧视的地位，至今还是美国社会的一个严重问题。

四、日本明治维新

在欧美最后一次革命高潮尘埃落定，资本主义已形成世界体系的形势下，远离西方的东亚岛国日本也开始行动起来，实行了一系列资本主义性质的改革，使日本避免了重蹈亚洲各国沦为列强殖民地半殖民地覆辙的厄运，成为亚洲第一个、也是唯一一个走上独立发展资本主义道路的国家，从此崛起为东方的“西方国家”。

日本自 1603 年开始进入德川幕府统治时期。到 19 世纪中叶，日本在幕府统治下仍然是一个封建的、落后的国家。天皇是名义上的最高统治者，国家的实际权力掌握在幕府将军及隶属于它的各藩大名手中，将军掌握着从中央到地方的实际权力，将军的政厅——幕府，是全国的最高政权机构。将军、大名、武士以及天皇、皇族公卿，构成了日本封建社会的统治阶级。农民占全国人口的 80%，是封建地主阶级压迫和剥削的主要对象。这就是日本的“幕藩体制”。

18 世纪中叶以后，商业资本渗入农村，农民丧失土地，阶级进一步分化。一些商人和高利贷者采取供给原料和生产工具、付给工资、包收产品等方式，控制着家庭手工业，后来又建立起采用雇佣劳动形式的手工工场。到 19 世纪中期，日本全国雇工 4 人以上的手工工场有三四百家，较大的手工工场雇工达 100 多人。商品经济的发展，促进了日本统一民族市场的逐步形成，称为“三都”的江户、京都、大阪发展成为全国性的城市和商业中心。

资本主义工商业的发展，动摇了封建制度的基础，引起社会阶级关系的深刻变化。在农村，一些商人和高利贷者，通过债权关系，把农民抵押过期的土地收为已有，或者招募农民开垦新田，成为新兴地主，破坏了原有的封建土地所有制。在城市，出现了商业高利贷阶层，其代表有三井、小野、鸿池等家族，他们从政府那里买得商业垄断权，有的还向幕府和大名放债，有些大商人通过各种方法获得武士身份。随着商品经济的发展，一些武士生活日益窘迫，他们当中一些人沦为“浪人”，有些人作了富商养子或收商人为养子，直接同资产阶级结合起来，还有一些人改行当教师、医生、商贩和手工业者。他们受到西方资产阶级思想影响，逐渐成为资产阶级化的武士，成为后来倒幕运动的领导力量。而西南部的萨摩、长州、土佐、肥前四藩中的武士，则随着经济实力的增长迅速扩充了力量，成为日本资产阶级和新地主的主要政治代表。

阶级关系的变化，带来了社会矛盾的进一步尖锐化。农民、城市手工业者和平民不堪忍受封建地主的残酷剥削和商人、高利贷者的巧取豪夺，不断起来反抗，农民举行暴动，市民掀起"米骚动"，整个社会处于动荡不安之中。1853—1854 年，又连续发生两次美国炮舰闯入日本海港的"黑船事件"。幕府被迫签订不平等条约，陆续向美、英、法、俄、荷等国开放国门。这使日本的国家主权受到严重侵犯，经济受到破坏，社会矛盾更加激化。社会危机和民族危机的加深，终于导致了以下级武士为领导的倒幕运动。

在空前严重的危机面前，西南各藩的革新派利用人民的斗争热情，提出了"尊王攘夷"的口号，宣传改良主义思想，积极开展各项推翻幕府统治和驱逐外国侵略者的活动。1867 年，孝明天皇去世，年仅 15 岁的睦仁天皇继位。10 月，在倒幕派岩仓具视、大久保利通、西乡隆盛等策划下，以天皇名义下诏萨摩、长州两藩讨伐幕府。德川幕府最后一个将军德川庆喜迫于形势，采取以退为进的策略，提出还政于天皇，企图保持实权，伺机反扑。1868 年 1 月，天皇正式颁发"王政复古"诏书，宣布废除幕府，成立新的中央政权，由倒幕派掌握政府实权。新政府成立后，立即决定剥夺幕府的全部权力，勒令德川庆喜交出幕府领地和全部财产，并通过战争粉碎了幕府的武装暴动，肃清了幕府势力，统治日本 260 多年的德川幕府宣告结束。7 月，天皇宣布改江户为东京，并作为首都，9 月，天皇改元"明治"，次年迁都东京。

明治政府为了维护和争得民族独立，加速发展经济，自上而下地进行了史称"明治维新"的资产阶级性质的改革。1868 年 3 月，天皇发布了新政的施政纲领《五条誓文》，4 月，颁布了关于国家制度和国家机构的法令《政体书》，这是改革的两个纲领性文件。明治维新以富国强兵、殖产兴业、文明开化为总方向和总政策，力求以西方资本主义国家为蓝本，通过改革，在短时间内把日本变成拥有强大的军备和雄厚经济实力的国家。这些改革措施主要包括：第一，废藩置县，加强以天皇为中心的中央集权，结束国内长期封建割据的局面。第二，限制封建特权，废除封建等级制度，取消武士特权，人人都有职业和迁移的自由。第三，扶植和发展工商业，如撤销关卡，统一全国度量衡，建立银行制度，设立示范企业，发展铁路交通、邮政电信事业等。第四，改革土地制度，确定土地私有，允许土地自由买卖、出租和抵押，实行"地税改革"。第五，改革旧的军事制度，建立起包括现役和预备役的近代化常备军，不断强化军事机构，大力投资发展军事工业。第六，推行教育改革，提出"求知识于世界，大振皇基"，实行普及初等教育和小学、师范、实业教育并举，提高全民的知识水平，聘请外籍教师，向欧美派遣留学生，积极学习和引进西方先进国家的近代科学技术和文化。

日本明治维新就其性质来说是一次不彻底的资产阶级革命，是日本由封建社会过渡到资本主义社会的标志。它破坏了封建等级制和封建领主土地所有制，推翻了幕府的封建统治，建立了地主资产阶级专政的中央集权国家，建立起职业自由、土地买卖自由、受教育机会平等等典型的资本主义制度，为日本资本主义的发展开拓了道路，使日本迅速发展为近代亚洲唯一的资本主义国家。

由于日本历史条件的限制，这一革命是由下级武士领导进行的，建立的是一个以天皇为首的地主资产阶级政权，因而革命带有浓厚的妥协性、不彻底性，保留了大量的封建残余。它没有给资产阶级和人民带来民主，农民没有得到土地。与此同时，日本在走上资本主义道路的时候，远远落在欧美主要资本主义国家后面，促使日本地主资产阶级特别狂热地进行对外征服和掠夺，明治政府刚刚成立就叫嚣要“开拓万里波涛，布国威于四方”，并很快走上“失之欧洲”、“取之亚洲”，屈从西方列强，野蛮侵略掠夺东方近邻的军国主义道路。

思考题

1. 评价英国资产阶级革命。
2. 简述工业革命的历史意义。
3. 如何认识近代资产阶级革命和资本主义制度确立的历史意义？

第七章　国际工人运动和社会主义理论与实践

随着资本主义制度的确立，欧美经济迅速发展，但资本主义的弊端也日益显露。大部分财富被资本家占有，工人的政治权利得不到保障，生活待遇没有得到明显改善。工人经济与资产阶级的矛盾日趋尖锐，工人运动兴起。同时，一些有识之士提出了改造资本主义社会、建设新的社会制度的设想。

19世纪40年代，马克思主义诞生，社会主义理论从空想变为科学。19世纪中叶到20世纪初，是社会主义由理论到实践的时期。在这一时期，建立了国际无产阶级的国际性组织——"国际工人协会"，即第一国际和第二国际，建立了无产阶级政权——巴黎公社，列宁在俄国建立了无产阶级政党，领导了1905年的民主革命。这些实践是对马克思主义理论的实践，其中有成功也有失败，有经验也有教训。通过这些实践，马克思的社会主义理论从实践中得到了发展和完善，它们不仅推动了当时工人运动的发展，而且为以后的无产阶级运动提供了丰富的经验，是国际共产主义运动史上的宝贵财富。

第一节　19世纪三大工人运动

19世纪30—50年代，在法国、德意志和英国爆发了3次著名的工人运动，分别是法国的里昂工人起义、德国的西里西亚织工起义和英国的宪章运动，这三次运动被称为19世纪三大工人运动。三大工人运动的爆发与工业革命有着密切的联系，它们是工业革命所带来的社会巨变的一种表现。

一、工人运动的背景

19世纪上半期，工业革命在英国顺利进行并扩散到欧洲大陆的其他国家。工业革命带给这些国家的不仅是生产技术的飞跃和经济的发展，也带来了一场深刻的社会变革，那就是形成了工业资产阶级和工业无产阶级这两大对立的阶级。工业革命不仅在社会上形成了以出卖劳动力为生的工厂工人，同时，机器化的工厂生产挤垮了传统的手工工场和手工作坊，许多破产的手工工人也被迫加入到无产阶级队伍中来，这给资本家的生产提供了源源不断的廉价劳动力。因而，资本家竭力压低工资，使得工人的生活水平十分低下。与此同时，工人的劳动却相当繁重，每天的工作时间都远远超过 10 小时。对于手工工人来说，机器化的大生产不仅把他们变为了无产者，还使他们受到资产阶级的压迫和剥削。因此，工人阶级特别是手工工人不得不起来反抗。早在 19 世纪初，在工业革命率先开展的英国就出现了捣毁机器的运动，即著名的"卢德运动"。这一运动就是手工工人与资产阶级工厂主对立的典型表现。但是这种早期的工人运动比较分散，没有形成有组织的反抗，这种情况在工业革命开展晚于英国的法国和德意志有所体现。而英国的宪章运动则在过去工人运动的基础上有了发展，变得更加成熟。但从此以后，手工工人的运动便让位于工厂工人的工会运动，工人阶级由此也作为一个阶级登上了政治舞台。

二、法国里昂工人起义

法国的工业革命开始于 18 世纪后期，但直到拿破仑战争结束后才开始迅速发展。从 19 世纪 20 年代起，机器和工厂制度便在法国的纺织业各部门中得到推广。机器化的生产不仅提高了产量，而且提高了生产效率，这就使得从事纺织业生产的手工工人在市场中没有了竞争力，他们只能忍受包买商的压榨和盘剥，甚至破产沦为无产者。面对困境，手工工人意识到要奋起斗争，因此在里昂爆发了著名的丝织工人起义。

里昂是法国的传统丝织业中心。19 世纪 30 年代，这里就已经有 9 万多丝织工人。这些丝织工人绝大多数是手工作坊主及其帮工，他们进行着传统的手工作坊生产，即将包买商所提供的原料加工为成品而获得工资。但是包买商经常压低工资来盘剥工人，这引起了工人的不满。1831 年，工人们提出了提高工资的要求，并为此进行了一系列斗争，最终与包买商代表达成了最低工价标准的协议。然而，七月王朝政府却宣布，政府不承认这个协议，这使得包买商立即撕毁了协议。政府的行为引起了工人的抗议，11 月 21 日爆发了罢工运动。但就在数千名工人赴集会会场的途中，政府派出军队袭击集会工人，愤怒的工人进行还击，由此开始了武装起义。三天之后，起义的工人击败了政府军，占领了里昂市。政府不得不调集 3 万军队镇压起义。这次起义虽然失败了，但工人与包买商的斗争并未结束。1834 年，政府逮捕了领导罢工的工人领袖并进行开庭审理。为此，工人们组织了示威集会。军队向示威者开火，又一次引发了起义，但在五天后，第二次起义又被镇压了。

三、德国西里西亚织工起义

德意志由于政治上的分裂状态，以及连绵不断的战争所导致的经济落后，使其工业革命晚于英、法两国，因而德意志的工人运动也明显落后于英、法。德意志在 19 世纪 30 年代才真正开始工业革命，而它的工人运动直到 19 世纪 30 年代末才开始兴起。它的第一次工人群众性运动——西里西亚织工起义则发生在 1844 年。

西里西亚是德意志的麻纺织业最发达的地区。这里的麻纺织业工人受到封建主义和资本主义的双重压迫。这些纺织工人不仅要受包买商的盘剥和压榨，还要向封建地主缴纳“纺织税”。这些织工主要是农村家庭手工业者，连续3年的农业歉收，使“6000名工人因缺乏食品而被活活饿死”。备受压迫的织工于1844年6月发动了起义，政府派出军队进行镇压，第二天起义便失败了。

四、英国宪章运动

与法国和德意志的工人运动相比，英国宪章运动的最大特点是它不再分散地局限于某一地区，而是世界上第一次工人阶级独立的全国性的政治运动。从1837年制定《人民宪章》到1858年结束，宪章运动共持续了20多年。宪章运动汇集了当时英国工人阶级的各种要求，在全国性的统一组织下不断地通过政治活动来达到工人阶级的斗争目的，因此也比以往的工人运动更加成熟。

引起宪章运动爆发的是英国1832年议会改革。在1832年议会改革中，工业资产阶级成为最大的赢家。与工业资产阶级联合并在改革中发挥了巨大作用的工人阶级却被排斥在改革成果之外，1832年议会改革法案并没有给予工人选举权。经过这次改革，工人阶级意识到只有进行纯粹的工人阶级的斗争，才能为自己争得政治权利。

同时，宪章运动还汇集了另外两个争取工人权利的运动，一个是英国中北部工人争取10小时工作日运动，另一个是反济贫法运动。1831年，工人们自发组成要求缩短工时的组织，要求议会制定法律限制工作时间。然而，议会中的辉格党却成为运动最大的阻力，这引起了曾支持辉格党进行1832年议会改革的工人阶级的不满，因而这部分工人加入到宪章运动中，一起要求议会改革。1834年，辉格党政府通过了《济贫法修正案》，由此引发了北方工人的反济贫法运动。这一修正案规定，一切救济工作必须在济贫院中进行，而济贫院中的生活标准必须低于社会上最低的生活水平。本来就饱受失业威胁的工人当然对这些规定充满敌意，反济贫法运动很快也加入到宪章运动中。由此，宪章运动在工人阶级中有了比较广泛的群众基础，因而成为声势浩大的全国性的工人政治运动。

持续了20多年的宪章运动可分为3个阶段。1836年至1839年是宪章运动的第一阶段。1836年，木匠洛维特领导一批手工业者和工人成立了“伦敦工人协会”。1837年，该协会提出了一个有6条要求的请愿书。同年，这一请愿书被写成议会法案的形式，并根据这一法案起草了一份法律文件，称为《人民宪章》。1839年，在伦敦召开了宪章派第一次全国代表大会。在这次会议期间，各地进行了签名请愿活动，要求议会接受《人民宪章》。但是，议会在同年7月拒绝了请愿书。不久，政府对宪章派进行镇压，逮捕了其领袖洛维特，另外12名代表随后也被捕。至此，宪章运动的第一阶段结束。

第二阶段是从1840年到1842年。在这一时期，宪章派领导人为了重新积聚力量，决定加强运动的组织性。1840 年，各地的宪章派领袖聚集到曼彻斯特，成立了全国宪章派协会。不久，被捕的全国性宪章派领袖被释放，宪章运动又开始复苏。1842 年，宪章派提出了第二次请愿书。除了提出政治要求外，这次的请愿书还提出了经济要求。但这次请愿书再次遭到议会的否决。议会的否决引发了全国各地的工人大罢工，政府派出军队镇压罢工，第二次请愿也以失败告终。

在 1848 年革命的推动下，宪章运动进入第三阶段。宪章派提出的第三次请愿书又被否决了。同时，政府也对宪章运动进行镇压。此后，宪章运动由于内部领导人的分歧以及经费的缺乏逐渐走向衰落。1858 年，协会解散，宪章运动至此结束。

19 世纪的三大工人运动都以失败告终，从此以后以手工工人为主体的工人运动逐渐让位于以产业工人为主体的工会运动。工人运动进入了一个新的阶段，工人阶级也开始登上了政治舞台。尽管如此，我们还是应该看到，正是这些早期的工人运动为以后工人阶级争取政治权利的斗争开辟了道路，其作用是不容忽视的。

第二节　科学社会主义理论的诞生

自社会主义理论产生的那一刻起，对资本主义的批判就始终伴随着它的发展。对资本主义最早的批判来自空想社会主义。虽然，空想社会主义是在资本主义发展还不成熟的时期产生的，因此它本身也是不成熟的，但是，它的思想反映了早期无产阶级的政治要求和社会理想，为科学社会主义的诞生做了理论上和思想上的准备。

19 世纪上半叶，资本主义发展到成熟阶段，其固有的矛盾也日益显露出来，而这一时期的物质生产和科学文化的发展为更成熟的社会主义理论的诞生创造了历史条件。在这样的背景下，马克思和恩格斯通过大量的研究和实践，为马克思主义理论的创立奠定了科学、坚实的理论基础，使社会主义由空想发展为科学，科学社会主义理论也由此诞生。

一、空想社会主义的产生和发展

空想社会主义是随着资本主义生产方式的出现而产生的。在西欧，从 16 世纪到 19 世纪的 300 年里，资本主义生产方式有了迅猛的发展，空想社会主义也在这 300 年里逐渐形成一个思想体系。在马克思主义产生之前，空想社会主义学说反映了早期无产阶级的政治要求和社会理想，为科学社会主义的诞生做了理论上和思想上的准备。

16～17 世纪是资本主义初步发展的时期。资本的原始积累基本完成，导致社会结构开始发生变化。农民和手工业者被剥夺了生产资料，沦为雇佣劳动者，成为无产者，受到早期资本家的剥削和压迫。广大劳动者憎恨不合理的资本主义制度，向往建立一个和谐的美好社会。1516 年，英国律师托马斯·莫尔写的《乌托邦》一书问世。在这本书里，他痛斥资本主义“羊吃人”的罪恶，指出私有制是万恶之源。

17～18 世纪，由于资本主义生产关系的广泛发展，劳动者的状况更加恶化，促使他们对向往中的理想社会的认识更加深刻。1623 年，意大利人康帕内拉发表《太阳城》，认为利己主义产生的根源就是私有制，要改变利己主义、个人主义泛滥的社会现实，就要消灭私有制。于是，在《太阳城》中，他设想了一个实行公有制的理想之国——太阳城。和乌托邦一样，太阳城建立在财产公有制的基础上，“他们(指太阳城的居民)都能从公社里得到所需要的东西；负责人员严密地监视着不让任何人获取超过他所应得的东西，但也不会不给他所必需的东西”。这一时期空想社会主义思想的杰出代表还有法国的梅叶、摩莱里、马布利、巴贝夫等。

到 19 世纪，资本主义固有的种种矛盾更加充分地暴露出来，工人与资本家的对立更加尖锐，空想社会主义思想有了新的发展，并且把批判的矛头直接指向资本主义制度本身。其代表人物是法国的圣西门、傅立叶和英国的欧文。

圣西门深受法国启蒙思想的影响，亲身参加了法国大革命。他认为，资本主义制度实际上是“新封建社会”，这是一个充满罪恶和灾难的“黑白颠倒的世界”，主张通过实业制度建立一个没有差别的新社会。但他希望用和平宣传的方式，甚至把改革社会的方案送给拿破仑、亚历山大一世等君主，幻想通过“开明君主”来实现改造社会的理想。

傅立叶深刻地分析了资本主义社会中存在的种种弊端并对之加以批判。首先，傅立叶批判了资本主义社会里巨大的贫富差距。他认为，造成贫富悬殊的原因就在于资本主义生产方式中与生俱来的剥削性。其次，傅立叶认识到正是资本主义制度下生产的分散性导致了竞争，而竞争又导致人们追求个人利益，从而造成了个人利益与集体利益的对立，这就是资本主义社会的本质，资本主义就是“反对大众的个人所有制的暴政”。最后，傅立叶揭露和批判了资本主义商业。除此之外，傅立叶还主张妇女解放，这在空想社会主义者中是不多见的。傅立叶所设想的理想社会称为“和谐社会”，并设计了它的基层组织“法郎吉”，即以公有制为基础的生产和消费的合作组织。为了将这一理想变为现实，他呼吁富人们都来出钱，还在法国和美国建立了协作移民区进行试验，但没有成功。

欧文在揭露私有制的罪恶时，主张用共产主义的原则来改造它。他曾任有 2000 名工人的大棉纺厂的经理，在这家工厂进行了社会改革的最初尝试，使工人们的工作和生活条件有了明显改善，欧文也成了著名的慈善家。1824 年至 1828 年，欧文前往美国印第安纳州建立“新协和公社”移民区，进行共产主义的试验，结果因为难以为继而破产。

19 世纪初的空想社会主义是不成熟的，这是由不成熟的资本主义生产状况和不成熟的阶级状况所决定的。他们不能揭示社会历史发展的客观规律，找不到实现社会变革的阶级力量和正确途径，甚至把建立新社会的希望寄托在统治阶级身上，因此他们的种种设想和主张是不可能实现的，只能是空想的。但是，他们对资本主义社会的无情揭露和批判，对未来理想社会的天才描绘，却包含着许多有价值的预测，给无产阶级以深刻的启迪。正如恩格斯所说："德国理论上的社会主义永远不会忘记，它是依靠圣西门、傅立叶和欧文这三位思想家而确立起来的。"

二、马克思主义的诞生

19 世纪中叶，西欧主要国家的资本主义都正在经历一个飞速发展的时期。随着工业化的推进，资本主义制度的固有矛盾日益显露了出来。自 1825 年爆发了第一次经济危机以来，生产过剩所产生的周期性危机就不断发生，致使大批工人失业。同时，社会贫富悬殊也越来越大。而随着大工业在经济中占据了统治地位，产业工人的数量急剧增加，工人阶级队伍也日趋壮大。面对在现代化所带来的社会变动中处于不利地位的局面，工人阶级也开始为自己的利益进行反抗斗争，开展了各种形式的工人运动，作为一支独立的阶级力量登上了政治舞台。

工人阶级的斗争运动需要正确理论的指导，而之前的空想社会主义学说虽然认识到并批判了资本主义的各种罪恶和弊端，构想了理想的共产主义社会以代替资本主义社会，但是这些学说只是停留在空想阶段，既没有坚实的科学理论作为基础，又没有与工人运动相结合，因此，这些设想都以失败告终。而早期的工人运动，如三大工人运动也由于没有正确、科学的理论作为指导，没有与科学的社会主义思想相结合，因而都归于失败。所以，这一时期工人阶级需要有一个科学、正确的理论来指导他们的斗争运动。

而此时，随着资本主义物质生产的飞速发展，社会科学和自然科学也有了巨大的进步，这也为马克思的科学社会主义理论的诞生准备了条件，这其中最重要的就是 19 世纪三大空想杜会主义思想家圣西门、傅立叶和欧文的空想社会主义学说、德国古典哲学和英国古典政治经济学，以及 19 世纪自然科学的三大发现。

德国古典哲学，主要是指黑格尔唯心主义辩证法和费尔巴哈机械的、形而上学的唯物论。马克思、恩格斯批判地吸取其"合理的内核"，创立了辩证唯物主义，又将辩证唯物主义应用于研究人类社会发展的历史，创立了历史唯物主义。

英国古典政治经济学，主要是指亚当·斯密和大卫·李嘉图的劳动价值论。马克思、恩格斯批判地吸收其合理的部分，在提出和阐明科学的劳动价值理论的基础上，创立了剩余价值学说，第一次科学地揭示了资本主义剥削的秘密，使之成为马克思主义经济理论的基石。

对空想社会主义，马克思、恩格斯批判地继承了他们对未来理想社会的设想，强调阶级斗争是社会发展的动力，提出了无产阶级革命和无产阶级专政的学说，揭示了资本主义将被社会主义所代替的必然规律，从而使社会主义从空想变成了科学。

马克思、恩格斯还充分利用和高度总结了自然科学各部门的最新材料和最新成就。19

世纪自然科学的“有机体细胞结构”学说、“能量守恒及转化”学说和达尔文的“物种起源和发展”学说，从自然科学领域科学地证明了物质世界的客观存在和它的发展变化，从而推翻了一切唯心的形而上学的旧宇宙观。这为马克思主义的创立，奠定了最新的自然科学基础。

马克思(1818—1883年)生于普鲁士莱茵省特利尔城的一个犹太人家庭，父亲是一位律师。1835年马克思进入波恩大学攻读法律，一年后又转入柏林大学法律系。在大学期间，马克思就是一名青年黑格尔派。1841年马克思大学毕业获哲学博士学位，开始了写作和创办报刊的工作。1842年10月任《莱茵报》主编。第二年，由于该报激进的民主主义色彩被当局查封，马克思也受到普鲁士政府的迫害，迁居巴黎。办报的经历使马克思对社会问题有了更多的接触，也因此开始对黑格尔的唯心主义和青年黑格尔派的革命民主主义产生怀疑。同时，他受到费尔巴哈的唯物主义哲学的启示，利用费尔巴哈的唯物主义进行研究，开始了其思想向唯物主义和共产主义的转变，写出了《黑格尔法哲学批判》。到巴黎后，马克思于1844年创办了《德法年鉴》杂志，并在这本杂志上发表了《论犹太人问题》和《＜黑格尔法哲学批判＞导言》，在唯物主义和共产主义的道路上迈出了一大步。这一时期，马克思大量研究了空想社会主义著作和英国古典政治经济学。同时，他还积极参加工人秘密组织的集会，结识了一些工人活动家和空想社会主义者。

马克思的科学社会主义理论的另一位创始人恩格斯(1820—1895年)生于莱茵省巴门市一个纺织工厂主家庭。迫于父命，恩格斯在中学的最后一年被迫辍学经商。尽管如此，他仍然坚持自学。在柏林服兵役的两年里，恩格斯经常到柏林大学旁听哲学课，并且也成了一名青年黑格尔派。1842年，恩格斯来到英国的纺织中心曼彻斯特。在这里，恩格斯深入了解了工人们的生活和工作状况，目睹了宪章运动的浩大声势和工人运动的发展。这些经历都大大推动了恩格斯的思想转向唯物主义和共产主义。从1843年到1844年，恩格斯继续深入到工人当中，进行了诸多方面的调查研究，写出了《英国工人阶级状况》，这标志着他的思想也在由革命民主主义向社会主义转变。同时，恩格斯也仔细研究了空想社会主义学说和英国古典政治经济学，并且在《德法年鉴》上发表了《政治经济学批判大纲》。

1844年恩格斯从曼彻斯特返回德国时，来到巴黎与马克思会面，从此两人结下了终生的友谊。巴黎会面后，马克思和恩格斯合作完成了《神圣家族》一书，阐述了辩证唯物主义和历史唯物主义的观点。此后，又合写了第二部著作《德意志意识形态》，第一次阐述了生产力和生产关系、经济基础和上层建筑之间的关系，初步完成了“唯物史观”这一伟大发现。马克思又在《雇佣劳动与资本》中，阐述了剩余价值问题，奠定了剩余价值理论的基础。

为了加强同各国社会主义者和工人团体之间的联系，1846年初，马克思和恩格斯在布鲁塞尔成立了“共产主义通讯委员会”，宣传科学社会主义，清除各种错误理论在工人运动中的影响。接着，着手进行了对社会主义组织——正义者同盟的团结和改造。1847年6月，正义者同盟在伦敦召开第一次代表大会，决定将正义者同盟改组为“共产主义者同盟”，用马克思、恩格斯提出的“全世界无产者联合起来”的战斗口号代替过去“四海之内皆兄弟”的口号。大会委托恩格斯草拟的《共产主义者同盟章程》指出：同盟的目的是推翻资产阶级政权，建立无产阶级统治，消灭旧的以阶级对立为基础的资产阶级社会和建立没有阶级、没有私有制的新社会。共产主义者同盟是无产阶级国际团结的最初组织形式，是第一国际的先驱。

1847 年 11 月至 12 月，共产主义者同盟在伦敦召开了第二次代表大会。这次代表大会对同盟的章程进行了讨论修改，经过激烈的辩论，马克思和恩格斯在会上提出的一些原则被接受，大会委托他们两人草拟同盟的纲领。马克思和恩格斯立即着手起草新纲领，最后由马克思执笔于 1848 年 1 月完成，2 月在伦敦出版，这就是《共产党宣言》。《共产党宣言》是第一个科学社会主义的纲领性文件，它系统地阐述了马克思主义的基本原理，是马克思和恩格斯创立的科学社会主义学说中“一部成熟的著作”。《共产党宣言》的发表标志着科学社会主义的诞生。

在《共产党宣言》中，贯穿其中的根本思想是：每个历史时期的经济的生产以及由其产生的社会结构，形成了这个时期的政治的和思想的历史基础。自原始土地公有制瓦解以来的全部历史是阶级斗争的历史。马克思阐明了资本主义社会终将被共产主义社会所代替，而实现资本主义的灭亡和建立共产主义社会是无产阶级的伟大使命。为了实现这一伟大使命，无产阶级必须建立起一个以先进理论武装的无产阶级政党，来领导推翻资本主义建立共产主义的无产阶级革命，而无产阶级政党的建立就是完成其历史使命的先决条件。《共产党宣言》共分为四部分。第一部分“资产者和无产者”，指出从来一切社会的历史（指一切成文的历史）都是阶级斗争的历史。马克思通过分析得出资本主义社会最根本的矛盾是资本主义社会生产力和生产关系的矛盾，这一矛盾必然要导致资本主义制度的崩溃。而资本主义社会创造的无产阶级就是资产阶级的掘墓人，因为无产阶级“反对资产阶级的斗争是和他的生存同时开始的”，“无产阶级用暴力推翻资产阶级，建立自己的统治”，因此资产阶级的灭亡和无产阶级的胜利是不可避免的。第二部分“无产者与共产党人”，通过科学分析无产阶级政党的性质、特点和宗旨等，说明了无产阶级政党的领导是无产阶级取得革命胜利的重要保证。《共产党宣言》明确指出，共产党人的最近目的就是“无产阶级组成阶级，推翻资产阶级的统治，由无产阶级夺取政权”。此外，还提出了未来的共产主义社会改造资本主义生产关系可普遍实行的措施。第三部分“社会主义和共产主义的著作”，批判了当时各种非科学的社会主义思潮，如封建的社会主义、小资产阶级的社会主义、德国的或“真正的社会主义”、保守的或资产者的社会主义、批判的空想的社会主义与共产主义，提高了工人们对科学社会主义的认识，促进了马克思主义理论在工人运动中的传播，扩大了理论的影响。第四部分“共产党人对各种反对党的态度”，论述了无产阶级政党领导无产阶级进行革命斗争的基本策略。《共产党宣言》揭示了资本主义社会必然灭亡，共产主义社会必将胜利的原理，指出了无产阶级的伟大历史使命，阐明了无产阶级革命的原理和无产阶级政党的原理。《共产党宣言》作为一个科学的纲领被共产主义者同盟所接受,标志着共产主义者同盟已经发展成为共产主义的组织,也是第一个无产阶级的政党组织。

马克思和恩格斯通过对德国古典哲学、英国政治经济学和空想社会主义学说的大量研究,并结合实践在19世纪40年代建立了唯物主义历史观,初步形成了剩余价值学说,这“两大发现”使得马克思的社会主义学说有了科学、坚实的理论基础,从而使社会主义学说由空想发展为科学,而《共产党宣言》的发表则标志着科学社会主义理论的真正诞生。

第三节 第一国际

第一国际诞生于19世纪中叶,全称为“国际工人协会”,简称“国际”,在第二国际创建后才称“第一国际”。第一国际是一个国际性的无产阶级组织,它将分散的欧美各国工人组织联合起来,组织和领导工人运动,促进了马克思主义在国际工人运动中的传播。

一、第一国际的建立

19世纪中期,正是自由资本主义向帝国主义转化的前夜。生产力的快速发展,把资本主义带入了空前繁荣的“黄金时代”。在这一时期,欧洲产业工人大幅度增加,失去土地的农民成为无产阶级庞大的产业后备军,工人阶级开始建立自己的独立组织,并走上独立的政治斗争道路。1860年英国出现了全国性的“伦敦工人联合会”,1863年德国成立了“全德工人联合会”,法、美、意、比、西等国的工人运动也有了新的发展。1857年经济危机爆发后,许多资本家从国外雇用廉价的劳动力来破坏本国工人的罢工。这使得工人阶级认识到,他们不仅要加强内部团结,而且要加强国际间的联合,互相支援,共同斗争,才能有效地维护自己的利益。

在这样的背景下,当1863年初波兰发生反对俄国统治的民族起义时,英国和法国的工人在伦敦联合举行群众大会,抗议俄国政府对波兰起义的镇压,支持波兰独立。同年,英国工联向法国工人发出呼吁,以加强国际工人间的团结,并提议建立一个国际工人组织。同时,英国工联还邀请法国工人组织到伦敦参加一个国际性会议,以声援波兰的民族起义。

1864年9月28日,这个声援波兰民族起义的国际大会在伦敦的圣·马丁教堂召开。参加这次会议的有来自英国、法国、德国、意大利、波兰等国的共约2 000名工人代表。马克思也应邀参加了这次大会。这次大会通过决议,成立国际工人协会,也就是第一国际,并选出了临时中央委员会(1866年后改称总委员会)。随后又选出了负责起草协会章程的专门委员会,马克思当选为委员。11月,临时中央委员会批准了由马克思起草的《国际工人协会成立宣言》和《国际工人协会临时章程》,明确指出,第一国际的目的和任务是要把工人团结起来，为工人阶级的解放而斗争。

二、第一国际的主要活动

第一国际成立后，开始在各国建立支部，发展组织。英国工联是第一国际的发起者，也是第一国际的重要群众基础和支柱。1864 年，第一国际成立了瑞士日内瓦支部、汝拉山区支部和巴黎支部。1865—1866 年，在法国的里昂、鲁昂、马赛和波尔多等地陆续建立了支部。在爱尔兰、比利时、荷兰、意大利、美国等国都相继建立了第一国际支部。

第一国际在内部也展开了反对机会主义的斗争。前期主要是反对蒲鲁东主义，这是一个在国际工人运动中影响很大的改良主义和无政府主义流派。蒲鲁东主张通过阶级调和共建所谓的“自由社会”，反对任何国家组织形式，包括无产阶级专政，反对一切权威和纪律，追求“绝对自由”。针对蒲鲁东主义的错误思潮，马克思主义者展开了毫不妥协的斗争。如在国际的第一、第二次代表大会上，蒲鲁东主义者提出的反对政治斗争、用和平的合作制度代替资本主义制度的错误主张就遭到大会的坚决抵制。

第一国际的后期活动主要是反对巴枯宁主义。这一思潮认为任何权威、国家都是扼杀自由、反对人性的，只要消灭了国家这一祸根，资本就会自行消亡。巴枯宁还提出，继承权是社会不平等的根源，主张通过废除继承权来实现土地及其他财产的公有。1869 年 9 月，在国际的巴塞尔大会上，为了批判巴枯宁的谬论，大会代表宣读了马克思起草的《中央委员会关于继承权的报告》，指出巴枯宁派把废除继承权作为社会革命的起点，不采用革命手段来消灭资本主义制度，是把工人运动引入争取改良的歧途。以后，马克思、恩格斯和第一国际又同巴枯宁的分裂活动进行了坚决的斗争。1872 年 9 月，第一国际在海牙大会上对巴枯宁主义进行了总清算，并通过决议，将巴枯宁及其追随者开除出国际。1876 年 7 月 15 日，根据马克思的建议，第一国际在美国宣告解散。

第一国际的解散是当时特定的历史条件决定的，说明了第一国际在巴黎公社失败后的反动形势下已不适应新的工人运动的组织形式和斗争方式，但是它在国际工人运动史上的作用和意义是不容抹杀的。一方面，第一国际的活动推动了国际工人运动的发展，促进了马克思主义在国际工人运动中的传播。另一方面，第一国际为各国建立独立的工人阶级政党奠定了基础，为这些国家培养了后来工人阶级政党的骨干力量。因此，正如列宁所说的，第一国际是不会被人遗忘的。

第四节　巴黎公社革命

巴黎公社的建立是社会主义的一次伟大实践，它是对科学社会主义理论的一次检验和发展。虽然公社最后失败了，但是它的经验使马克思和恩格斯将无产阶级革命和无产阶级专政的学说提升到了新的高度，同时也为我们现在建设中国特色社会主义的实践提供了有益的借鉴。

一、巴黎人民反对国防政府的斗争

第一国际在法国巴黎早就建有支部，并积极开展工人运动。1870 年 1 月，巴黎工人和市民 20 万人举行反对第二帝国的示威游行。4 月，巴黎铸工发动了持续将近 4 个月的罢工，得到了国内人民的支持和国际工人的声援。拿破仑三世为挽救其摇摇欲坠的反动统治，阻止德意志统一，决意从战争中寻求出路。7 月，法国向普鲁士宣战，普法战争爆发，战争使第二帝国的腐朽暴露无遗，士兵找不到军官，大炮没有炮弹，马匹没有马具，军粮供应不足，指挥混乱，士气低落。8 月 2 日法军闯入德国边境，遭到痛击。随后德军攻入法国国境，法军全线退守色当要塞。9 月 1 日德军向色当发起全面进攻，法军惨败。当天下午，法军竖起白旗，递交了投降书。第二天，法国皇帝、元帅和 37 名将军、8.2 万名官兵通通成为德军的俘虏，曾经在欧洲历史舞台上显赫一时的波拿巴皇帝成了德国的囚徒。消息传来，9 月 4 日巴黎爆发革命，工人和群众纷纷走上街头，冲进王宫，包围立法团和市政厅，宣布废除帝制，成立法兰西第三共和国，由资产阶级建立了国防政府。

国防政府建立后，并未有效地组织抵抗普军的侵略，致使普军在法国长驱直入，占领了大片的土地，直到 9 月 19 日，巴黎被包围，国防政府才开始同普鲁士进行靖和谈判，并在暗中进行投降卖国活动。在国防政府御敌不力的情况下，巴黎的劳动群众成立了巴黎第二十区中央委员会，并组织建立了由劳动群众组成的国民自卫军，1870 年 10 月和 1871 年 1 月，出于对国防政府对外投降卖国、对内镇压的政策的不满，巴黎群众和部分国民自卫军发动了两次起义，但都被国防政府镇压下去。在镇压了国内群众的起义后，新选出的梯也尔政府与德国签订了和约，将阿尔萨斯和洛林割让给德国，并赔款 50 亿法郎。

二、巴黎公社的建立

在与德国签订和约后，梯也尔政府又着手解除巴黎国民自卫军的武装。1871 年 3 月 18 日，政府军队奉命到巴黎市内的蒙马特尔高地去夺取国民自卫军的大炮，结果被附近的工人和国民自卫军发现，双方展开了战斗。政府的阴谋虽未能得逞，却引发了巴黎市内的起义浪潮。当天，国民自卫军就占领了市政厅，与此同时，陆军部、警察局以及其他政府机关也被起义者攻占。领导起义的国民自卫军中央委员会于起义胜利的第二天就号召巴黎人民开始进行公社选举。为了保障工人的民主权利，国民自卫军中央委员会改革了旧选举法。新的选举法规定各区按人口比例规定候选人的人数，而不再规定每区的候选人人数必须相等。3 月 26 日选举顺利进行，共有 86 人当选为公社委员。3 月 28 日，国民自卫军中央委员会正式将政权移交给巴黎公社。

此后,巴黎公社开始了建设新政权的一系列工作。

三、巴黎公社的革命措施

巴黎公社在建立和捍卫新生政权的过程中,表现了非凡的革命首创精神。第一,废除了旧政权机构。公社的第一个法令就是宣布取消资产阶级常备军,用人民武装——国民自卫军来代替。建立新的国家机构,设立相当于政府各部门的军事、财政、司法、对外联络、教育等10个委员会,实行民主集中制的原则。第二,规定"官吏"由选举产生。为防止公职人员由社会公仆变成社会的主人,公社采取了两项著名的措施,即公社委员和主要工作人员由人民选举产生,如不称职,可以随时撤换;废除高薪制,规定凡公职人员,不论职位高低,年薪都不得超过熟练工人的工资。第三,在社会经济方面,没收教会的财产,没收逃亡资本家的企业,转交给工人生产协会管理,禁止厂主克扣工人工资和罚款,禁止当铺拍卖典当物品,并把20法郎以下的抵押品无偿还给原主。第四,颁布政教分离的法令,用世俗教育代替宗教教育,教会不得干涉学校教育,为劳动人民子女提供受教育机会。第五,专门发布《告农民书》,明确指出无产阶级和劳动农民的根本利益是一致的,保证免除第二帝国时期所加给农民的重税,把土地分给农民。第六,高举国际主义旗帜,拆毁象征扩张主义的旺多姆圆柱,对居住在巴黎的外国劳动人民给予同法国人民同等的权利,欢迎外国人加入公社。这些措施,充分体现和维护了劳动人民的利益,使世界无产阶级和被压迫人民深受鼓舞,也遭到欧洲资产阶级的竭力敌视和污蔑。

四、巴黎公社的失败

就在公社进行新政权建设的同时,凡尔赛的梯也尔政府也在积聚反革命的力量。4月初,凡尔赛军队就对巴黎发动了突然进攻,公社的革命武装在军事委员的率领下开展了自卫战斗,直到4月底,双方处于相持中。5月初,由于凡尔赛军队的力量大增和公社军事委员克吕泽烈消极防守的策略,使得前线形势逐渐恶化。5月21日,凡尔赛军队攻入巴黎,巴黎军民同敌人展开了激烈的巷战,开始了著名的"五月流血周"。5月27日,坚持战斗的最后一批公社社员退到拉雪兹神甫公墓,继续与凡尔赛军激战,最后寡不敌众,全部英勇就义。5月28日,凡尔赛军占领了整个巴黎,至此,巴黎公社革命结束。

巴黎公社失败的原因很多,但是最根本的原因还在于当时法国仍是小生产占绝对优势的国家。1872年全国平均每个企业雇佣工人只有2.9人,社会经济发展的实际水平远没有达到能够消灭资本主义制度的程度。这种经济上的不成熟,决定了无产阶级的不成熟,公社的失败是不可避免的。

巴黎公社虽然失败了,但是它对整个国际无产阶级革命事业具有深远的意义,蕴含了丰富的历史经验和教训,也给我们留下了许多思考和启示。马克思和恩格斯非常重视公社的打碎旧国家机器,不利用资产阶级国家机器来实现无产阶级解放这一经验,并将这一经验写入德文版《共产党宣言》1872年的序言中,这是对宣言唯一一次重要的补充。巴黎公社虽然打碎了资产阶级的国家机器,但并没有放弃传统的民主制度,而是对普选制加以改造为人民服务。另外,巴黎公社首创了公仆原则,对资产阶级国家官僚的特权制和高薪制作了彻底的否定。巴黎公社革命的经验还表明,无产阶级要获得解放,就得掌握革命武装。

巴黎公社是人类历史上无产阶级推翻资本主义制度的第一次伟大的尝试,它反映了当时国际工人运动所达到的水平,是19世纪工人运动发展的最高峰和总结。巴黎公社在国际工人运动、国际共产主义运动和马克思主义学说发展史上占有重要的历史地位。

第五节　第二国际

19世纪70年代,巴黎公社的失败和第一国际的解散使得欧洲各国的工人运动陷入低潮。到了80年代,随着1873年经济危机的爆发,各国的工人运动又开始重新高涨,欧美各国的社会主义政党和工人团体再一次走向国际联合,第二国际就在这样的历史条件下诞生了。

一、第二国际的建立

19世纪末,资本主义进入到帝国主义阶段,资产阶级在政治上走向全面反动,无产阶级同资产阶级的矛盾进一步尖锐化,巴黎公社失败后曾一度低落的国际工人运动又开始重新高涨起来。1886年5月1日,美国约35万人举行全国性总罢工,掀起了争取8h工作制的斗争高潮。这一正义斗争,得到了国内外无产阶级广泛的同情和有力的声援。1889年初,英国煤气工人罢工,组织了“煤气工人联合会”;同年8月,伦敦码头工人举行大罢工,成立罢工委员会,使整个泰晤士河的装卸工作完全陷于停顿,斗争取得了胜利。德国、法国、日本等许多国家的工人也都掀起了大规模的罢工斗争。伴随工人运动的蓬勃发展,马克思主义进一步得到广泛的传播,一大批社会主义政党和团体如雨后春笋般相继建立起来。

1888年7月,法国机会主义派别“可能派”与英国工联主义分子召开“世界工人代表大会”,决定第二年在巴黎召开“国际工人代表大会”,成立新的国际工人组织,目的是想把国际工人运动的领导权抓到自己手里,削弱马克思主义的影响。正当国际工人运动面临被引入歧途的危险关头,恩格斯挺身而出,揭露“可能派”的阴谋,说服和教育各国工人运动领导人,并筹备召开国际社会主义者代表大会。1889年7月14日,在法国大革命100周年纪念日这一天,欧洲22个国家的393名工人阶级的代表聚集在法国巴黎,举行首次国际社会主义者代表大会，恩格斯因忙于整理《资本论》第三卷没有出席。大会制定了基本上是马克思主义的纲领，这在实际上是宣告新的国际——第二国际的诞生，

二、第二国际内反对无政府主义的斗争

在第二国际的早期活动中，主要是进行与第二国际内无政府主义的斗争。

1891 年，第二国际召开了布鲁塞尔大会。在这次大会上，无政府主义者加紧了活动。布鲁塞尔大会讨论的主要问题是如何对待军国主义，威廉·李卜克内西就这一问题提出决议草案，指出军国主义形成的根源是资本主义制度，因此要结束军国主义就必须消灭资本主义制度，各国的无产阶级要将反对军国主义与争取社会主义的斗争结合起来。然而，无政府主义者、荷兰代表纽文胡斯建议，各国的社会主义者应当号召人民以进行总罢工并拒绝服兵役来阻止战争。纽文胡斯的提案受到大多数代表的反对，被大会否决。

除此之外，无政府主义者还要求制定国际工人阶级的统一策略，使各国工人阶级采取一致行动以反对资产阶级政府的镇压。对这一提议，德国代表团的倍倍尔指出，国际工人运动还没有成熟到由各国社会主义政党按统一的策略领导工人采取行动的程度，而应当向工人宣传马克思主义，以提高工人阶级的觉悟。无政府主义者在这次会议上遭到了巨大的失败。

1893 年，第二国际在苏黎世召开了第三次代表大会。在这次会议上，大会对无政府主义否定政治斗争的错误进行了批判。大会的决议指出，国际的成员应当积极从事政治斗争，要领导工人阶级开展争取普选权和工人立法的斗争。对于纽文胡斯提出的以总罢工来制止战争的策略，大会重申了布鲁塞尔大会关于反对军国主义的决议，并号召各国社会主义党反对政府的军事拨款，要求政府裁军。在苏黎世大会的闭幕式上，恩格斯发表了演说，回顾了社会主义运动的发展历程，称赞了马克思为国际无产阶级运动事业作出的贡献。

1896 年，在伦敦召开了第二国际的第四次代表大会。这次会议通过了将无政府主义者驱逐出第二国际的决议，这标志着第二国际反对无政府主义的斗争取得了最后胜利，也标志着第二国际早期活动的结束。

第二国际在批判无政府主义的同时，在组织工人运动方面也做了大量的工作。第二国际在做出了关于“五一”国际劳动节的决议后，欧洲许多国家都在这一天举行了大规模的罢工和示威活动。通过“五一”节的斗争，加强了各国工人运动的联合，5 月 1 日也成为国际工人共同的节日。同时，在第二国际通过的正确决议的指导和推动下，各国社会主义政党一方面领导工人阶级掀起罢工浪潮，开展经济斗争，另一方面引导广大群众进行政治斗争，使第二国际中的社会主义政党通过合法斗争，进入议会，提高了社会主义党的地位，扩大了其影响，增强了工人阶级胜利的信心。

三、第二国际反对改良主义的斗争

在19世纪末20世纪初，第二国际取得反对无政府主义斗争的胜利后，改良主义在第二国际内部增长起来。改良主义又被称为机会主义、修正主义，是资本主义由自由阶段发展到垄断阶段时期的产物。在资本主义发展到一个新的阶段后，资产阶级获得的利润也大大增加。资产阶级拿出其利润的一部分用于改善上层工人的待遇，这一部分工人就成为改良主义的阶级基础。另一方面，由于资本主义进入了一个新的稳定繁荣期，使一部分人对马克思主义的有关资本主义基本矛盾和发展趋势的理论产生了不同看法。与此同时，工人阶级政党在议会选举中也不断获得胜利，也使一部分人认为可以通过走和平的议会道路夺取政权，而开始怀疑关于阶级斗争和无产阶级革命的理论。在这样的背景下，改良主义在第二国际内部滋长起来。

第二国际中改良主义的代表人物是法国的米勒兰和德国的伯恩施坦。米勒兰是第二国际中改良主义在实践方面的代表人物。在1896年，米勒兰提出了他的改良主义主张即“圣芒德纲领”，这一纲领的核心就是主张通过议会选举逐渐变资本主义为社会主义。这个纲领后来成为了法国社会主义议会党团行动的统一纲领。到1899年，米勒兰又加入到资产阶级政府内阁中，担任工商部长。

改良主义在理论方面的代表人物是德国的伯恩施坦。伯恩施坦于1896年到1898年在德国社会民主党的刊物上发表了一系列文章，公开要求“修正”马克思主义理论。伯恩施坦提出以康德主义代替唯物主义，从根本上否定马克思主义关于资本主义制度必然灭亡、社会主义必然取得胜利的结论，因而反对阶级斗争学说，鼓吹社会改良，宣扬阶级合作。虽然德国社会民主党内对伯恩施坦的修正主义展开了斗争，但是这些斗争都没有取得很大的成效。

1900年，第二国际在巴黎举行代表大会。由于各国社会主义党和团体对米勒兰加入资产阶级内阁一事都有着不同的看法，因此这次大会围绕夺取国家政权、与资产阶级政权以及与资产阶级政党的关系问题展开了激烈的争论。在争论中，形成了三种不同的意见。以盖得为代表的一派坚决反对社会主义者加入资产阶级政党，因为他们认为资产阶级与无产阶级的矛盾是无法调和的。以伯恩施坦和法国的饶勒斯为代表的改良主义者一派则认为，社会主义者可以和资产阶级进行合作，社会主义者加入资产阶级政权可以采取一些改良主义的措施，逐步改变资产阶级政府的性质，从而和平过渡到社会主义。以德国的考茨基为代表的一派折中了前两种观点，认为社会主义者加入资产阶级政府只是策略问题，在特殊情况下，社会主义者是可以加入资产阶级政府的。最后，大会通过了考茨基折中性的决议草案。这无疑助长了改良主义，致使改良主义思潮在巴黎代表大会后继续泛滥。米勒兰入阁一事也使国际内从此形成了3个派别。

1904年，第二国际的第六次代表大会在荷兰的阿姆斯特丹召开。面对改良主义在各国社会主义党和团体中泛滥，大会通过了盖得关于谴责修正主义的决议草案，强调坚决反对修正主义，反对社会主义者加入资产阶级政府。大会还通过决议，要求各国社会主义党和团体必须合并为一个统一的社会主义政党，以集中无产阶级的力量来对抗资产阶级。

在 1907 年召开的斯图加特代表大会上，经历了 1905 年俄国革命的列宁和俄国布尔什维克党参加了这次代表大会，并与第二国际内的改良主义进行了斗争。斯图加特大会讨论的主要问题就是战争和殖民地问题。列宁在会上主张将反对帝国主义战争与反对资本主义的斗争结合起来，利用战争引起的政治危机来实现社会主义革命。在殖民地问题上，大会通过了社会主义者对殖民地进行改革的决议。

1910 年的哥本哈根代表大会通过了与斯图加特决议一致的反军国主义的决议。1912 年在第一次世界大战爆发前夕，第二国际又在巴塞尔召开了第九次代表大会。这次大会通过了著名的《巴塞尔宣言》。《巴塞尔宣言》呼吁各国无产阶级政党和无产者联合起来，用一切手段反对帝同主义战争。然而，当 1914 年第一次世界大战爆发后，第二国际的一些社会主义党在各国政府民族主义和沙文主义的宣传下，纷纷倒向了本国的资产阶级政府，而将《巴塞尔宣言》置之脑后。就这样，第二国际在一战爆发后陷于瓦解。虽然战后第二国际得以恢复，但在指导思想和组织原则上已不是原来的第二国际了。而各国共产党则于 1919 年在莫斯科建立了第三国际即共产国际。

第二国际实际存在了 25 年，在其活动期间对国际共产主义运动的发展起到了相当大的作用，特别是在组织方面和在壮大无产阶级政党、团体方面取得了巨大成绩。虽然第二国际最终破产，但其在国际共运史上的重要历史地位是不容动摇的。

第六节　列宁主义诞生和 1905 年革命

20 世纪初，列宁在俄国建立了无产阶级政党。俄国布尔什维克党建立后，立即领导了 1905 年的民主革命，并通过这次革命的“总演习”为十月革命的胜利作了理论上和实践上的准备。马克思主义发展到列宁主义的新阶段。

一、马克思主义在俄国的传播

俄国无产阶级早在 19 世纪 80 年代初就已成为独立的阶级。他们身受资本主义和农奴制残余的双重压迫，生活极其困苦；俄国工人阶级高度集中于大型企业，集中程度比欧美一些资本主义国家要高，甚至超过德国和美国的水平；俄国资产阶级力量微弱，不可能以超额利润扶植工人贵族，所以工人阶级中的机会主义成分比西欧国家少得多。这决定了俄国工人阶级具有高度的革命斗争精神和易于显示自己的力量并团结起来进行斗争的明显特点。

1875年,俄国第一个工人阶级的独立组织“南俄工人协会”在敖德萨成立。1878年,“俄国北方工人协会”在彼得堡成立,其纲领明确规定,工人阶级担负了解放自己和自己兄弟们的伟大事业,担负了革新旧世界的任务。

在工人运动的发展中,马克思主义开始在俄国传播。俄国最早的马克思主义团体是由普列汉诺夫在日内瓦建立的“劳动解放社”。他不仅把马克思、恩格斯的经典著作和对俄国有实际意义的文章译成俄文,宣传社会主义思想,还第一个运用马克思主义对民粹派的错误观点进行了批判。他写的《论一元论历史观的发展》等著作,通俗地阐述了辩证唯物主义和历史唯物主义的基本原理,批判了民粹派的英雄史观和个人恐怖策略。劳动解放社建立的同时,在彼得堡、莫斯科等许多地区,也相继成立了一些马克思主义组织。但是,所有这些组织很少与工人运动发生联系,没有把马克思主义与俄国工人运动结合起来。

二、列宁的革命活动和列宁主义诞生

列宁出生在伏尔加河畔辛比尔斯克城一个知识分子家庭。1887年,列宁进入喀山大学攻读法律,因参加青年学生革命小组而被捕流放。重新回到喀山后,列宁加入了当地的马克思主义小组,并自修《资本论》和其他马克思主义著作。1889年5月,列宁随全家移居萨马拉。在那里,他建立了当地的第一个马克思主义小组。1893年8月,列宁来到工业和革命运动中心彼得堡,积极投身于工人运动,成为公认的领导人。1895年秋,列宁把彼得堡20多个马克思主义小组统一起来,建立了“工人解放斗争协会”。这是马克思主义和俄国工人运动的初步结合,是俄国无产阶级政党的雏形。同年12月,列宁再次被捕,被流放到西伯利亚。在3年的流放生活中,他继续进行革命活动,写了30多篇著作,丰富了马克思主义的理论宝库。1900年初,列宁回到俄国内地,后在德国的莱比锡以《火星报》为阵地,积极宣传马克思主义,回答帝国主义和无产阶级革命时代提出的一系列新课题,培养和团结了一批忠于马克思主义的坚强战士。

就在列宁被流放期间,在明斯克城召开了俄国社会民主工党的第一次代表大会。虽然大会宣告俄国社会民主工党成立,但各地的马克思主义小组和团体仍然处于分散状态,实际上并没有完成建党的任务。而《火星报》在建党斗争中却发挥了巨大的作用,它把分散在各地的马克思主义小组和团体联成一体,为俄国社会民主工党第二次代表大会的召开创造了必要的条件。1902年,列宁写了《怎么办?》一书,号召工人阶级同沙皇政府作政治斗争。1903年7月,俄国社会民主工党第二次代表大会先在比利时的布鲁塞尔,以后转移到英国伦敦秘密召开。大会的主要任务是在《火星报》所提出的原则基础上,建立真正的马克思主义政党。会上,以列宁为首的革命派同机会主义展开了激烈的斗争。在列宁的坚持下,大会第一次把实现无产阶级专政明确地写进了党的纲领,这是新型无产阶级政党的根本标志。在选举党中央领导机构时,以列宁为首的革命派在中央领导机构中占了多数,叫做多数派,即布尔什维克;以马尔托夫为代表的机会主义分子占少数,称为少数派,即孟什维克。这次代

表大会，是俄国工人运动的一个转折点。布尔什维克所坚持的思想理论体系被称为布尔什维克主义。

三、1905 年革命

1905 年爆发的资产阶级民主革命，是列宁主义诞生后发生的第一次重大革命运动。俄历 1905 年 1 月 9 日彼得堡发生了“流血星期日”事件，这一事件标志着革命的开始。事件的经过是 1905 年 1 月 3 日至 8 日，彼得堡工人进行罢工。1 月 9 日，罢工工人连同他们的妻子儿女一起到冬宫向沙皇请愿，但沙皇政府却开枪镇压，打死 1000 多人，打伤数千人。

这一事件教育了人民，使他们丢掉了对沙皇的幻想，接受了布尔什维克党提出的打倒专制政府，武装起义的口号。在布尔什维克领导下，各地人民纷纷进行罢工。仅 1 月份罢工人数即达 44 万人。

列宁在日内瓦听到革命的消息后立即发表文章，称之为“俄国革命的开始”。1905 年 4 月，列宁又在伦敦主持了只有布尔什维克党参加的俄国社会民主工党第三次代表大会，指出这次革命的性质是资产阶级民主革命，明确了这次革命的任务是推翻沙皇制度、消灭农奴制残余，建立民主共和国。大会规定了斗争的策略是由无产阶级领导，与农民结成联盟，孤立资产阶级，用暴力革命推翻沙皇制度，建立工农民主专政。大会还指明了革命前途，即必须把资产阶级民主革命进行到底，并立即把民主革命转变为社会主义革命。

在这次大会精神的鼓舞下，俄国布尔什维克党积极主动地领导了这次革命，使革命出现高潮。在布尔什维克党领导下，革命经历了两年多时间。从 1905 年 1 月 9 日至 12 月是武装起义时期，工人、农民举行了罢工和起义。1905 年 6 月 14 日，黑海舰队“波将金”号装甲舰水兵起义。1905 年 10 月，发生了全俄大罢工，11 月，列宁回国亲自策划。12 月爆发了莫斯科工人武装起义，这次起义由于沙皇政府重兵镇压而失败。从 1906 年初至 1907 年 6 月 3 日，革命转入低潮，最后失败。

1905 年革命虽然失败了，却有极其重大的历史意义。这次革命是俄国十月革命的总演习，在短短 3 年内，俄国无产阶级取得了宝贵的斗争经验，培养了革命的骨干，从思想上和组织上为十月革命的胜利准备了条件。1905 年革命宣告了巴黎公社以来资本主义和平发展期的结束，揭开了新的世界革命风暴的序幕；西方无产阶级革命运动蓬勃发展，东方民族解放运动进入了一个新阶段，即列宁所说的亚洲的觉醒的时期；世界历史进入了一个新的革命时代。

思考题

1. 马克思、恩格斯是如何创立科学共产主义理论的？

2. 简述第一国际的主要历史功绩。

3. 简析巴黎公社失败的原因。

第八章　自由资本主义向垄断资本主义过渡

资本主义的发展经历了两个阶段：自由竞争资本主义和垄断资本主义。19 世纪 70 年代以前，资本主义处于自由竞争阶段；从 19 世纪 70 年代开始，由于第二次工业革命的推动，自由竞争资本主义逐步向垄断资本主义过渡，19 世纪末 20 世纪初，垄断代替自由竞争并占据统治地位，垄断资本主义得以形成。

第一节　第二次工业革命与资本主义经济的发展

19 世纪 70 年代兴起的第二次工业革命，在电力的广泛应用、钢铁技术的巨大飞跃、内燃机和新交通工具的发明与创制、电讯技术的发展、化学工业的产生与发展等方面取得了巨大的成就。第二次工业革命促成了生产力的巨大飞跃，推动了社会经济的快速发展，加快了生产关系内部的变革。

一、第二次工业革命及其后果

进入 19 世纪，由于蒸汽机已不能满足生产发展的需要，许多科学家开始探索新的能量转换和动力。1831 年，英国科学家法拉第发现了感应电流，打开了电力时代的大门。1866 年，德国工程师维也纳·西门子发明了自激式的直流发电机，但是这种发电机还不完善，不能应用于工业生产。在经过很多人的努力和改进后，到 70 年代实际可用的发电机终于问世。同时，各种利用电能的新发明不断出现。美国闻名世界的“发明大王”爱迪生，在发明了发报机、留声机、印刷机和打字机之后，又发明了新的光源——电灯，为人类的生活和生产带来了重大变化。1876 年，贝尔实验有线电话成功；80 年代末，德国物理学家赫兹发现了无线电波；意大利人马可尼和俄国人波波夫据此分别成功地进行了无线电传播试验；1901 年，横越大西洋的无线电发报成功，电话和无线电成为传播信息的重要工具；1908 年，英国人提出电视设计原理，德国人制造出第一台实用的电视机。

电力作为一种新能源，被广泛应用于工业生产，它不仅方便、廉价，而且带动了一系列以电为主的新兴工业的发展。如以发电、输电为主要业务的电力加工业和以制造发电机、电动机、变压器、电缆等为主的电器制造业迅速发展起来，人类历史从“蒸汽时代”迈入了“电气时代”。

内燃机和新交通工具的发明与创制是工业革命的又一重大成果。1876年，德国人奥托制造出了第一台以煤气为燃料的四冲程内燃机，成为很受欢迎的小型动力机。1883年德国工程师戴姆勒又制成了以汽油为燃料的内燃机。1892年德国人狄塞尔又创造了更加便宜的柴油机。由于内燃机的发明解决了交通运输工具的发动机问题，因此在这一领域中发生了一次革命性的变革。19世纪80年代一种新型的交通工具——汽车诞生了。1885年，被称为“汽车之父”的德国机械工程师比尔·本茨制成了第一辆汽车。1886年，美国人亨利·福特制造出他的第一辆四轮汽车。与此同时，许多国家都开始建立汽车工业，并且成为本国重要的支柱性产业。

内燃机的发明和应用还推动了新型石油开采业的发展，加速了石油化工业的产生。1859年，宾夕法尼亚州发现石油，钻出第一口油井。一方面为石油开采业的机器提供了动力，提高了开采的效率。内燃机的出现，另一方面以内燃机为动力的新交通工具的创制与使用，使石油的需求猛增。石油的重要性也进一步提升，像电力一样成为一种极为重要的新能源。1870年，全世界石油的产量约80万吨，到1900年猛增到2 000万吨。

在冶金工业方面，新式平炉、转炉等先进技术的发明和应用，使钢铁产量大幅度上升。1870—1900年，世界钢铁产量增长了54倍，以钢铁工业为中心的重工业增长迅速，开始在工业中占主导地位，资本主义的发展由“棉纺织时代”进入到了“钢铁时代”。

第二次工业革命，导致以电气工业、电力工业、化学工业为代表的新兴工业群相继产生和崛起，使钢铁工业、交通运输业因获得技术改造而重新焕发生机，资本主义国家的工业结构由轻工业为主转变为以重工业为主。企业规模扩大，成为股份公司和垄断组织产生的基础，也促使生产科学化管理的兴起。在第二次工业革命中，英国满足于蒸汽时代的旧技术和旧设备，对新技术采取了保守态度。例如，爱迪生发明电灯后，英国议会召开紧急会议，抵制电灯的推广，结果逐步丧失了工业国的领先地位，美国和德国则极为重视这次机遇，终于在资本主义世界的竞争中后来居上。第二次工业革命对世界经济、政治和军事力量的变化，对人类生产和生活的各个方面，都产生了极为深刻的影响。

二、垄断组织的形成和发展

随着第二次工业革命的广泛开展，资本主义经济开始发生重大的变化。这种重大的变化主要表现为：一方面，科学技术的新成果迅速地应用于工业生产，大大促进了生产的发展，使生产规模越来越大，集中程度越来越高；另一方面，在资本主义制度下，科学技术的应用促进了生产的迅速发展，使大量的社会财富集中在少数的资本家手中。生产规模的扩大主要体现在资本主义企业规模的不断膨胀。企业的规模越来越大，需求的资本也就越来越多，于是出现了采用集资经营的股份公司。资本与生产的迅速集中,为垄断组织的产生创造了前提。到20世纪初,各主要资本主义国家的生产和资本集中都达到了相当高的程度。在美国,1905年总共有21.6万家工业企业,但是其中约2.4万家仅占11%的企业却控制了资本总额的81%,集中了工人总数的72%和工业总产值的79%。在德国,1907年,占德国大企业(50人以上)0.99%的企业,占了雇用工人人数的39.4%、电力的77.2%。在美国,资本集聚和生产的集中主要体现在股份公司的增多上。1889—1890年,建立了近8000家股份公司。1894—1897年,新成立的股份公司从255家增加到5148家。在法国,1906年的人口调查中雇用100名工人以上的大企业拥有的工人占总工人数的比例:冶金工业为97.29%,煤炭工业为98.5%,化学工业为57.7%,金属加工业为50%。俄国1000人以上的大企业拥有全俄工人的49.8%。日本在1914年,资本在100万日元以上的大公司占公司总数的21%,而其资本却占资本总额的63%。

生产和资本的高度集中,引起了垄断组织的产生。所谓垄断组织,一般是指资本主义大企业间为了独占生产和市场,以攫取高额利润而联合组成的垄断经济同盟。早在19世纪五六十年代,在欧美一些先进的资本主义国家中,便出现了个别的垄断组织。但它们组织上比较松散,而且极不稳定,到19世纪末20世纪初,在经济危机的促进下,稳定的垄断组织才普遍发展起来。

垄断组织是在不同的国家和地区先后出现的。由于各个国家和地区的经济、社会、历史条件不同,因此垄断的组织形式也各不相同。总的说来,主要有卡特尔、辛迪加、托拉斯、康采恩等形式。在这几种垄断组织的形式中,卡特尔最早出现。卡特尔是生产同类产品的大企业,通过签订关于产品价格、销售市场、生产规模等协定建立的垄断组织。1857年,德国出现了第一个卡特尔,到1870年增加到6个。刚刚统一的德国,保留了大量的封建残余,国内市场狭小,作为后期的资本主义国家,德国面临着扩大国内外市场和解决销售市场的重要任务。1873年经济危机爆发后,德国的卡特尔从制盐、钢铁制造业迅速扩大到了采煤业、冶炼、电器、化工、食品等行业,形成了一个卡特尔发展的高潮。到20世纪初,卡特尔成为德国最流行的垄断组织形式。据估计。德国卡特尔的数量在1875年仅有8个,1885年则增至90个,到1905年则达到了385个,到1911年卡特尔运动高潮时更是达到了600个之多。

在卡特尔发展的同时,另一种形式的垄断组织辛迪加也出现了。它主要是统一生产部门的企业为解决销售和采购原料方面实行的联合。它拥有统一的销售组织,比卡特尔更高级。19世纪末20世纪初,辛迪加在西欧各国兴起。在德国,1905年385个工业的卡特尔当中,约有200个已经具有辛迪加性质。例如,1901—1910年德国建立了钢铁辛迪加和制糖辛迪加,当时前者联合了约30家大钢铁企业,控制了钢铁产量的43%,后者联合了47家企业,垄断了国内食糖销售量的70%和出口量的80%。法、俄国等也出现了这一组织。法国的西吉利辛迪加在1887年就掌握了全国钢的30%销售量,著名的亚麻辛迪加控制了全国约

90%的丝麻品生产，烟草辛迪加垄断了全国75%的烟草生产。在俄国，1902年组成的金属销售公司当时就控制了全国冶金工业生产的60%，1902年占有了全国冶金工业产品销售的90%以上。“俄国石油公司”、“壳牌石油公司”和“诺内尔公司”三家石油公司，1913年控制了石油产量的60%。

随着集中程度的提高和竞争的加剧，垄断联合从流通领域扩展到生产领域，即成立了再生产领域和流通领域全面联合的更高形式的垄断组织——托拉斯。托拉斯是个独立的企业组织，企业的所有权与经营权相分离，其参与者丧失了原有的产销自主权，而成为托拉斯的股东。美国是托拉斯最早出现，也是最发达的国家。20世纪80年代，托拉斯在美国各行各业中普遍发展起来。

继托拉斯之后，又出现了一种更高级的垄断组织——康采恩，它是由不同行业的许多大股份公司，以其中实力最强的垄断企业为核心，通过横向、纵向的联系结合在一起，形成的跨行业的综合性垄断集团。康采恩与托拉斯不同的是，它是以金融控制为基础的，即核心企业或大银行通过持股和其他财务、人事等方面的关系，将这些参与的企业掌握在手中。康采恩出现较晚，在第一次工业革命前夕，德国、日本才出现这种组织。在德国，克虏伯曾经是钢铁厂和军火制造厂，但后来却发展到煤、铁、金属冶炼、船舶制造等各个方面。在日本，康采恩是最主要的垄断组织形式。三井、三菱、安田、住友四大财团，控制了日本的经济。到1913年，日本工商业中的少数垄断企业已经控制日本工商业总额的75%。

垄断组织的主观动机是为了独占市场和生产，获得更高的利润。但客观上利用垄断组织的优势，可以改善企业的经营管理，提高产品质量和生产效率，降低成本，所有这些，不能不说是一种进步。事实上，进入垄断阶段以后，资本主义的发展比以前还要快得多。20世纪初，美德两国的工业生产年平均增长率分别为4.8%和4.2%；而英法两国的经济发展却相对较慢，工业生产年平均增长率为1.4%和3.3%。究其原因，就是美德两国垄断组织的发展程度要远远高于英法两国。

随着资本主义的发展，垄断组织成为资本主义社会经济生活的基础。垄断组织在其发展过程中创造了新型现代经济模式。垄断组织开拓了以新型竞争手段为内容的经济机制。垄断组织采用的吞并、购买等手段，本身就含有优胜劣汰的含义，资本扩大之后必然会改善管理，提高生产效率。19世纪“泰罗制”的产生就是垄断组织在企业管理方面的突出成果。其次，垄断组织还培育出了“科技为先导”的新型经济理念，垄断组织更有力量去加大科研，以增强经济发展的技术推动力因素。它们将科研和生产结合起来，把科研成果应用到生产当中，把技术转化为生产力，这一点，已经成为企业发展的共识。

垄断组织是在第二次工业革命对生产力的巨大促进基础上出现的，是生产力发展的结果。垄断组织的出现在一定程度上适应了生产力的发展，促进了经济的发展，但是消极影响也是不可避免的。它不但控制了资本主义经济命脉，而且利用经济手段掌握了国家政权，越来越多地干涉国家的政治、经济生活。资本主义国家俨然成为垄断组织利益的代表者和维护者。在世界市场的激烈竞争中,形成了国际垄断集团,代表垄断组织利益的资本主义国家加紧对外侵略扩张,掀起了瓜分世界的狂潮。19世纪末世界已经被瓜分完毕。20世纪初,世界各主要资本主义国家相继进入了帝国主义阶段。

第二节 主要垄断资本主义国家的政治经济状况

在帝国主义阶段,由于社会历史条件不同和经济、政治发展的不平衡,各主要资本主义国家都有其各自的特点,形成了不同的特征。

一、美国的两党制和托拉斯帝国主义的崛起

到19世纪晚期,美国终于形成了"两党制度",共和、民主两党轮流执政、垄断政权,排除了任何第三党上台的机会。两大政党按照宪法,遵循选举程式,定期轮流执政,在一定程度上保证了资产阶级内部的民主。但两党又是垄断资本的御用工具,垄断资本利用两党操纵全国政治,采用贿赂等各种非法手段,通过有利于自己的法案,或者在政府机关直接安插代理人,这又充分反映了两党制的虚伪性。

19世纪晚期到20世纪初期,美国资本主义发展速度创造了世界少有的奇迹。到1894年,美国工业已跃居世界第一位。美国奇迹的出现,决定了其资本和生产的集中过程比其他国家更为迅速,更为猛烈,更为血腥。从1890年到1900年,美国企业的数量从40万家减至20余万家,投资却从65亿美元增加到90亿美元。美国的第一个托拉斯组织是1879年成立的美孚石油公司,它在建立之初就控制着全国石油的90%~95%。到1904年,美国318个托拉斯已经兼并了5000家企业,掌握了70多亿美元的资金。著名的摩根、洛克菲勒等8大财团和16个家族,在美国的经济生活中占有举足轻重的地位。银行资本的集中也很快与工业资本相融合,出现了金融寡头,纽约华尔街的金融寡头可以向全国以至世界经济界发号施令。

二、德意志容克资产阶级帝国主义

德国统一后,扫清了资本主义发展的种种障碍。普法战争后,德国夺得了巨额战争赔款和丰富矿产资源。这一时期,德国有效利用了科学技术上的最新成就,特别是国家在资本主义发展中起了重大作用。这些因素的共同作用,使德国的工业生产和对外贸易等都有了惊人的增长。工业的飞速发展,使德国资产阶级强烈要求扩大国外市场及原料供应地,参加瓜分世界的活动。19世纪60年代,德国开始渗入亚洲和拉丁美洲;19世纪末,在南非、西南非、西非和东非有了一些殖民地和"保护"地。不过德国在这些地区的势力,都受到以英国为

首的列强的排挤。

德国在政治上的代表人物是德皇威廉二世和帝国宰相皮洛夫。这时，俾斯麦的“大陆政策”被威廉二世的“世界政策”所代替。皮洛夫在议会中公开宣称“要建立一个大德意志”，总参谋长施里芬在19世纪90年代中期便开始制定东西两线作战方案，海军元帅梯尔比茨要求建立强大舰队。社会上出现形形色色的沙文主义组织，狂热地宣扬反动的人种优劣论、日耳曼民族优越论。这些反动思想，不仅完全适应德国帝国主义的需要，而且成为后来法西斯思想的前驱。19世纪末20世纪初，德国帝国主义向外扩张的矛头主要指向北非、亚洲、巴尔干和土耳其。威廉二世“世界政策”的具体体现是建造巴格达铁路，从而把柏林和波斯湾直接联系起来，利用这条铁路来奴役土耳其和东南亚。德国还在“向东方推进”的口号下，大举向中国进攻。1897年强占中国山东胶州湾以后，又进一步攫取在山东修筑胶济铁路以及开采矿山的权利，把山东视为它的势力范围。1900年，威廉二世在遣送德国军队到中国时，曾作了狂妄至极、令人发指的“匈奴演说”。此后，继续推行国民经济军事化方针，强化对外扩张，使绑在军国主义战车上的德国，如同脱僵的野马向前狂奔，最终把欧洲推向了战争的深渊。

三、英国的两党政治与殖民帝国主义

19世纪晚期，大资产阶级和大地主通过自由党与保守党统治着英国。自由党代表工业资产阶级和金融寡头的利益，也反映了一部分资产阶级化地主的要求；保守党代表资产阶级化的大地主利益，但也部分代表金融资产阶级的利益。19世纪最后30年间，两大政党轮流执政，没有出现第三党威胁他们的统治。经济政策上，保守党强调由国家干预经济，反对自由贸易，自由党则相反。两党虽在国内政策上有不同政见，但在加强殖民扩张问题上主张一致。这个时期，为了弥补世界工业垄断地位丧失造成的损失，争夺超额利润，缓和国内阶级矛盾，英国又进行新的疯狂扩张。1875年，英国利用埃及的财政困难，通过收购股票的手段，夺得了对苏伊士运河的控制权；1878年，从土耳其手中夺得塞浦路斯；19世纪初，侵占了地中海中部的马耳他岛。这样，英国全部控制了地中海的战略要地，成为地中海的霸主。在亚洲，1876年，英国女皇维多利亚自封为“印度女皇”之后，又把侵略势力扩张到缅甸，控制了阿富汗，并与法国划分在泰国的势力范围；1898年强行租借中国的威海卫与九龙，把长江流域看作自己的势力范围，并妄图夺取中国西藏地区。在非洲，侵占埃及，强占索马里和苏丹，先后在东非、南非霸占了大片土地。到1914年，英国占有殖民地面积3350万平方千米，相当于本国领土的100多倍，殖民地人口将近4亿，等于本国人口的9倍，形成了地跨五大洲、号称“日不落”的庞大殖民帝国。

这一时期，英国工业生产相对于欧美其他先进国家发展缓慢。但19世纪末20世纪初，英国的资本输出占世界第一位，超过了法、德两国。1913年，英国在海外投资约40亿英镑，

每年获得纯利润达 2 亿英镑以上，使伦敦一直保持着世界金融中心的地位，占世界首位的航运业也给英国带来巨额的海外收入。由于英国是当时最大的殖民帝国，拥有的殖民地比任何列强都要多，才使英国资本输出达到最大规模，造成了英帝国主义的繁荣。所以，英国是典型的殖民帝国主义。

四、法兰西的高利贷帝国主义与第三共和国

19 世纪最后 30 年，法国资本主义经济的发展比其他国家要缓慢一些。这除了资本主义发展不平衡规律的作用之外，还因为法国小企业比重过大，阻碍了新装备和新技术的采用。1906 年，1 至 10 人的小型工业企业占了工业企业总数的 93%。此外，法国小农的大量存在和贫困，大大限制了国内市场的扩大，也从工业原料和资金积累方面制约了工业的发展。普法战争后，付出巨额赔款和割让土地，也给法国经济的发展造成很大影响。19 世纪末，法国的工业总产量已落后于德、美、英，降为世界第 4 位。与工业落后相反，法国在国债资本输出方面，却仅次于英国，居世界第 2 位。1902 年，法国对外资本输出总额达 270 亿至 370 亿法郎，1914 年增加到 600 亿法郎。法国对外投资与英国不同，不是把资本投到它的殖民地工业中去，而是采取借贷资本形式，把资本借给经济比较落后的国家和殖民地。1913 年，法国输出到俄国的资本达到 130 亿法郎，输出到南美洲各国、巴尔干和土耳其的资本达 120 亿法郎。国家贷款又是法国外交斗争的一种手段，利用贷款，拉拢一些国家与之结盟，同德国争夺欧洲霸权。法国的国内投资明显不足，投资总额只相当于国外投资的三分之一。在法国，不仅大资本家，而且中小资本家也参与国外的高利贷活动。正因如此，法国依赖借贷为生的食利者阶层特别庞大。第一次世界大战前夕，法国食利者阶层达 200 万人，连同他们的家属在内，占了全国人口的八分之一，被称为“高利贷帝国主义”。

巴黎公社革命失败后，法国国内企图恢复帝制的势力猖獗。在这种情况下，1875 年 1 月召开的国民议会，仅以一票多数通过了法兰西第三共和国宪法。宪法虽然确定了共和政体，但保皇党人仍控制着行政和议会中的参议院，共和党只能控制众议院，直到 1879 年 1 月共和党人任总统，共和制才真正巩固。资产阶级共和派执政后，因为利益的不同，分裂为代表大资产阶级利益的温和派与代表中小资产阶级利益的激进派。温和派共和党疯狂进行殖民扩张，到 1900 年法国的殖民地面积超过其本土的 20 倍。

五、沙俄的军事封建帝国主义

19 世纪 80 年代，俄国的工业革命迅速完成，也出现了第一批垄断组织，20 世纪初完成了向帝国主义的过渡。但由于过去俄国经济极端落后，农民极端贫困，沙皇专制制度极为腐败，使俄国在经济上、技术上都远远落后于欧美各国。

俄国是垄断资本主义与农奴制残余相交织、封建大土地所有制仍然存在的帝国主义国

家。沙皇政府需要垄断资本和经济技术，推行对内统治和对外扩张政策；垄断资产阶级需要沙皇政府的军事订货、保护关税的扶持政策，并依靠沙皇的军事力量维护其剥削地位和扩张国外市场。沙皇政权实际上是垄断资产阶级同大地主的联合专政。

由于俄国市场异常狭窄，沙皇政府不得不靠发动侵略战争开辟国外市场，其主要矛头指向巴尔干、中亚地区和中国。沙俄为了夺取黑海海峡和巴尔干，进而称霸欧洲，1877 年，发动俄土战争，打败土耳其，并把保加利亚置于自己的“保护”之下，取得了在巴尔干的优势地位。从 19 世纪 90 年代起，沙俄加紧了对中国的侵略，夺取横贯东北的中东铁路的修筑和管理权，出兵占领旅顺、大连，把旅顺变成独占军港，使中国东北实际上沦为沙俄的势力范围。总的看，俄国进入帝国主义后，具有高度的军事掠夺、侵略的性质，它的一些垄断组织达到了一定的水平，但仍然是一个比较落后的农业国，浓厚的封建残余也严重阻碍着资本主义的全面发展。因此，列宁称它是“军事封建的帝国主义”。

六、日本的军国主义道路与近代天皇制度

明治维新后，日本成为亚洲唯一的资本主义国家。明治政府积极推行扶植和奖励资本主义发展的政策，一方面，由政府创办国营企业，如所谓的“模范工厂”，在这些企业中，军事工业占有重要地位，其次是纺织工业；另一方面，实行对资本主义企业给予补助金、贷款、减免税收以及把国营企业转让给私人的措施，促进资本主义的迅速发展。19 世纪末 20 世纪初，随着日本资本主义经济的迅速发展，生产和资本迅速集中，日本走上了垄断道路，“财阀”成为日本垄断资本所具有的一种特殊形式。

日本垄断资本带有突出的军事性。实力不足的垄断资本与拥有极大权力的军阀集团联合起来，竭力推行侵略扩张政策。19 世纪 70 年代，日本在尚未摆脱对欧美国家屈从地位时，便从掠夺朝鲜和中国开始，走上了对外侵略扩张的军国主义道路。

与此相适应，日本资产阶级政党、官僚和军阀，成为天皇专制政权统治基础的支柱。由于明治政府改革的措施仅仅有利于大地主、大商人、大资本家阶层，因而中小资产阶级、部分士族对此十分不满。从 19 世纪 70 年代开始，他们掀起了要求建立议会、实行君主立宪为内容的自由民权运动。1881 年 10 月，参加民权运动的各团体，组成了主张建立立宪政体的自由党。第二年 4 月，主张实行英国式立宪君主制的立宪改进党成立。两党都是代表资产阶级利益的，自由党较激进，立宪改进党是温和派。政党的活动，很快引起政府的恐惧，他们采取高压和收买的两手政策，迫使自由党宣布自动解散。为欺骗人民和适应资本主义发展，日本政府委托伊藤博文起草宪法。为此，伊藤博文遍访欧洲考察宪政，最后选中了最反动的普鲁士宪法为蓝本。1889 年 2 月（明治 22 年），以天皇名义颁布钦定宪法——大日本帝国宪法。宪法规定：天皇神圣不可侵犯，享有绝对权力，既是国家元首，又是军队最高统帅，议会分为贵族院和众议院。日本独创的枢密院与议会、内阁鼎足而立。军部统帅权独立不受限

制，这为日本的军国主义化提供了法律依据。

第三节　资本主义世界体系的形成

19 世纪末 20 世纪初，在第二次工业革命的推动下，资本主义制度在欧美普遍确立，主要资本主义国家纷纷向帝国主义过渡，资本主义制度得到进一步的巩固，资本主义的政治经济模式定型。列强掀起瓜分世界的狂潮，亚洲、非洲、拉美绝大部分国家和地区都变成了帝国主义的殖民地、半殖民地和附属国，资本主义世界体系最终形成。

一、世界经济进入新的发展阶段

随着第二次工业革命的发展和垄断资本主义的产生，资本主义工业化呈现出向纵深发展和横向扩散的势头，世界经济进入一个新的阶段。世界贸易的规模和性质发生了彻底变革，除欧洲外的世界其他地区纷纷卷入世界市场，北美、拉丁美洲、非洲的贸易地位处于上升趋势，尤其是美国已成为世界第三贸易大国。1870—1913 年间，美国的对外贸易增加了 1.6 倍。

世界贸易的商品结构也有所变化，工业产品代替农业产品占据世界贸易的主导地位。1900 年，美国工业产品在出口中的比重是 35%，农产品却占 60%；但是到了 1914 年，工业产品所占的比重已经上升为 49%，已经超过了农产品占据出口商品的首位，这些出口商品主要是钢铁、木材制品、精炼油、铜制品、小汽车、农业机械。除了美国之外，其他国家也有类似的情况。1913 年，仅英、德、法 3 国的工业制成品出口就占到世界出口的 60%。总之，工业产品成为世界贸易最重要的产品。

20 世纪初，主要资本主义国家都已完成工业化，国民经济产业结构发生根本改变。首先，重工业在工业生产中占据了主导地位。以美国为例，钢铁产量从 1875 年的不足 40 万吨上升到 1900 年的 1 000 万吨。机械工业的投资也从 1879 年的 2.4 亿美元增至 1899 年的 9.24亿美元。石油工业到 1900 年原油产量已近一亿桶；煤炭取代木炭成为主要燃料，到 1899 年煤产量已达 2.3 亿吨。从工业部门结构来看，1860 年美国工业中领先的是轻工业中的面粉业、棉织业、木材加工业等工业部门；到 1900 年，工业中领先的是钢铁、机械制造，分别跃居第一位和第三位。其次，第二次工业革命中还涌现了许多新兴工业。由于电的广泛应用和内燃机的使用，电力工业、电器制造、化学工业、石油工业、汽车工业和飞机制造业等行业产生并发展起来。而这些新型的工业也主要是重工业，它们很快成为资本主义国家工业中的支柱产业，使资本主义的经济更有活力。再次，资本主义企业的经济模式发生了变化。即由传统工业的劳动密集型向资本密集型转化。同时，科学技术在工业生产中的重要性越来越大，科学技术的飞跃发展也为经济模式向科技密集型转变奠定了基础。

二、瓜分世界领土

到 19 世纪末，各帝国主义列强终于把世界瓜分完毕，亚、非、拉美绝大部分国家和地区都变成欧美帝国主义列强的殖民地或半殖民地。

1894 年日本悍然发动了侵略中国的战争——史称“甲午战争”，1895 年中日签订了《马关条约》。1896 年，沙皇尼古拉二世举行加冕典礼，清廷应俄国邀请，派李鸿章为“钦差头等出使大臣”前往祝贺。沙俄借机对李鸿章威逼利诱，于 6 月 3 日签订了《中俄御敌互相援助条约》(即《中俄密约》)。1898 年，沙俄又强迫清政府订立《旅大租地条约》，将整个东北地区划入俄国的势力范围。1898 年强迫清政府订立《胶澳租借条约》，将山东划为德国的势力范围。早在 1895 年法国就强占了云南边境一些地区。1898 年 4 月，法国又逼清政府不得将广东、广西、云南三省让予他国。1899 年 11 月，清政府和法国签订《广州湾租借条约》，规定了广州湾(今湛江)及附近海面租借给法国，租期 99 年。从此，云南、两广大部地区成为法国的势力范围。此后，列强接踵而来。1898 年，长江流域成为英国的势力范围，日本将福建视为自己的势力范围，美国提出“门户开放”政策。总之，甲午战争以后，英、法、俄、德、日、美等帝国主义列强既互相勾结，又互相争夺，掀起了瓜分中国的狂潮。中国被帝国主义列强分割成一块块势力范围，标志着中国社会半殖民地化程度的进一步加深。

1876 年日本和朝鲜签订《朝日修好条规》，即《江华条约》，开放釜山等通商口岸；1880 年和 1882 年，元山和仁川先后向日本开放，闭关自守局面结束。继日本之后，美国、英国、德国、意大利、俄国和奥匈帝国，都同朝鲜缔结了类似的不平等条约。甲午中日战争后，朝鲜实际上由日本控制了。除了中国和朝鲜被侵略外，印度成为英国的殖民地，越南是法国的殖民地，菲律宾沦为西班牙殖民地。

北非马格里布的阿尔及利亚、突尼斯和摩洛哥三国，很早就遭受西方国家殖民势力的侵略。19 世纪末，埃及名义上还是奥斯曼帝国的一部分，事实上成为英国的殖民地。苏丹成为英国的棉花供应地和工业品市场。

19 世纪 70 年代中叶起，西方列强在撒哈拉以南非洲加快侵略的步伐。英国占领冈比亚、塞拉利昂、黄金海岸、尼日利亚的沿海地区和南非殖民地。法国占有塞内加尔、几内亚、象牙海岸(今科特迪瓦)和达荷美(今贝宁)的沿海地区。葡萄牙据有安哥拉、莫桑比克。

东非领土的瓜分是在 19 世纪 90 年代完成的。德国取得坦噶尼喀(后称德属东非)，英国获得肯尼亚(当时称英属东非)和乌干达，法国宣布吞并马达加斯加岛。在西非，多哥和喀麦隆这两地为德国保护国。

英国是入侵拉丁美洲最早的国家。早在 19 世纪以前，英国占据了加勒比海地区的牙买加、圭亚那、巴巴多斯等殖民地。1833 年用武力夺取了福兰克群岛，1835 年又把洪都拉斯的一部分直接纳为了自己的殖民地，称为洪都拉斯殖民地。1862 年，英国又侵占了中美洲伯利兹河流域。

美国为了排挤英国在拉丁美洲的势力，在 1889 年 10 月发起召开了有 18 个拉丁美洲国家出席的泛美会议。会议决定成立美洲共和国国际联盟，美国想凭借这一机构，独霸拉丁美洲。除英美之外，法、德也在拉丁美洲拥有相当大的势力。

由于经济、政治实力发展的不平衡，重新瓜分世界的矛盾和冲突此起彼伏。近代以来，西方资本主义国家进行殖民侵略的时间之长，扩展范围之广，规模之大，沦为殖民地、半殖民地的国家和地区之多，在世界历史上是空前的，形成了囊括亚洲、非洲、拉丁美洲在内的世界殖民体系。近代殖民主义的发展，深刻反映了西方帝国主义列强的本质和特征。

在资本主义世界体系下，资本输出成为帝国主义国家获得高额垄断利润、奴役和剥削落后国家的重要途径和手段。随着资本输出的扩大，使争夺投资机会和投资范围的重要性空前增强，并要求为资本输出国提供有效的安全保护。因此，列强在为资本建立优势要求的驱动下，往往采取军事武力等超经济手段，征服尚未被占领的地区，最终建立资本的世界统治。

三、欧美资本主义社会政治结构的变化和调整

现代大工业造就了与它相适应的比较成熟的社会结构。第二次工业革命以后，北美、西欧和中欧工业化地带形成了一个空前强大的工业资本集团，构成了现代工业资产阶级。现代大工业同样造就了一支空前强大的产业工人大军，他们适应现代大工业的要求，拥有知识、技术和组织管理等专门知识，具有比他们前辈更高的素质、更强的组织性。20 世纪初，所有欧美国家都已成立了工人政党，但工人运动温和化趋势日益明显。第二次工业革命还促成了“中产阶级”的出现，主要是工程师、经理、技师、职员、律师、大学教授等，他们的经济和社会地位既不同于产业工人，又不同于资产阶级，居于两者中间，成为现代工业社会中的另一支重要社会力量。

19 世纪后期，资本主义世界在政治上出现了许多新的发展趋向，诸如行政权力不断膨胀、国家机器日益强化、政府结构更加完善、政治民主进一步扩大。政治结构最显著的变化，是资产阶级国家体制的进一步完善，政府的权力得到加强，行政体制日趋完备，英、美分别加强了以内阁制和总统制为基础的行政权力。地方政权也进行了适应现代化的改革，英国开始由直接选举的政务人员管理地方行政，美国则建立了市政委员会，实行专家治市。各国还改革城市管理体制，完善了国家管理机构，使政治体制适应了工业化社会的新格局。现代文官制度随之建立起来，政府任用人员必须经过公开竞争考试，择优录取；定期考核，按能力和政绩大小予以升降奖惩；文官常任，不与执政党共进退。这在一定程度上减少了政府中的腐败现象，激发了公职人员的工作积极性，提高了政府的工作效率。

在扩大民主方面，英国两大执政党逐步实行秘密投票和接近普选制，实现比较公平的代

表制和减少贿选现象。到19世纪末至20世纪初，英国的政治民主一步一步地扩大了，其最显著的后果便是：工人阶级可以参与政治生活，可以选出自己的代表参加议会，可以推动政府实行劳工立法。在美国也出现政治民主愈益扩大的趋势，到1870年为止，美国已实现了成年男子(包括黑人在内)的普选制和平等代表制(各选区选进国会下院及州议会的代表与人口成正比例)。

议会代议制普遍确立，无论是实行共和政体的美国、法国，还是实行君主立宪制的英国等国，议会已成为各国国内政治的最重要的基础和保证。政党体系成为支撑现代资产阶级政治的另一根支柱。最先建立现代政党制度的是英、美两国，德、法国尽管也较早成立了资产阶级政党，但缺乏强大集中的工业资产阶级，难以构成一个主流政党。所以，在欧美政党制度中，既有英、美式的两党制，也有法、德等国的多党制。

社会保障制度的诞生是政治结构在社会领域的另一个反映。工人贫困化威胁到统治集团的政治稳定，而经济快速发展为解决和改善这个问题提供了机会和可能。在这种情况下，德国率先在欧洲建立起较为系统的社会保障体系，其他先进国家紧随其后。到第一次世界大战前，欧美各国都不同程度地建立了相当完善的工厂法和劳动法。公共事业网络率先在现代化程度较高的国家和城市中出现，公共教育受到政府的鼓励得到迅速发展，从而为全民素质的提高创造了条件。这些调整措施，一定程度上达到了巩固资产阶级统治，延长资本主义寿命，促进经济社会发展的目的。

思考题

1. 简述垄断组织产生的原因及影响。
2. 简述英美两党制的本质及其作用。
3. 19世纪后期资本主义国家的政治发展趋向表现在哪些方面？

第九章　第一次世界大战及战后资本主义世界体系的建立

19世纪末20世纪初，是自由资本主义向垄断资本主义即帝国主义过渡的时期。帝国主义较之自由资本主义更富掠夺性、侵略性和冒险性，它们之间在重新划分势力范围和争夺殖民地问题上的矛盾也更加激化，终于导致第一次世界大战的爆发。一战不仅没有从根本上解决帝国主义之间的矛盾，相反，战争引起了革命，革命制止了战争。这场战争对人类而言，是一场浩劫，是一场深重的灾难。战后所形成的凡尔赛—华盛顿体系是战胜国集团在全球范围内对世界秩序的重新安排，是帝国主义之间相互关系的一次大调整。它构成了20世纪20年代欧洲国际关系和资本主义世界秩序的基础。

第一节　大战的起源

第一次世界大战的发生不是偶然的，它具有深刻的经济政治根源和长远的历史根源。19世纪末20世纪初，随着帝国主义国家之间经济、政治发展不平衡的加剧，争夺商品市场和重新瓜分世界的斗争日趋激烈。围绕着巴尔干问题的争端，在欧洲形成了两大军事集团，正是这两个军事集团之间的争斗酿成了第一次世界大战。

一、资本主义发展不平衡与重新瓜分世界的斗争

从19世纪70年代起，随着世界资本主义开始向帝国主义过渡，资本主义经济政治发展的不平衡逐步加剧，主要表现为一些后起的帝国主义国家以跳跃的方式在很短时间内赶上和超过老牌的资本主义国家。英、法等老牌资本主义国家由于技术装备陈旧和资本大量输出，经济发展速度缓慢。美、德、日等后起的资本主义国家由于采用最新科学技术成就，采取大规模的垄断组织形式，向电气、化学等新兴工业部门大量投资，较快地提高了自己的工业水平，赶上和超过了英、法两国。到19世纪末，英国丧失了“世界工厂”的地位，美国的工业生产总额已跃居世界第一位，而德国则在欧洲首屈一指。

帝国主义各国之间新的力量对比同历史上形成的殖民地和势力范围的占有状况是极不

相称的。1900 年，英国占有殖民地 3271 万平方千米，法国占有殖民地 1098 万平方千米，俄国则吞并了亚洲邻近各国的土地 1728 万平方千米，甚至连荷、比、西、葡等资本主义小国也占有 674 万平方千米土地，远远超过了德、美、日三国殖民地的总和。到 1914 年，德国的殖民地只有 290 万平方千米，美国和日本各有 30 万平方千米。这种状况是后起的资本主义强国所不能容忍的。帝国主义列强是按“资本”和“实力”瓜分世界的。为了重新瓜分世界，19 世纪末 20 世纪初，形成了几个帝国主义大国加紧争夺世界霸权的局势。争夺霸权的斗争从“和平”扩张转到了使用战争。1898 年的美西战争，1899—1902 年的英布战争，1904—1905 年的日俄战争，就是为重新瓜分世界而进行的一部分帝国主义战争。但是，这 3 次战争只是列强重新分割世界的开始，并没有根本改变资本主义各国实力对比与占有殖民地和势力范围状况不相适应的局面。新老帝国主义国家之间争夺殖民地和重新划分世界领土的矛盾，当时只有通过世界大战才能解决。为此，各个帝国主义国家进行了紧张的外交结盟和军事备战，为在世界范围内重新分割殖民地和势力范围，准备进行一场大厮杀。

二、两大帝国主义军事集团的形成

帝国主义列强在激烈的竞争中，都在寻找同盟者，以壮大自己的力量并压倒对方，于是在欧洲便逐步形成了对立的两大帝国主义军事侵略集团，即同盟国“三国同盟”和协约国“三国协约”。

1870 年普法战争后，德意志帝国取得了欧洲霸主的地位，力图进一步削弱法国，尤其要防备法国收复 1871 年失去的阿尔萨斯和洛林。奥匈帝国则与俄罗斯帝国因争夺巴尔干半岛而不断发生冲突。于是在 1879 年 10 月 7 日，德奥便缔结了秘密的军事同盟条约。条约规定：缔约国一方受到俄国攻击时，另一方以本国的“全部军事力量”予以援助；缔约国一方受到另一大国进攻，只要俄国未参加侵略国一方，缔约国双方互守善意的中立。此后不久，德国又利用法意之间为争夺突尼斯出现的矛盾，把意大利拉入同盟。1882 年 5 月 20 日，意大利同德奥同盟签订了三国同盟条约。条约规定：如果法国进行侵略，德意将互相援助，如果三个盟国中任何一方受到两个或两个以上的强国攻击时，其他两国保证给以援助。三国同盟的主角是德国，奥匈是依附德国的伙伴，意大利则是暂时的和动摇的同盟者。

三国同盟的矛头针对着法、俄，促使它们迅速接近。三国协约来源于 1891—1894 年法俄签订的一系列协定。协约规定：两国中如有一方遭受德国的单独攻击或德国与意大利或奥匈帝国的联合攻击时，将互相提供军事援助。1894 年，法俄同盟正式形成。英国一直奉行“光荣孤立”的政策，但由于英德矛盾尖锐，特别是德国的加紧扩充海军使英国深感威胁，于是在 1904 年 4 月 8 日同法国缔结了协约，调整了两国在殖民地问题上的矛盾。法国承认埃及为英国的殖民地，英国则同意法国夺取摩洛哥。1907 年 8 月 31 日，英国与俄国也订立协约，规定在波斯划分势力范围，北部属俄国势力范围，南部属英国势力范围，中部为中立地带;承认英国在阿富汗的利益;同意维持中国西藏现状,英俄互相承认对方在西藏的既得利益。法俄同盟再加上英法协约与英俄协约,便构成了三国协约。两大对立的帝国主义军事集团最终形成。

三、战争危机和军备竞赛

大战爆发前,地中海沿岸和巴尔干地区是帝国主义争夺的焦点。巴尔干地区和与之相连的地中海沿岸地区的战略地位极为重要,直布罗陀海峡是地中海通向大西洋的唯一通道,达达尼尔海峡和博斯普鲁斯海峡是黑海进入地中海的咽喉,苏伊士运河是地中海到印度洋的最近航道。巴尔干地区是多民族聚居地区,长期处于土耳其奴役之下。到 20 世纪初,这一地区还有摩洛哥、利比亚以及奥斯曼帝国的属地尚未瓜分停当。大战爆发前,两大帝国主义军事集团在巴尔干地区的投资相当可观,法国的投资达 40 亿马克,德国约有 20 亿马克,使这一地区成为帝国主义剧烈争夺的场所和各种矛盾的集合点,国际性和局部性的战争危机频频发生,先后爆发了两次摩洛哥危机、波斯尼亚危机、意土战争和两次巴尔干战争。因而,巴尔干已成为当时欧洲的火药桶,第一次世界大战便从这里点燃。

在频频战争危机的刺激下,两大军事集团的军备竞赛达到了疯狂的地步。从 1883—1908 年,各国的军费开支增加了 81.3%,欧洲 6 大强国在战前最后 30 年直接用于军事的开支总数为 1250 亿马克。各国争相扩充本已十分庞大的陆军。战争开始时,德国陆军野战部队的人数为 230 万,奥匈帝国为 140 万,法国为 180 万,俄国为 340 万。英德两国的海军造舰竞赛尤为激烈。德国力图打破英国的海军优势,而英国则以“海军两强标准”赶造新型大舰来回应德国的挑战。1906 年英国造出了第一艘新型装甲舰——无畏舰。德国获悉后立即决定今后每年制造这类军舰四艘。大战爆发前夕,英国拥有大小军舰 688 艘,德国拥有 391 艘。在军备竞赛过程中,科学技术的每一重要成果无不被应用于军事工业,诸如烈性炸药、实心炮弹、飞艇、飞机、鱼雷、潜艇等新式武器装备先后出现。两大帝国主义军事集团已经走到了世界大战的边缘。

第二节　大战的爆发与战争进程

1914 年 6 月 28 日,萨拉热窝事件成为第一次世界大战的导火线。第一次世界大战从 1914 年 7 月爆发,到 1918 年 11 月结束,历时 4 年零 3 个月,以协约国的胜利和同盟国的失败而告结束。第一次世界大战是人类历史上第一次世界规模的战争,交战双方的目的都是为了瓜分世界,争夺殖民地。尽管塞尔维亚参战具有反侵略和民族解放的因素,但不能改变战争总体上的帝国主义性质。

一、大战的爆发和战争的性质

萨拉热窝事件是第一次世界大战爆发的导火线。1914 年奥匈帝国进行了一次以塞尔维亚为假想敌的军事演习。演习的地点定在毗邻塞尔维亚的波斯尼亚，演习的时间定在塞尔维亚沦为土耳其殖民地的“国耻日”即 6 月 28 日。狂热的军国主义分子、公开主张吞并塞尔维亚的奥匈帝国皇储斐迪南亲临检阅。这一切激起了塞尔维亚民族主义者的愤怒。6 月 28 日塞尔维亚爱国青年普林西普在波斯尼亚首府萨拉热窝刺杀了斐迪南夫妇，这就是“萨拉热窝事件”。这一事件的发生立即点燃了欧洲的火药库。

1914 年 7 月 28 日，奥匈帝国向塞尔维亚正式宣战，第二天午夜，炮击贝尔格莱德，开始了军事行动。此后，事态急剧发展，各国纷纷动员、宣战。7 月 30 日，俄国宣布总动员。31 日，德国向俄国发出最后通牒，要求俄国在 12 小时内取消总动员令。8 月 1 日，德国向俄国宣战。同一天，法国下达总动员令。8 月 3 日，德国以法国飞机侵犯德国领空和法国挑起边界冲突为借口向法国宣战。8 月 4 日，英国海军大臣温斯顿·丘吉尔命令英国军舰对德作战。8 月 6 日，奥匈帝国正式向俄国宣战。这样，欧洲各帝国主义大国，除意大利还在动摇外，都卷入了这场血腥的大厮杀中。8 月 23 日，日本借口“英日同盟”义务对德宣战。沙俄 11 月 2 日对亲德的土耳其宣战，英、法也于 11 月 5 日对土耳其宣战。仅 3 个月内，奥匈帝国和塞尔维亚的冲突就发展成为以德、奥、土为一方，以俄、法、英、日、比、塞及门的内哥罗为另一方的世界大战。

大战爆发后，交战双方各国政府纷纷发表声明、宣言等外交文件，千方百计地掩盖战争的真实原因和目的，宣称自己参战的正义性质，把战争罪责推给对方。德国声言战争的目的是“保卫祖国”，反抗“野蛮的俄罗斯人”的侵略，奥匈宣称“政府为维护其权利，不得不采用武力”。英国宣称为维护比利时的中立而战。俄国扬言为了抵抗“普鲁士野蛮人”而战。法国则说为“保卫法兰西而战斗”，等等。其实，他们是用这些欺人之谈来欺骗和愚弄人民，为其战争卖命。

第一次世界大战是一次非正义的帝国主义战争。从战争的起源来看，战争是两大帝国主义集团重新分割世界领土、争夺世界霸权的矛盾和斗争的产物。这次战争的发动者是各国资产阶级和王朝统治者，战争的目的是为了掠夺别国领土，奴役其他民族，争夺世界霸权，同时转移国内人民的视线，镇压国内革命运动和殖民地民族解放运动，战后巴黎和会所签订的各项条约便是最有力的明证。塞尔维亚的抗奥战争是正义的民族解放战争，但由于处于从属地位，具有局部性质，并不能改变整个战争的帝国主义性质。

二、战争的进程与结局

第一次世界大战的主战场在欧洲，战线有 3 条。西线在比利时、法国北部、德法边境，是英法对德作战的战场;东线自波罗的海南岸到罗马尼亚边境,是俄国对德、奥作战的战场;南线在巴尔干,是较次要的战线,奥匈对俄国及塞尔维亚作战。

战争初期,德国将主力投入西线,打算通过速战速决的战略,从德、比边境未设防的地区进攻法国,在4至6周内迫使法国投降,然后调军东进,攻击俄国,预定3个月内结束战争。但这一战略遭到了破产。1914年9月初,英法联军在马恩河战役中击败德军。此后,西线的主要战斗是“奔向海岸”,即争夺法国北部多佛尔海峡沿岸地区。在东线,俄、德之间的东普鲁士战役和俄、奥之间的加利西亚战役,前者俄国失败,后者俄国却取得胜利。南线是塞尔维亚对奥匈的战场,奥军损失28万多人。到1915年,德、奥增兵东线,俄军被迫东撤,但德、奥始终未能取得决定性胜利,无法抽兵至西线;而西线英、法军队也未能突破德军防御阵地。在1915年4月的伊珀尔战役中,德军公然违反海牙国际公约,首次使用了毒气。1916年是大战的关键一年,交战双方最大限度地调动了本国的人力、物力投入战争。西线发生了凡尔登大战,德军失败,从此开始走入下坡路。另一次大战是索姆河战役,英军首次使用坦克,但时速仅有6公里,尚不完善。东线俄军发动“布鲁西诺夫进攻”,取得胜利。

在海战方面,1916年5月31日至6月1日,德、英双方在日德兰半岛以西的海域展开了大战期间的最大一次海战,英军损失舰船14艘,德军损失舰船11艘,但英国仍然掌握着制海权。空军此时刚刚诞生,但发展很快。到大战结束时,协约国共有8000架飞机,不过空战的威力并不是太大。经过1916年战事,同盟国的消耗增大,战略主动权开始转到协约国手中,其军事力量开始超过同盟国。

1917年,德军陆上处于被动地位。为对付英军的海上封锁,德军以“无限制潜艇战”进行报复。1917年4月,潜艇战达到高潮,从英国开出的商船有四分之一被击沉。但协约国很快创造出“流体测音器”来侦察潜艇行踪,还在多佛尔海峡布满电网、深水炸弹等反潜艇装置,使无限制潜艇战最终破产。这期间,因德国击沉了几只美国商船,在战争中保持“中立”的美国以此为借口,对德正式宣战,进一步壮大了协约国的力量。继美国之后,中国、泰国、希腊、古巴、巴西等“中立”国家也都纷纷宣战,加入到协约国集团一方。

正在各交战国已精疲力竭、国内危机四伏的情况下,列宁利用日益成熟的俄国革命形势,经过周密准备,在1917年11月7日(俄历10月25日)领导发动了彼得堡武装起义,推翻了资产阶级临时政府,建立了无产阶级专政的苏维埃政权。为了早日退出战争,巩固苏维埃政权,1918年3月,苏俄忍痛接受德国提出的苛刻条件,单独与德国签订了“布列斯特—立托夫斯克和约”。十月革命的胜利和苏俄退出战争,在亚、非、欧各国引起了民族民主革命的高潮,加速了第一次世界大战的结束。

1918年同盟国集团已露败迹。为挽回败局,3月至7月德国在西线发动了5次大进攻,均遭到失败,力量消耗殆尽。而英法协约国则从9月转入总攻,使德国主力瓦解。协约国的大举进攻,先后迫使保加利亚、土耳其和奥匈帝国投降,德国已陷入绝境。11月3日德军基尔港水兵起义，10 日德皇威廉二世逃往荷兰，11 日德国代表与协约国签订了停战协定。第一次世界大战经过 4 年血战以同盟国的失败宣告结束。

第三节　一战的历史影响

由帝国主义争霸而引起的第一次世界大战，是人类历史上的一场空前浩劫。大战并未从根本上解决帝国主义之间的矛盾，反而增加了战胜国与战败国的矛盾，使帝国主义国家遭受了沉重打击。战争也引发了无产阶级革命的发生，动摇了资本主义的世界体系，极大地促进了亚非拉各国民族解放运动的空前高涨。世界历史由此进入到了一个新的时期，即世界无产阶级社会主义革命的新时期。

一、大战造成的损失和破坏

第一次世界大战前后持续了 4 年零 3 个月，参战国达 31 个，包括六大洲 15 亿人口，占当时世界人口的四分之三。战争中双方动员了约 7351 万人走上前线，其中协约国方面达 4835 万人，同盟国方面为 2516 万人。主要交战国中被动员入伍者在有劳动能力的男性公民中所占比例高达 50%，在某些国家，例如法国，甚至超过半数。在整个战争中，在长达数千千米的战线上，大规模会战不下数 10 次，每次会战几乎都是一次大屠杀。交战各国不仅动用了全部新型武器，而且动员了所有的政治、经济和宣传舆论力量。

战争所带来最直接、最明显的后果是人力、物力的巨大损失和破坏。直接死于战争的军人高达 900 万人，另有 2000 多万人受伤，350 万人成为终身残废，饿死、疫死者大约 1000 万人。战争中，各参战国直接用于战争的费用达 3599 亿美元，战争造成的直接经济损失约 1805 亿美元，间接经济损失约 1516 亿美元。大量的房屋、铁路、桥梁、工厂、农田遭到破坏。协约国和中立国的商船损失总计高达 1285 万吨，其中被潜艇击沉的达 1115 万吨。生产遭到沉重打击，纯粹从经济角度估计，欧洲的工业发展倒退了 8 年。

二、帝国主义列强力量的消长

第一次世界大战的重大后果之一是欧洲的衰落和美国、日本的兴起。

罗曼诺夫王朝统治的俄罗斯帝国、霍亨索伦王朝统治的德意志帝国、哈布斯堡王朝统治的奥匈帝国灭亡了。欧洲的 3 个反动堡垒被摧毁，代之而兴的是人类第一个社会主义国家苏联和德意志共和国、奥地利共和国、波兰共和国、捷克斯洛伐克共和国、匈牙利共和国等一系列资产阶级共和国。

英、法虽然是战胜国，但在战争中被严重削弱。英国在一战中死亡 94.7 万人，受伤者达

212 万多人，战争费用超过 80 亿英镑，由于向美国借债 44 亿美元，逐渐失去了金融中心的地位。虽然从表面上看，英帝国的疆域更加扩大，但各自治领的离心力日益加强，英帝国终于改组为英联邦；印度等殖民地争取民族独立的斗争如火如荼，再也无法把它们平息下去。英国作为世界第一经济大国的地位早在 1913 年已经让位给美国，战后英美之间经济实力的差距则拉开得越来越大，英国海上霸主的地位也一去不复返了。

法国是参加第一次世界大战的主要国家和主要战场，在协约国方面，它的损失最大。在整个战争期间，法国的阵亡者达 130 多万人，受伤者超过 300 万人，物质损失共计 2000 亿法郎，工业和农副业产量都只有战前的 57%～60%，欠下了美国近 40 亿美元和英国 6.5 亿英镑的债务。尽管战后法国一度是欧洲大陆上最强的国家。但它想长远压制德国的企图遭到了英国和美国的反对与破坏。1924 年法国占领鲁尔失败后，便最终丧失了处理德国问题的主动权。当 20 世纪 30 年代纳粹德国崛起后，法国统治阶级只想苟安求和，保住既得的利益。而一般的百姓对第一次世界大战中的巨大伤亡和破坏记忆犹新，人心厌战。朝野上下弥漫着和平主义和畏战情绪，以致在 1940 年 5 月德军进攻时，不仅没有再出现凡尔登的奇迹，而且在短短的 40 多天内就战败投降了。

总之，欧洲已经走向没落，而在第一次世界大战前夕已经兴起的美国和日本却利用战争之机大大发展了自己的力量。美国除未遭受战争破坏外，其战争费用也比其他国家低。英国的战争费用占国民财富的 32%，法国占 30%，德国占 22%，美国只占 9%。战争中，美国接受了各国的大批订货单，从 1914 年 6 月到 1917 年 6 月，美国共输出了 69 亿美元的商品，美国的贸易顺差由 1914 年的 4.3 亿美元激增到 1917 年的 35.6 亿美元。出口的猛烈扩大带动生产的急骤发展。从 1915 年起，美国进入了一个为时 5 年的新的“战争繁荣”周期。以制造业为例，1913 年至 1920 年的 7 年间，欧洲制造业生产量下降了 23%，美国却增长了 22%。至 1920 年，美国的发电量相当于欧洲的总和，钢产量占全世界产量一半以上，石油产量占世界产量的 2/3。参战前的 1916 年，美国国民生产总值为 1313 亿美元，1918 年上升到 1518 亿美元。农业总收入从 1914 年的 78 亿美元，激增至 1915 年的 100 亿美元的空前未有的水平，再猛增至 1919 年的 177 亿美元(以上均按 1958 年的美元价格计算)。

战后美国已成为世界上最大的债权国和最大的资本输出国。美国的国外投资从 1913 年的大约 20 亿美元增加到 1930 年 150 亿美元，其中 30%投放在欧洲。到 1919 年协约国欠美国债务 100 亿美元，其中英国向美国借了大约 40 亿，法国向美国借了 30 亿，全世界共有 20 多个国家欠了美国的债务。美国的黄金储备大为增加，从 1913 年的 7 亿美元增加到 1921 年的 25 亿，到 1930 年再增加到 45 亿，世界黄金储备量的 40%已在美国手里。英国的黄金储备量从 1913 年的 2 亿美元到 1921 年只增加到 8 亿。国际金融中心开始从伦敦转向纽约，美元在世界货币中的地位上升，英镑地位开始下降。

第一次世界大战也使日本获得了异乎寻常的畸形发展。它利用“大战的天赐良机”，几乎独占了中国东北的市场，趁英、荷、法忙于战争，加紧向其殖民地进行经济渗透。俄、英等协约国的大量军需订货也大大刺激了日本经济。由于德国实施潜艇战，协约国船只遭到打击，日本海运业首先发展起来。海运业又带动了其他行业，工农业生产空前活跃起来，兴办企业投资越来越狂热化，公司利润成倍激增。大战期间，对外贸易增加 4 倍，银行资产增加 2 倍，各项生产平均增长 1 倍。1914—1919 年工业总产量实增 1.8 倍，其中尤以造船和海运最为突出。短短几年内，日本由农业国变成工业国（不过其工业化水平和技术水平仍不高），由外贸长期入超变成出超，由债务国变成债权国。1914—1919 年日本国际收支顺差额累计为 30 多亿日元，除抵偿日本战前所欠外债 17 亿日元外，还购买英、法、俄国战时公债和贷给外国 27.7 亿日元。

三、战争引起的一系列革命

第一次世界大战最重要的政治后果之一是无产阶级社会主义革命在俄国的胜利以及在俄国革命影响下一系列无产阶级革命和资产阶级民主革命的爆发，这是两大帝国主义集团在发动战争时所绝对没有料到的。

战争开始时，双方都抱有速胜希望，但到 1916 年底战争已形成僵持局面。这时，协约国的前后方军队已达 2500 万人，同盟国也达到 1500 万人左右。由于大批农民被征入伍，以致许多土地荒芜，农畜产品普遍减产，物价则不断上涨。1916—1917 年间的严寒冬季给交战各国的劳动人民带来深重的灾难，许多人冻饿而死。人们越来越怀疑究竟为什么要打这场战争。随着交战国经济危机的加深，人民的反战运动日益高涨。法国的罢工人数在 1916 年为 4.1 万人，1917 年猛增至 29 万人，罢工工人提出了“打倒战争”的响亮口号。德国 1917 年 4 月的罢工最为激烈，参加人数达 30 万人，工人们强烈要求实现不兼并别国领土的和平。前线士兵的反战情绪高昂。1917 年 5 月和 6 月的法国兵变最有代表性，大约有 3～4 万士兵拒绝执行作战的命令，他们说再也不愿为每日的 5 个苏（相当于 1/4 法郎）去送命。

在交战各国中，反动、腐朽的沙皇俄国危机最深，因此在这里首先爆发了革命。俄国的落后经济本来就支持不了一场旷日持久的战争，更何况国民经济在战争中还遭到了严重的破坏。1914—1917 年间，有 1500 万人应征入伍，但仅制造了 330 万支步枪。无枪的士兵在暴风雨般的霰弹片中耐心等待着拾起倒下的同伴的步枪。由于农民大批入伍，农业劳动力大大减少，耕畜从 1914 年的 1800 万头减至 1917 年的 1300 万头。粮食收获量减少 1/4。指挥无能，再加上严重缺乏武器弹药，俄军到 1917 年 1 月底已损失 600 万人（包括死、伤、失踪、被俘）。战争临近结束时，损失人数增至 800 万人左右。工人、农民和士兵忍饥挨饿，流血牺牲，他们忍无可忍，只得起来斗争。二月革命后，临时政府执迷不悟，继续帝国主义战争，这就决定了它必然走向灭亡。在布尔什维克党和列宁的领导下，十月社会主义革命终于取得成功。

在俄国革命的影响下，又爆发了震撼欧洲的德国十一月资产阶级民主革命、匈牙利无产阶级社会主义革命以及英、法、美等国无产阶级支持苏俄的政治罢工。

四、民族解放运动的新高潮

俄国 1905 年革命以后，土耳其、伊朗、中国相继发生了革命，印度也出现了革命运动。第一次世界大战进一步促进了殖民地半殖民地民族解放运动的发展。战争期间，帝国主义宗主国忙于互相厮杀，暂时放松了对殖民地半殖民地的控制，它们的民族工业得以乘隙发展，民族资产阶级和无产阶级的队伍也随之壮大起来，成为反对帝国主义的重要的政治力量和社会力量。帝国主义国家还从殖民地大量征兵，这促使殖民地的人民熟悉了军事技术装备和革新的机械，他们又利用学到的本领去反对殖民统治者。战争促进了各国人民革命意识的增长，极大促进了被压迫民族的民族解放运动的蓬勃兴起，人类进入了无产阶级革命和民族解放运动的新时代。

五、军事理论和新技术的发展

第一次世界大战的经验，对军事学术的发展产生了重大影响。战后出现的总体战、闪击战、坦克制胜论、空军制胜论等各种军事理论，都是从不同角度总结大战经验的结果。第一次世界大战也成为一系列新技术发展的催化剂，在这场空前的战争中世界军事发生巨大变革。在武器装备上，除传统武器的威力得以加强外，坦克、机关枪、飞机、潜艇和化学武器等现代化武器相继装备部队并运用于实战。战争期间，才发明不久的飞机受到一些国家的重视，很快进入实用阶段。军用飞机在战场上成为一支新军。在大战期间，汽车的机动性也引起人们的关注。战前在欧洲和美国的街道上占主导地位的马车，很快被汽车取代。德国等原料缺乏的国家，为了应付敌方的封锁，大力发展化学合成技术。从而推动了化工技术的发展。战士对物资的旺盛需求，也促使人们不断地改进生产流程，为生产管理的革新提供了条件。此外，大战期间出现了空军、装甲兵和化学兵等新的军兵种。新式武器装备和新军兵种的产生，不仅增加了战争的残酷性，也促进了新的战术思想和理论的产生发展，特别是现代化诸军兵种的合同作战的产生发展。

第四节　一战后的资本主义世界体系

第一次世界大战后，帝国主义列强的争霸斗争从战场转移到和会的谈判桌上。由于战败的同盟国暂时失去了继续争霸的资格，新的争霸斗争便在战胜的协约五国——英、法、美、意、日之间展开。凡尔赛—华盛顿体系就是战胜国集团在全球范围内对世界秩序的重新安排，是帝国主义之间相互关系的一次大调整。它构成了 20 世纪 20 年代欧洲国际关系和资本主义世界秩序的基础。

一、巴黎和会和凡尔赛体系的建立

第一次世界大战结束后，协约国便积极筹划召开和平会议，以解决分赃、反苏和建立战后帝国主义国际秩序这三大问题。1919 年 1 月 18 日—6 月 28 日，和会在巴黎近郊凡尔赛宫正式召开。27 个战胜国代表，一些殖民地国家，新成立的国家以及一些社会团体的代表参加会议，中国北洋政府派遣以外交总长陆正祥为首的代表团出席。战败国被禁止与会，苏俄也被排除在外。这次会议自始至终充满着尖锐的矛盾和斗争，帝国主义列强都想为自己捞取最大的利益。对德国的和约问题是巴黎和会讨论的中心问题，主要包括边界、赔款、军备和殖民地等问题。经过几个月的激烈争吵，列强在一些主要问题上达成了协议，拟定了对德和约的草案。6 月 28 日，德国政府被迫全盘接受和约，由德国新任外长米勒和司法部长贝尔代表德国政府在凡尔赛宫的镜厅签署了《协约和参战各国对德和约》，即《凡尔赛和约》。根据和约，德国失去了全部海外殖民地和势力范围，失去了八分之一领土和十分之一的人口；废除义务兵役制，不得拥有空军、坦克和潜艇，陆军人数不能超过 10 万人，建立莱茵非军事区等；此外，还有经济和战争赔偿等问题。和会期间，还通过了由美国总统威尔逊提出的建立国际联盟的《国际联盟盟约》。

巴黎和会签署的《凡尔赛和约》和《国际联盟盟约》，以及随后协约国与德国战时盟国奥地利签订的《圣日耳曼条约》，同保加利亚签订的《纳依条约》，同匈牙利签订的《特里亚农条约》，共同构成了一个互为联系的条约体系，即“凡尔赛体系”。它建立了帝国主义在欧洲、西亚和非洲的国际“新秩序”，使这些地区的政治、经济、军事活动又重新纳入它所控制的轨道。这是人类历史上第一个世界性的帝国主义“国际和平体系”，其实质是以英、法帝国主义为中心，重新瓜分殖民地。凡尔赛体系的建立暂时巩固了战胜国对战败国的控制，但由于该体系对战败国过于苛刻的条款难以执行，列强分赃不均矛盾突出，新的殖民统治形式不能阻止殖民主义体系危机的发展，决定了这一体系注定是要瓦解的。

二、华盛顿会议和华盛顿体系的建立

凡尔赛体系只是调整了帝国主义各国在欧洲、中东和非洲的矛盾冲突，而在远东和太平洋地区，帝国主义列强还没有来得及根据其实力对比建立一种战后新秩序。在这一地区的政治舞台上，主要表现为美、英、日三国的争夺，而争夺的中心在中国。美英在经济上的矛盾主要是争夺销售市场、投资场所和原料产地，在政治上最突出的是海军军备和英日同盟问题。按照美国国会批准的海军建设计划，美国舰队到 1924 年应成为世界上最强大的舰队，这对英国海上优势是直接的挑战。随着战后德国的败亡和美国的崛起，海军军备竞赛已从

英、德两国在北海和大西洋地区的争夺转移到以英、美、日为主在太平洋地区的竞争。但是，列强之间愈演愈烈的海军军备竞赛在战后初次经济危机的影响下，已显得捉襟见肘。美国虽然拥有比英国更多的资金，但由于战前海军实力大大落后于英国，起点很低，在太平洋地区又没有多少海军基地，实现海上霸主的计划一时很难办到。因此，美国试图通过外交途径讨论海军军备问题，以限制对手。

1921年8月21日，美国总统哈定向英、法、日、意、中五国发出参加华盛顿会议的正式邀请，讨论“远东及太平洋”和“海军军备限制”两大问题。1921年11月12日—1922年2月6日，美、比、英、法、意、荷、葡、中、日九国代表在美国首都华盛顿召开会议。会议批准并通过了7项条约和12项决议案，其中主要有：《四国条约》《五国海军条约》《九国公约》和中日《解决山东问题悬案条约》。根据《五国海军条约》的规定，美国取得了与英国平起平坐的资格，标志着英国海军优势从此结束。而《九国公约》的签订，为美国进一步对华扩张和争夺远东及太平洋地区的霸权提供了条件，从而结束了日本独霸中国的局面。

华盛顿会议实质上是巴黎和会的继续。巴黎和会暂时调整了帝国主义列强在西方的关系，华盛顿会议则调整了帝国主义列强在远东和太平洋地区的关系。会议通过的条约和协定，确立了帝国主义在远东和太平洋地区的新体系，史称“华盛顿体系”。华盛顿体系的建立，标志着战胜国帝国主义在全球范围内基本上完成了对世界的重新瓜分和对列强关系的调整。凡尔赛体系和华盛顿体系所构成的战后帝国主义国家关系的新体系，历史上总称为“凡尔赛—华盛顿体系”。这个体系的实质是，第一次世界大战中的战胜国帝国主义列强共同宰割战败国、反对苏俄和民族解放运动。在此基础上，以新的实力对比，通过激烈的争夺，建立起一个暂时的妥协局面。这个体系是极不稳固的，它没有也不可能根本解决当时战败国与战胜国之间分赃不均所造成的矛盾和利害冲突。随着帝国主义经济政治发展的不平衡以及实力对比的变化，凡尔赛—华盛顿体系的“均势”必被打破，体系的崩溃也就不可避免了，第二次世界大战正是在此基础上爆发的。

思考题

1. 为什么说帝国主义是战争的根源？
2. 第一次世界大战对20世纪人类历史的进程产生了哪些影响？
3. 怎样正确认识凡尔赛—华盛顿体系的性质和作用？

第十章　俄国十月革命和苏联社会主义建设

第一次世界大战末期，俄国具备了进行无产阶级革命的历史条件，列宁制定了由资产阶级民主革命过渡到社会主义革命的路线，领导俄国人民推翻了资产阶级统治，建立并巩固了苏维埃政权，摸索出一条经济建设的正确道路，在国民经济恢复的基础上，开始了苏联社会主义建设的新时期。

第一节　俄国十月革命的胜利和苏维埃政权的巩固

1917 年，俄国十月革命爆发，建立了世界上第一个社会主义国家政权。十月革命胜利后，苏维埃政府在列宁领导下制定了正确的对内对外政策，赢得了广大人民的支持，打败了叛乱的沙俄军队和国外干涉军，巩固了革命政权。

一、俄国十月革命的历史条件

1861 年农奴制改革后，俄国在数 10 年时间内走过了欧洲用几个世纪走过的道路，并且资本主义的发展达到了相当程度，19 世纪末 20 世纪初进入了帝国主义阶段。

俄国资本主义的发展，为实现资产阶级民主革命向社会主义革命过渡提供了必要的物质前提。同时，俄国向垄断资本主义过渡是在世界资本主义更为发展和国内资产阶级革命尚未完成的情况下实现的，这决定了俄国除了具有一般帝国主义国家的特征以外，还有其自身的特点。

(1)保留了严重的农奴制残余，主要表现为经济上的地主土地所有制和政治上的沙皇专制制度。在俄国，虽然封建土地所有制和剥削方式同资本主义剥削方式相结合，但是，封建的土地所有制和封建的剥削方式仍占统治地位，3 万户地主所占土地相当于 1000 万户农民所占土地。先进的生产方式同旧时代封建生产方式同时并存，使农民遭受难以忍受的超经济剥削和压迫。政治上，实行沙皇专制统治，实质上是贵族地主同大资产阶级相勾结的联合专政。

(2)对外国资本严重依赖。俄国成了外资的输入场所，外资大量输入渗透，在俄国经济生活中占有重要地位。1914 年俄国工业股份资本总额中外资的比重占 43%，采煤、石油、金属加工等主要重工业部门大多数为外资控制。除了直接投资外，外国资本还给沙皇政府巨额贷款。1913 年，俄国的全部外债已高达 55 亿～60 亿卢布，使得沙皇政府一方面严重依赖于外国资本家，另一方面又残酷掠夺本国人民和欧亚弱小国家，保留了严重的农奴制残余，不仅不注意发展科技，而且还注重落后的生产方式，阻碍了生产力和科技的发展。

俄国虽然是一个农民占多数的国家，而且是欧洲最落后的国家，但是，俄国具备了首先爆发革命与取得胜利的条件。

俄国有一支强大的革命队伍。俄国工人阶级深受重重压迫，这些压迫来自国内外资产阶级、沙皇专制制度，来自大地主阶级间接或直接的压迫。但是，俄国工人阶级高度集中，特别富有革命性、战斗性。同时，俄国工人阶级登上政治舞台晚于西欧国家的无产阶级，既能吸取西欧工人运动的斗争经验和教训，又能避免西欧工人运动所犯的错误。所以，俄国工人阶级只要在布尔什维克党的领导下，就能走在运动的前面。俄国的农民深受封建剥削压迫，时间之长，程度之深，是西欧国家的农民所无法相比的。1905 年革命并没有解决土地问题，使得资产阶级民主革命同社会主义革命的距离缩短。农民在争取土地的斗争中认识到不能指望资产阶级解决上地问题。只有在无产阶级及其政党的领导下，才能获得解放，获得土地。于是，农民自发地倾向工人阶级，成为工人阶级的同盟军。俄国有一百多个少数民族，长期以来，沙皇推行大俄罗斯政策，各民族人民不堪忍受沙皇专制统治，民族起义与工农运动相结合，成为一支强大的力量。

俄国有一个坚强的无产阶级政党和领袖集团。俄国布尔什维克党在 1903—1917 年经历过数次革命锻炼和考验，特别是经历了 1905 年革命的总演习，经验丰富，是各党中唯一抵制了机会主义、改良主义、坚持马克思主义原则的政党，并且这个党有以列宁为首的一批政治上成熟的领袖集团的领导，这是革命胜利的重要条件和根本保证。

俄国有一个有利于革命的国内、国际形势，这是由一战造成的。从国内看，一方面，沙皇统治到帝国主义时代已经非常腐朽，一战又使其内外交困，统治阶级内部矛盾重重。另一方面，人民群众革命高涨，力量不断壮大，工人运动、农民运动、少数民族反压迫歧视的斗争、反战的一般民主斗争等都将矛头指向沙皇。由于一战，造成了使工农运动相结合的环境，再加上俄国经过 4 年的帝国主义战争，在经济、政治，特别是在军事方面大大削弱，是帝国主义阵线最好的突破口，对无产阶级革命是极为有利的。无产阶级及其政党可以利用工农联盟的力量，抓住有利时机，采取同西欧不同的斗争方法，用武装起义夺取胜利。从国际上看，俄国北边为北冰洋，南边是一些殖民地半殖民地国家，都同情革命，帝国主义要镇压革命只能从东西方向镇压。而当时一战使两大军事集团伤亡数百万人，主要战场集中于西线，无暇东顾。东面日本力量有限，美国更是鞭长莫及。俄国布尔什维克党巧妙地抓住两个帝国主义集团战争的大好时机，发动革命。当时西方国家无产阶级革命运动正在兴起，俄国有了广大的同盟军，因此，俄国无产阶级革命并不孤立。

从全局看，俄国爆发革命是世界历史发展到20世纪的必然产物，既反映了共同的时局，又具有俄国的特色。这也说明，马克思主义的论断不能机械地用于任何时候、任何地方，原则性要与灵活性相结合，马克思主义既要坚持，更要发展。

二、“二月革命”和两个政权并存的局面

1917年3月（俄历2月），俄国无产阶级和其他劳动人民在布尔什维克党的领导下，推翻了沙皇专制制度，取得了资产阶级民主革命的胜利。从此，俄国人民开始了争取社会主义革命新胜利的时期。

二月革命后，俄国出现了两个政权并存的局面：一个是工兵代表苏维埃，一个是资产阶级临时政府。临时政府是实际掌握政权的机关，代表着俄国资产阶级和英、法、美帝国主义的利益，对内竭力保存旧的国家机器，对外继续进行帝国主义战争，企图消灭工人武装和苏维埃，建立单一的资产阶级专政的国家政权。而工兵代表苏维埃实权为孟什维克党和社会革命党人所掌握，布尔什维克占少数。他们没有把二月民主革命推向深入，却热衷于与资产阶级大搞妥协，积极为临时政府辩护，用谎言欺骗人民群众，把国家政权拱手让给资产阶级。在这种情况下，布尔什维克党迫切需要制定一套完整的社会主义革命的方针、战略和策略，引导人民拨开迷雾，认清方向，将革命深入下去。

1917年4月16日，在国外流亡10多年的列宁从瑞士回到彼得格勒，数千名工人、士兵汇集在车站广场欢迎他的归来，列宁发表了号召人民群众争取社会主义革命的演说。第二天，列宁向布尔什维克党中央委员会作了《论无产阶级在这次革命中的任务》的报告。4月20日，《真理报》发表了列宁的报告提纲，即著名的“四月提纲”。列宁分析了二月革命后时局的特点，指出了俄国社会的主要矛盾，回答了俄国革命所面临的主要问题，论证了资产阶级民主革命转变为社会主义革命的必然性，把夺取政权、实现社会主义革命的任务提了出来，制定了一条由民主革命转入社会主义革命的战略路线和具体计划，使全党有了一个明确的目标和行动方针，为实现俄国的社会主义革命提供了重要的理论前提。5月6日，布尔什维克党举行第七次代表大会，通过了“四月提纲”提出的社会主义革命路线和方针，提出“全部政权归苏维埃”的革命口号，并组成以列宁为首的新的布尔什维克党中央委员会。

在布尔什维克党的引导下，革命群众运动不断高涨。从5月初开始，彼得格勒接连3次爆发大规模的群众示威，使临时政府日益陷入危机之中，阶级力量的对比越来越有利于革命人民。5月18日，临时政府改组为由资产阶级、孟什维克和社会革命党组成的联合政府，但并没有改变资产阶级政府的本性。为了转移革命群众斗争的视线，7月1日，政府在西南战线上发起无谓而冒险的军事进攻，遭到惨败，伤亡6万多人。消息传来，举国震惊。彼得格勒群众及士兵掀起了大规模的示威游行，抗议政府的帝国主义战争政策。然而，联合政府对

和平抗议活动进行了血腥镇压，布尔什维克党的刊物被查封，列宁等党的领导人被通缉，整个俄国处于反动统治的白色恐怖之中。七月事件表明，两个政权并存的局面已经结束。

三、革命政权的建立

在资产阶级、孟什维克及社会革命党的一片喊杀声中，8月科尔尼洛夫将军率兵从前线返回彼得堡，要消灭布尔什维克和肃清政府中的失败主义者。这种叛变行为威胁了克伦斯基政府的存在。但克伦斯基手边并没有军队，于是他要求全民武装镇压这次叛变。在布尔什维克党领导下，工农武装镇压了科尔尼洛夫叛乱。通过这一事件，布尔什维克组织了赤卫军，有了革命的武装，革命形势的发展日益成熟。

9月25日至27日，列宁向布尔什维克党中央发出号召，必须抓紧时机，通过武装起义夺取政权。10月20日，列宁秘密回到彼得格勒，直接领导武装起义的准备工作。10月24日（公历11月6日），彼得格勒工人赤卫队、士兵、水兵在列宁领导下开始了起义。10月25日，首战告捷，资产阶级临时政府被推翻。当天晚上，全俄工兵代表苏维埃第二次代表大会召开，通过了列宁的《告工人、士兵、农民书》，向全世界宣告全部政权归苏维埃。大会还通过了《和平法令》《土地法令》，选举了第一届苏维埃人民委员会，列宁当选为主席。1918年1月，全俄苏维埃第三次代表大会开幕，宣布俄国为工兵农苏维埃共和国，全国一切苏维埃组织及政权全部归属无产阶级政府，同时，会议还提出了苏俄社会主义建设的纲领以及无产阶级专政的基本任务等。这次大会，标志着无产阶级新型国家的确立。一直到1918年2—3月，苏维埃政权在全国范围内建立起来，列宁称之为"凯歌行进时期"。

俄国十月革命是人类历史上一次深刻的社会革命，它的成功，大大改变了世界历史的进程，揭开了世界历史的新纪元。它不仅推动了西方国家工人运动的发展，而且也促进了东方殖民地半殖民地人民的解放斗争，使马克思主义在全世界得以广泛传播，给其他国家树立了一个样板，提供了宝贵的经验教训。

四、俄粉碎国内叛乱和外国武装干涉的斗争

十月革命胜利后，新生的苏维埃政权面临着十分严峻的形势。在国内，它遭到被推翻的地主资产阶级的猛烈反抗；在国外，各帝国主义国家施加种种压力，千方百计要把苏维埃政权扼杀在摇篮里。巩固新生的革命政权，反击国内外反动势力的武装干涉，成为布尔什维克党和人民的迫切任务。

十月革命胜利后，苏维埃政府重建军队、法院和警察等专政机构，并建立了全俄肃反(委员会简称契卡)，镇压反革命分子。在经济领域，1918年6月苏维埃政府把基础工业收归国有，同时废除了沙皇和临时政府所欠的一切外债。农村从1918年2月起，开始平分土地，农民革命积极性空前高涨。

但是被推翻的剥削阶级绝不甘心失败,他们尽一切力量妄图复辟。1917 年底,沙俄军队发生了叛乱。叛乱有 3 个中心:第一个在乌克兰和高加索地区。叛军开始由科尔尼洛夫后来又由邓尼金指挥。这支叛军活动在顿河地区。1918 年 1 月,由德国支持的乌克兰分裂主义者在基辅宣布独立,形势十分严峻。第二个中心在白俄罗斯和波罗的海地区,由尤登尼奇指挥叛乱。第三个中心在西伯利亚,由海军上将高尔察克组织叛乱。高尔察克得到约四万捷克战俘组成的捷克军团的配合,曾控制了乌拉尔山脉以东的大部分地区、自称“俄国最高统治者”。

协约国早在 1918 年初就开始出兵支持叛乱的白俄军队。协约国的干涉有以下三点考虑:第一,占领主要的俄国港口,以免储存在这些港口的作战物资落入德军手中;第二,协约国认为苏维埃政权将很快失败,因此支持一切叛乱的军队和白色地方政权;第三,英法把顿河流域、高加索山区、克里米亚半岛、乌克兰、比萨拉比亚看成他们的势力范围,因此尽一切力量不让苏俄政府收复这些地区。

1918 年 4 月英军在俄国北方港口摩尔曼斯克登陆。不久法军、美军和塞尔维亚军队也先后在此登陆。同时,日、英、美军队也在海参崴登陆。8 月,英军占领高加索地区,给予邓尼金指挥的白俄军队有力支持。法军 1918 年 12 月又在黑海地区敖德萨登陆,支持白俄军队。

日军出兵是为了向西伯利亚扩张,美军则为了与日本进行争夺,阻止日本在西伯利亚建立势力范围。其他各国都有自己的侵略目标。

但是白俄军队在叛乱中各自为政,而且地处俄国边缘地带,力量不能集中。而各个帝国主义国家的干涉军支持不同地区的白俄军队,易于被苏俄红军各个击破。

苏俄红军为了巩固革命果实而战,因此得到广大人民支持,这是红军战胜国内外反动军队的根本保证。红军还具有物质上的优势,即控制着国家中心,包括重工业和军火工业。此外,红军拥有内线交通的有利条件。最后,托洛茨基在组织红军中表现了杰出的才能,也是红军取得胜利的原因之一。

1920 年 11 月,红军打败了弗兰格尔男爵领导的白军后,基本取得内战的胜利。

外国干涉军在苏俄红军打击下节节败退。同时协约国各国人民强烈要求政府不干涉苏俄革命,从苏俄撤军。协约国在确信不可能推翻苏维埃政权后,于 1919 年夏做出撤军决定。到 1919 年 10 月,协约国军大部撤出苏俄本土。1922 年 10 月日军完全撤出苏俄。

这样苏俄打败了国内外反动军队。在内战结束的同时,苏俄红军于 1920 年 10 月打败了干涉苏俄内战的波兰军队。1922 年 1 月 30 日,苏维埃社会主义共和国联盟第一次苏维埃代表大会在莫斯科召开,通过了苏联成立宣言和联盟条约,苏维埃制度正式建立起来。

第二节 战时共产主义向新经济政策的转变

1918—1921年,俄共(布)在战争的特殊条件下,提出和实行了军事性的经济政策——“战时共产主义”政策,这是俄共(布)在寻求社会主义建设道路方面的初步尝试。“战时共产主义”对保证战争胜利和保卫新生苏维埃政权来说,是“一种功劳”。但是,在恢复国民经济和进行社会主义建设的新时期,苏维埃国家却遇到了严重的困难。这种情况下,俄共(布)开始实行新经济政策,迈出了转向社会主义经济建设的伟大战略转变的第一步。

一、战时共产主义政策

由于第一次世界大战和内战的破坏,新生的苏维埃国家面临着严重的经济问题。在1920年至1921年的严冬,苏俄人民的生活极其艰难。1921年夏,谷物又歉收,除有数百万人死于战争外,又有许多人死于饥饿。

为了巩固新生的苏维埃政权,从1918年至1921年,列宁实行了战时共产主义政策。这是一种非常时期的经济政策。为了制止经济的继续滑坡,早在1917年12月,布尔什维克党就建立了全国最高经济委员会,接着建立了国家计划委员会,推行计划经济。1918年6月以后,苏维埃政府进行工业国有化,并将全部工厂企业分属52个总管理局,实行高度集中管理。苏维埃政府还取消了私人贸易,实行粮食和生活必需品的定量配给制和实物工资制,推行义务劳动制,实行余粮征集制。余粮征集制是上述办法中最重要的应急措施。在内战中有500万红军战士和城市工人需要粮食,获得粮食在当时是最重要的任务。

列宁从来十分重视工农联盟,认为工农联盟是取得革命胜利的根本保证之一。然而由于战争的破坏,工业生产停滞,通货膨胀厉害,在当时钞票的价值已贬到几乎为零,而工厂又不能生产可以交换粮食的产品,因此各地富农就囤积居奇,不肯出售粮食。为了得到粮食,列宁实行依靠贫农的政策,派出征粮队,向富农征粮。征粮队还协助贫农委员会完成国家下达给各省、县、乡以及各户的收购任务。余粮征集制使苏维埃国家度过了最困难的时期,为革命做出了巨大贡献。

战时共产主义作为一种适应当时严酷的历史环境的特殊经济政策,作为一种战时措施,可以说获得了完全的成功,也创造了奇迹。它使布尔什维克党能在资源极其缺乏的条件下,把有限的资源和生产能力首先用来满足战争的需要,对保证反对国内外武装干涉和叛乱起到了重要作用。可以说如果没有战时共产主义,就不可能保证战场上的胜利,也就不可能有苏维埃共和国的生存。

但是,作为直接过渡意义上的经济发展形式,战时共产主义却是脱离了俄国的客观实际条件，违背了客观经济规律，它的实施使得1918年以来生产关系同生产力不相适应的现象更为严重，严重影响了工农利益。国内战争结束后，在广大人民群众中引起了强烈不满，又被国内外敌人所利用，引起了一系列暴乱。苏维埃政府被迫改变策略，实行新经济政策。

二、新经济政策

当国内战争结束后，战时共产主义作为特殊措施的意义便消失了，它的局限性立刻显示出来。这时，不仅在农民中，而且在城市工人阶级中，对于战时共产主义的不满情绪迅速增长，终于酿成了一场全国性的政治和社会危机。

对战时共产主义的不满和敌视情绪首先在承受着余粮收集制沉重负担的农村爆发出来。从1920年底开始，农民暴动像野火一样在全国急剧蔓延开来，规模越来越大，次数也越来越多。参加暴动的不仅有一贯敌视新政权的富农，而且也有相当一部分曾支持过苏维埃政权的农民。城市里的气氛也颇为紧张。在彼得格勒、莫斯科等城市出现了工人罢工浪潮。随后不久，在彼得格勒附近的波罗的海舰队基地喀琅施塔得爆发了大规模的水兵武装叛乱，叛乱的一个明显的特点是带有浓厚的政治色彩。叛乱者组成了临时革命委员会，出版了报纸，制定了自己的政治和经济纲领，提出了“政权归苏维埃，不归党派”的口号。喀琅施塔得叛乱虽然后来被平息，但这是一个危险的信号。

国内战争结束后的这些情况表明，战时共产主义既不适应和平时期的经济发展需要，更不是通向社会主义经济的阳关大道，向社会主义直接过渡被证明是此路不通，苏维埃政权已处于一个危险的十字路口。为了渡过难关，必须寻找新的出路，经济政策的转变已是势在必行了。列宁已经意识到了这一点，他认为，布尔什维克党过去所设想的进入社会主义的方式是错误的，根本行不通，只能改弦更张，通过间接的、迂回的道路向社会主义过渡，除此之外别无他途。

在这种情况下，1921年3月，俄共(布)第十次代表大会通过了《关于以实物税代替余粮收集制》的决议，标志着新经济政策的开始。新经济政策主要有以下几方面。

(1)在农业方面，废除余粮收集制，实行粮食税，同时把国家粮食征收额减少40%。农民交纳粮食税后，余粮可以在市场上自由出售。这种粮食税与余粮收集制的不同在于，粮食税不仅数额比余粮收集制低得多，而且还让农民在播种之前就知道他应交的数额。这样既减轻了农民的负担，又鼓励农民多生产。

(2)在工业方面，允许私人开设小工厂，同时把已收归国有的中小企业重新租借给国内的中小资本家，对外国资本家实行“租让制”，允许他们在苏俄建厂开矿。在管理体制方面实行“统一领导，分级管理”的体制，并在国家企业中实行经济核算，要求企业自负盈亏。

(3)恢复货币，发展贸易。1922年3月，俄共十一大决定恢复商品货币关系，将实物交换制改为现金贸易。随后，又取消了实物配给制，工资、税收等逐渐货币化。

(4)改变强迫和义务劳动制,实行借助于政治热情、物质刺激优先的原则,以物质利益为杠杆调动生产者的积极性。

新经济政策的实施,收到了很好的效果。到 1925 年,苏联国民经济的恢复工作就已基本完成。但新经济政策只解决了俄国的饥饿问题,农业虽有发展,但远远没有过关。

在农业上,个体农民仍占耕地总数的 98%。农业生产总量虽然从 1922 年最低水平上升,但在 1925 年仍低于 1913 年以前的产量。列宁曾准备解决农业问题,但长期的革命斗争和极度紧张的生活损害了列宁的健康。1921 年底列宁病倒,1922 年 5 月严重中风,右肢瘫痪,1922 年 12 月,健康状况恶化,1924 年 1 月 21 日逝世。

第三节　苏联社会主义建设的成就与失误

列宁逝世后,苏联的社会主义建设在斯大林的领导下进行,通过社会主义工业化和农业集体化,苏联逐步建起了社会主义,从而形成了斯大林的社会主义模式。"斯大林模式"最明显的特征是在政治、经济和文化体制上高度集中或高度集权,这种模式既取得了很大成就,又有严重弊病,对苏联社会主义建设产生了重大影响。

一、农业集体化

新经济政策的实施,使苏联经济得到了恢复,并高速推动经济向前发展。但是,苏联的小农经济拖了经济发展的后腿,其生产率低,不能给大工业的发展提供大量商品粮和其他原料。特别是在 1927 年到 1928 年冬春之时,农民,特别是富农反对增税和粮食的官方价格,因此出现了囤积居奇和投机倒把。显然,富农经济威胁着整个国民经济的发展。于是斯大林一方面采取紧急措施征粮,另一方面制定了农业集体化政策。

从 1928 年开始,苏联开始推行农业集体化政策。1929 年加快了农业集体化进程。大批中农加入了集体农庄,而富农的土地则被没收,成为集体农庄的财产。由于富农反抗和破坏农业集体化,因此开展了反对富农的斗争。对顽固分子,除没收他们的土地和财产外,还把他们流放到西伯利亚等地。这样农业合作化的进展顺利,到 1935 年 94%的土地已经实现了农业集体化。为了提高农业生产率,苏联政府还设立了拖拉机站,给各地集体农庄轮流使用。

农业集体化是苏联的一次农业社会主义革命,它破坏了农村中旧的生产和生活方式,开始了一种适合工业化的新的农业生产模式。从苏联此后工业化的迅速发展来看,在当时这一农业革命是有积极作用的。例如人多地少,是俄国长期难于解决的问题。但农业集体化后,有几百万农民多余出来,进入城市,成为产业工人。农业集体化促进了苏联工业化是一个不容抹杀的历史事实。

然而，由于农业集体化是强迫命令进行，并且在分配方式上存在平均主义问题，因此引起了一些矛盾，特别是使一部分被错划的中农产生抵触情绪，难以充分调动生产积极性。在集体化时，富农这些人砸烂农具，烧毁谷物并宰掉他们自己的牲畜。使苏联有一半以上牲畜被杀。到 1933 年，苏联官方承认，全国损失了一半以上的马，45%的牛，2/3 的绵羊和山羊。

到 1930 年春，农民的生产积极性并未调动起来，农业产量下降。斯大林领导下的苏联党和政府看到了这一点，政策上作了调整。斯大林发表了《胜利冲昏头脑》一文，纠正工作中的缺点。在 1932 年后，苏联政府允许农民拥有一块自留地，在完成国家收购任务后，可以自由出售自己的产品。这些属于私人的小块土地，成为了供应牛奶和肉类来源不足的重要生产地。

但是总的来说，农业生产恢复很慢，也影响到工业的发展。虽然苏联人口在增加，但经济只恢复到 1928 年前的水平。在 1941 年德国入侵前，苏联的农业生产水平不高，农业产量从未解决国内的需要。

斯大林坚决主张工业化，他认为社会主义不可能在一个主要是农民的落后国家建成，没有工业化，苏联不可能存在。他进行农业集体化的主要动机之一，也是克服农业危机，以免拖了工业化的后腿，他的这一政策，得到了大多数苏联领导人的支持。

二、工业集体化

1928 年 10 月开始，苏联开始了第一个五年计划，其目标是在该计划完成时，工业产值增加 2 倍，农业产量增加 50%。

苏联第一个五年计划的发展重点在俄罗斯地区、乌拉尔和西伯利亚，强调优先发展重工业、电力、钢、铁和机器制造业，该计划提前一年完成。苏联因建立了大型钢铁工业，建立了巨大的第涅伯河水电站，发展了电子工业，奠定了现代工业的基础。

第二个五年计划是从 1933 年至 1937 年。这一计划的完成，不仅使苏联的国民经济实现了完全的技术改造，使其工业产值超过德、英、法三国，跃居欧洲第一，而且极大改善了苏联人民的生活。因为在这个五年计划期间，苏联十分强调消费品生产。

从 1938 年开始的第三个五年计划，由于 1941 年德国的入侵而被迫中断了，但在其执行的头三年中，已经取得显著的成绩。在工业方面，约有 3 000 个新企业投入生产，到 1940 年，苏联年产生铁 1 500 万吨，钢 1 800 多万吨，石油 3 100 万吨。到 1941 年中期，苏联工业已完成了第三个五年计划所规定目标的 86%。在农业方面，到 1940 年，苏联的粮食产量已超过了 1913 年的水平，农村的机械化和电气化程度大大提高。但是，由于粮食需要量大幅度增长，所以直到苏德战争爆发前，苏联的粮食问题仍然没有完全解决。在国防建设方面，苏联增加了对国防企业的投资，在第三个五年计划期间，国防工业投资占整个工业投资的 1/4 以上，许多民用企业改为生产军用品，苏联得以大大扩充自己的武装力量。从 1930 年到 1939 年，苏联坦克增加了 42 倍，飞机增加了 5.5 倍，大炮增加了近 6 倍。

总之，到苏德战争爆发前夕，苏联已经成为一个强大的社会主义国家。在三个五年计划期间，苏联实现了工业化，完成了农业集体化和国民经济的技术改造，兴建了许多新的工业部门，工业产值比 1913 年增长了 11 倍，居欧洲第一位，世界第二位。所有这一切，在很大程度上都为未来的卫国战争做了准备。苏联共产党和斯大林的贡献是不可磨灭的。

三、苏联模式的形成与弊病

苏联成立后，苏联的社会主义建设是伴随着党内激烈的斗争进行的。列宁逝世后，斯大林利用他手中的权力，以组织手段击败了国内所有的反对派，按照自己的意志制定了一整套社会主义建设的路线和方针，从而形成了世界上第一个社会主义建设模式，即苏联模式，或称斯大林模式。

苏联模式包括经济和政治两个方面。

在经济方面，苏联的经济体制是高度集中的经济体制，其特征是：在处理中央与地方和企业关系上，中央集权过多，地方尤其是企业本身没有自主权，不管是宏观经济决策还是微观经济政策都由中央决定，统得太死。在计划经济和商品经济的关系上，把二者对立起来，强调计划经济，忽视商品经济，忽视价值规律的作用，由中央制定下达无所不包的指令性计划，统一执行。在管理经济的方法上，主要是通过国家政权，采用行政手段进行管理，忽视了经济手段，不是按照经济规律办事。在分配上，企业之间，劳动者个人之间存在着严重的平均主义，企业收入与劳动者个人收入同企业管理水平与劳动者贡献挂不上钩。

在政治方面，苏联的政治体制是高度集权的政治体制，其特征是党政合一，以党代政；干部实行自上而下的委派制和终身制；民主监督机制不健全；盛行个人崇拜，这必然会造成不够民主，这是苏联模式的重大弊病所在。

这种经济上高度集中和政治上高度集权是紧密相连的。高度集中的经济体制在历史上曾经起过积极作用。苏联刚刚建立时，在经济困难的条件下，只有依靠国家政权的力量，才能进行经济建设。可以说，这种经济体制是当时历史条件的产物，也能迅速见效。但是，它却带来了很大的后遗症。实践证明，这种模式使社会主义企业缺乏应有的活力，使社会主义劳动者缺乏应有的主动性和积极性，阻碍了社会主义生产的发展，必然导致官僚主义的恶习。国家用行政命令办法管理企业，颠倒了国家与企业、劳动者之间的关系，企业、劳动者成了国家的附属物，国家机关的领导人成为主人。国家对企业管理越严，机构就越庞大，容易导致机构臃肿，人浮于事。高度集权的政治体制必然造成民主不足，容易导致“左”的思想发展，产生讲大话、假话，不敢讲真话的现象，缺乏民主制度，个人说了算。这种“左”的倾向发展会带来很大的恶果，20 世纪 30 年代苏联肃反扩大化就是“左”的思想发展的必然结果。

苏联经济体制和政治体制的形成有其深刻的历史根源。俄国长期处于封建专制制度统治下，受封建专制制度的影响比较大，缺乏民主。再者，苏维埃政权建立后长期遭受帝国主义的进攻、包围，生产落后，只有集中大量资金、人才、物力才能发展经济，久而久之，就逐渐形成了苏联模式。

四、苏联的肃反运动

苏联的肃反运动开始于 1934 年 12 月 1 日基洛夫案件。这一天，联共(布)中央政治局委员、书记处书记、列宁格勒省委书记基洛夫遇刺身亡。案件发生后，斯大林赶到出事地点，亲自过问情况。由此，苏联开始了一场大规模的肃反运动。肃反运动于 1937 年和 1938 年达到高潮，从 1938 年下半年开始，肃反有所缓和，1939 年趋于结束。

长期以来，没有人知道肃反的具体情况，更不知道在肃反运动中被害人的确切数字，直到 1953 年 3 月 5 日斯大林逝世，赫鲁晓夫上台后，才开始重新调查。

肃反运动一开始，就出现扩大化的倾向。造成了许多冤假错案。在肃反运动中受到镇压的除了一些必须惩办的反革命分子外，在扩大化中有两种人也被镇压：一类是过去党内的反对派成员，如季诺维也夫、加米涅夫、布哈林、李可夫等人，都以“间谍”、“人民公敌”、“图谋推翻苏维埃政权”等罪名被处决；第二类是党、政、军的中上层领导骨干和知识分子阶层中的一部分也遭到清洗，无辜被杀。

在肃反扩大化中，由于任何一个中央委员、任何一名党员都可能被说成是叛徒、恐怖分子、颠覆分子、间谍，结果杀人过多，诬害了成千上万的党员、干部、知识分子和善良的公民，包括许多久经考验的老布尔什维克和高级干部。据估计，1936—1939 年约有 400 多万人遭逮捕和判刑。1934 年 1 月，党的“十七大”选出的 139 名中央委员和候补委员中的 98 人、1966 名代表中的 1108 人被捕或被镇压；领导十月革命的 29 名中央委员和候补委员中有 5 人被处决；首届苏维埃政府的 16 名成员中有 12 人被处决。军队干部受害的情况也十分严重，约有 2 万多名军官遭清洗，5 名元帅中有 3 人被镇压，十几位副国防人民委员无一幸免，15 名集团军司令中有 13 人被清洗。1938 年红军师级以上军官只有 39%保持原有职务。在被杀害的人中，有著名的党务活动家、卓越的军事领导人，如勃柳赫尔、布勃洛夫、叶哥罗夫、图哈切夫斯基等人，还有许多著名诗人、作家、记者、自然科学工作者。此外，肃反还涉及在苏联的外国共产党人，如匈牙利共产党创始人库恩·贝拉也死于肃反运动当中。

肃反运动的扩大化是对社会主义民主和法制的严重破坏，对苏联的经济建设和国防建设，对整个国际共产主义运动都带来了巨大的消极影响。

导致肃反运动扩大化的原因是多方面的。

(1)在理论上斯大林犯了错误。他认为社会主义越发展，阶级斗争就越尖锐，遭到敌人的破坏就越大，这些敌人是国外派来的间谍、特务。而国际上帝国主义利用斯大林这种想法制造矛盾，对苏联间谍活动频繁猖狂，斯大林对此十分敏感。

(2)斯大林认为，在极端复杂的国际国内环境中进行社会主义建设，要有铁的纪律和严格的集中制，这就从思想上和组织上助长了肃反扩大化的蔓延。

(3)当时苏联的国家保卫机关，主要是内务部确实钻进了像叶诺夫等这样的阴谋家，大搞刑讯逼供，制造假案、冤案，使肃反扩大到惊人的地步。

(4)肃反的扩大化与斯大林个人的领导作风也有关系。斯大林在其晚年活动中大权独揽，以个人意志代替集体决定，违反民主集中制和集体领导的原则，党和国家的许多重大问题都由他一人决定。

此外，他还大搞个人迷信。在联共(布)十七大上，代表们竞相颂扬斯大林是"人民的父亲""时代的杰出天才"，而斯人林则支持对其个人的颂扬。对斯大林的个人迷信，国家机关的官僚主义，造成对法制的破坏和非法的镇压，给苏联党和社会主义建设带来了严重的损失。

思考题

1. 简述战时共产主义政策的背景、内容和作用。
2. 如何评价斯大林模式。

第十一章　资本主义世界的经济危机和政治危机

资本主义经济危机是生产相对过剩的危机，它根源于资本主义的基本矛盾，1929 年资本主义世界的经济大危机是一战后国际关系的重要转折点，罗斯福新政为维护资本主义制度开创了国家干预经济发展的新模式，而德、日为了挽救危机则建立了法西斯专政，二战欧亚战争策源地形成。

第一节　1929—1933 年资本主义世界经济大危机

1929 年至 1933 年的世界经济危机是资本主义历史上持续最久、最严重的一次"生产过剩"的危机，它是资本主义发展的必然产物，是生产社会化与生产资料私人占有矛盾激化的表现，资本主义再生产的周期性过程不可避免地会导致新的经济危机。

一、资本主义世界经济危机的爆发及概况

一战的硝烟散去之后，资本主义国家在 20 世纪 20 年代普遍经历了短暂的相对稳定时期，帝国主义国家通过凡尔赛一华盛顿体系，在西方和亚太地区形成了新的国际关系格局，赢得了 20 年代资本主义相对的稳定和繁荣，各国均恢复和发展了在第一次世界大战中遭到严重破坏的经济，恢复了不完全的金本位制，稳定了货币流通，国际贸易也有了较大的增长。虽然这一时期各国不同程度地进行了大规模的固定资本更新，并通过"产业合理化"促使生产迅速发展和扩大，但劳动人民有支付能力的需求却相对缩小，这种无法调和的尖锐矛盾使得企业经常开工不足，随之造成大量工人失业，例如在美国，即使在经济最高涨的 1929 年，企业的开工率也只有 73%。但是，各国统治阶级却被虚假的经济繁荣景象所迷惑，大肆鼓吹"永久繁荣"的理论和幻想，并且继续扩大投资和生产，交易所也掀起了投机的狂热，从而促使生产和消费矛盾进一步激化，终于导致了一场空前严重和深刻的经济危机——1929 年至 1933 年资本主义世界经济大危机。

这场经济危机首先在最大的资本主义国家美国爆发。1929 年 6 月美国的工业生产已经开始呈下降趋势。10 月，美国证券市场出现价格猛跌的浪潮，一周之内美国人在证券交易

所失去的财富达100亿美元，由此开始，美国的国内经济就像雪崩一样开始全面滑坡。工厂内铁道上野草丛生，农场主为了销毁“过剩”的产品，把牛奶倒进密西西比河。危机不久便迅速扩大到加拿大、德国、英国、法国，并波及到许多殖民地、半殖民地和不发达国家，迅速席卷整个资本主义世界。危机期间，整个资本主义世界的工业生产下降了37.2%，虽然主要资本主义国家的下降态势很不平衡，但下降幅度之大却是其共同特点。生产的猛烈下降，使资本主义国家的工业生产跌回到20世纪初的水平。各国工业生产在危机最严重的1932年均大大低于第一次世界大战前的1913年，其中德国减少了48.2%，英国减少了29.3%，美国和法国分别减少了18.8%和8.0%，个别重要的工业部门倒退的幅度还要大，例如美国和德国的钢铁产量甚至跌落至19世纪90年代的水平。

危机不仅影响工业部门，而且也严重地波及农业部门，导致大量农产品过剩，农民破产。在农业危机下，世界贸易也遭到严重打击，与此同时还出现了严重的信贷货币危机，大批银行倒闭，整个信贷制度趋于崩溃，严重的货币信用危机更加剧了经济危机的破坏性，经济危机一爆发，货币信用突然紧缩，便导致货币信用危机接踵而至。货币信用危机很快从美国延及欧洲大陆，首先受到影响的是奥地利和德国。1931年5月奥地利的信用银行宣告破产，并影响到当时已经存在严重国际支付危机的德国。1930年12月至1931年7月，从德国提走的外国资本多达21亿马克。德国的黄金储备因之从23.9亿马克骤减为13.6亿马克，黄金储备已不足货币发行额的5%。德国政府不得不采取停止支付外债，禁止黄金自由输出，严格实行外汇管制等措施来渡过难关。英国此后不久也爆发了严重的货币信用危机。在短短两个月内，各国在伦敦的存款被提走约一半。大量的黄金外流，迫使英国政府于1931年率先放弃当时实行的金块本位制，宣布英镑贬值，加强外汇管制，并筹组了英镑集团以巩固英国对自治领地和殖民地的金融控制。除此以外，在这次经济危机中，仅拒绝偿付外债或延期偿付外债的国家就多达二十几个，这是过去经济危机中从未有过的现象。

经济危机还造成国际关系的激烈动荡。各资本主义国家为摆脱困境，纷纷展开争夺销售市场、原料产地和投资场所的竞争。1930年美国宣布提高关税率，限制外国商品进口，此举引起英、法、意、日等76个国家相继提高关税率，不仅如此，为倾销大批过剩商品，英、美等56个国家先后实行货币贬值，从而造成国际金融混乱和激烈的争夺战。

最后，各资本主义国家还向殖民地半殖民地国家转嫁经济危机，导致世界市场商品的价值大幅度降低，使单一产品以及以原料和食品为主要出口物的殖民地半殖民地的经济受到沉重打击，大多陷于经济崩溃的边缘。同时，这些地区由于出口锐减而更加无力消费资本主义大国的工业品，从而加剧了产品过剩的危机。

二、资本主义经济危机的后果

1929年经济危机不仅发生在主要几个资本主义国家，且严重波及资本主义世界所有各国，其中既包括发达国家，也包括殖民地和半殖民地国家。在这些国家里，不论是生产部门还是消费部门、商业部门或对外贸易系统均遭到沉重的打击。

严重的经济危机使各国人民遭到空前的痛苦和灾难。

(1)经济上的巨大变动引发一系列重大社会问题，其中最严重的是大规模失业问题。各国失业人数最低达30%，高的达50%以上。据统计，至1932年各资本主义国家失业人口达2600万人以上，危机高峰时失业人口达5000万人。其中德国的情况最糟，工会成员中有五分之二以上失业，此外还有相当数量的半失业者，他们每周只工作一两天。垄断资产阶级利用失业现象不断压低工资，甚至在业工人也难以维持最低生活的需要。经济危机也使大批中小农民破产，城市小资产阶级和知识分子的收入也明显降低，因而更降低了商品消费水平，进一步加深了危机的严重性。在危机期间，由于工业生产品销售不出去，大批工厂倒闭，而垄断资本家为了保持高额利润，维持垄断价格，不得不大量毁灭工农业产品。例如当时美、英等国曾大量拆毁高炉和炼钢炉等设备，美国资本家甚至不惜用小麦和玉米代替燃料，牛奶、果品、牲畜和咖啡等也被大批销毁，极大地破坏了社会生产力，充分暴露出资本主义制度的腐朽性。

(2)危机最严重的后果是激起各资本主义国家内部阶级斗争的尖锐化，整个资本主义世界都处于动荡的境地。各国工人均进行过多次大规模罢工斗争，1933年美国罢工人数达146万人，德国、英国罢工也处于高涨状态。

(3)经济危机激化了帝国主义与殖民地半殖民地之间的固有矛盾。由于资本主义国家向殖民地半殖民地转嫁经济危机，因而激起了更加高涨的反帝民族解放斗争。资本主义国家之间也展开了激烈的关税战、货币战以及贸易战，企图互相转嫁危机。

(4)危机打破了战后建立起来的赔款制度和债务关系。经济危机爆发后，德国为了防止国家金融体系的全面崩溃，极力要求取消战后赔款，美国担心自己在德国的投资和贷款安全，支持德国的要求。1933年协约国赔款会议宣布废除赔款，彻底打乱了各国债务关系。紧随其后，法国宣布停止向美国偿还战争债务，英国等其他债务国也效法法国，从而更加重了帝国主义国家之间的矛盾及国际金融的不稳定性。

(5)危机导致国际格局发生急剧变化。危机之后，各资本主义国家的经济普遍陷入了特种萧条之中，直到1936年整个资本主义世界的工业生产仍低于1929年。在主要资本主义国家中，法国和美国的经济回升最慢，其工业生产1936年分别只相当于1929年的70.3%和88.1%。资本主义基本矛盾的积累和发展使这次经济危机后的萧条时期持续时间较以往更长，并且还没有等到形成一次新的经济高涨，下一次经济危机又在一些国家爆发了。1937年，又是美国首先进入经济危机，英国和法国也接着发生经济危机。只有实行法西斯主义的德国、日本和意大利，由于已经把经济转入战争轨道才延缓了这次经济危机的爆发。

为了摆脱严重的经济危机和政治危机，维护摇摇欲坠的统治，英、美、法等国用国家的力量扶持垄断资本主义或实行改良主义政策以求度过难关。美国实行了罗斯福“新政”，有的资本主义国家由于资产阶级统治不稳固，统治集团摒弃议会制度，建立了法西斯专政，对内镇压工人运动和其他劳动人民，对外实行侵略政策，终于产生了新的世界大战的策源地。日本帝国主义对中国扩大侵略，形成了远东战争的策源地，德国在欧洲建立了希特勒法西斯政权，把侵略战争作为其摆脱危机、称霸世界的手段，形成了欧洲的战争策源地。日本和德国为重新瓜分世界而进行了激烈的斗争，展开了疯狂的扩军备战，战争的危险日益逼近，此时，德日意法西斯侵略国与一切遭受侵略威胁的国家和人民的矛盾逐渐上升为世界主要矛盾，国际关系日趋紧张，世界局势危机四伏，这已是一个日益明显的事实。

第二节　罗斯福"新政"和欧亚战争策源地的形成

面对严重的经济危机和政治危机，各国相继为摆脱危机寻找出路。美国通过罗斯福新政，采取国家干预经济的政策渡过了危机，而德日则建立公开独裁的法西斯专政，欧亚两个战争策源地形成，危机使世界走向新的世界大战。

一、罗斯福"新政"

1929年10月24日，由于交易所的股票急剧下跌，一直夸耀永久繁荣的美国宣告经济危机的到来。在经济危机期间，美国生产下降的幅度远大于其他资本主义国家，生铁产量减少79.4%，钢产量减少76%，煤产量减少41%，汽车产量减少80%。工业生产持续下降达3年之久，经济被抛回到1913年的水平。到1932年，美国工业总产值比1929年减少46%，1933年有13.5万家工商业及金融公司破产倒闭，并造成严重的失业现象。1933年3月，美国失业人数达1700万人，还有数万半失业者，在业工人工资被降低为原工资的一半。成千上万的人由于付不起房租而流落街头，许多工业中心周围搭起临时简陋小屋，被称为"胡佛村"，意在讽刺胡佛总统。危机期间由于工厂开工不足，原料需要量锐减，农产品价格大幅度下降，主要农产品价格下降54%，从而严重地打击了农业生产。1929—1933年，有近100万个小农场破产。在危机期间，美国黑人劳动者的命运更为悲惨，他们承受着最先被解雇的命运，而且还遭到种族歧视。

危机期间美国的工业和农业呈现出一幅黑暗可怕的图景，出现了大片大片的机器"墓地"，长达几十公里的工厂区死气沉沉，农业资本家大规模销毁农产品，把棉花犁入泥土，牲畜被成批杀掉，把牛奶倒进密西西比河，使这条河变成"银河"，但广大人民却忍饥挨饿，处于饥饿贫穷的境地。

1929年上台的总统胡佛是一位靠个人奋斗起家的"美国英雄"。他在竞选演说中对人民许诺，"美国人家家锅里有两只鸡，家家有两辆汽车"。但由于胡佛在经济领域顽固奉行自由资本主义经典理论，在随后到来的经济危机中应对无力，从而使他的诺言成为一张永远无法兑付的空头支票。面对严重的经济危机和群众的反抗斗争，当时的胡佛政府试图以反危机措施来缓和危机的发展，例如在农业上采取收购农产品、举办信用贷款及保护关税等措施以维持农产品在国外市场的竞争，但是这些措施只对大农场有利，小农场根本无法与之竞争，而且由于工业品和生活用品价格提高，因而农民并没有从中得到好处。由于胡佛政府采取保护关税政策，欧洲各国也针锋相对地提高了关税率，从而展开了关税战，使国际市场活动更加狭小，进一步加深了美国国内的危机。在金融方面，胡佛政府采取用银行信用协会调节资金的办法，防止银行破产。后来又建立复兴金融公司以调节全国信贷，但这些举措只有利于大的垄断资本家，根本无法避免大批银行破产。因此在他执政期间，美国国内的经济危机更趋严重，社会混乱，人心惶惶，很多人对现有的国家制度丧失了信心。

为求生存，处于社会最底层的工农劳动者率先展开大规模的斗争，工农运动广泛地发展起来，罢工运动汹涌澎湃，特别是采矿业、纺织业、汽车业等部门。1931 年，俄亥俄州和宾夕法尼亚州等地罢工工人提出了“不要饿死，起来罢工”的口号，同矿主、警察展开了激烈斗争，数百人伤亡，1000 多人被捕，至 1933 年罢工人数达 100 多万人。农民由于无力偿还债务和交纳捐税也起来斗争，并且组织了反饥饿进军运动。1930 年 3 月 6 日，美国共产党领导了约 125 万失业者参加的纽约、芝加哥、底特律等地的群众示威运动，当时美国政府在纽约调集大批警察部队对示威进行镇压。与此同时，美国当局还建立了“非美活动调查委员会”用以迫害美国共产党和一切进步力量，这进一步助长了美国国内法西斯势力开始抬头，出现许多法西斯团体，部分垄断资本家也企图建立法西斯专政以扼制人民斗争与进步力量，以挽救经济危机带来的政治危机。因此，当时摆在美国政府面前的首要问题是如何把美国从经济危机中解脱出来。

正当胡佛政府处于困境之时，美国迎来了新一届总统竞选。1932 年民主党人罗斯福以 2280 万张选民票的巨大优势在选举中击败胡佛，当选为美国第 32 届总统。1933 年 3 月罗斯福正式就任，开始了他的“新政”，即用调整、改良的方法来扭转当时美国所面临的困境。他组织了一批经济学家，即所谓“智囊团”，共同研究了数百个缓和经济危机的方案，并经国会通过为法案。罗斯福推行的新政前后大致可分为两个阶段，第一个阶段从 1933 年初至 1935 年初，主要是集中精力解决当时的燃眉之急，很大程度上带有赈济的性质；第二阶段从 1935 年初开始，着重于改革，针对美国经济制度的弊病，采取了一些根治的措施，然而自 1936 年起便逐渐走向低潮。罗斯福的“新政”并非一时的权宜之计，它是一场为保证资本主义制度的稳定发展，在资本主义经济肌体内部进行的一场“伤筋动骨”的大手术。在新政时期罗斯福颁布的政策法案主要包括以下几方面。

整顿财政金融。罗斯福上任时，国内银行已有五分之四停业，因此当务之急是挽救即将崩溃的财政金融体系。就职后的第三天，罗斯福即宣布全国银行“休假”，这是他所采取的重建银行和经济结构的第一步。1933 年 3 月 9 日，国会通过《紧急银行法令》授权政府整顿银行和改组破产的银行，对银行采取个别审查、颁发许可证制度，对有偿付能力的银行允许尽快复业。13 日至 15 日，全国绝大多数银行经过财政部审核，在政府监督下开始分批陆续恢复营业。罗斯福对惊魂不定的美国人民说:“我向你们保证,把你们的钱存入重新开业的银行比藏在床褥下更为保险。”6 月 16 日,国会又通过《1933 年银行法》,建立由联邦承担责任的联邦储备体系。由于采取了这些措施,银行信用很快恢复,银行存款在不到一年的时间里增加近 20 亿美元!此外,为了保障存款安全,罗斯福政府同时又宣布美国放弃金本位制,美元贬值,黄金由 26.67 美元一盎司提高到 35 美元一盎司,目的就是刺激贸易和生产,加强美国商品在国外的竞争能力,同时政府还规定,拥有百万美元资金以上的银行必须加入联邦储备银行以巩固联邦银行的权限和控制。此外,还实行通货膨胀办法,刺激工业生产和增加投资。通过以上措施,金融系统得到暂时稳定,在一定程度上刺激了商业、工业及贸易,使它们重新活跃起来,金融危机得到缓和。

1933 年 5 月 12 日,美国政府颁布《农业经济调整法案》,这是“新政”在农业方面采取的主要措施。美国政府用政府津贴的办法,缩小耕地面积,毁坏农作物、减少农业产量,以此来提高农产品价格。由新建立的农业经济调整署同生产者订立合同,由政府给予津贴,超过分配定额的课以重税。这样,1933 年缩减棉田 1000 万英亩,小麦 800 万英亩,玉米 900 万英亩,屠杀猪牛羊 3000 多万头。这些措施使大农场主从危机的境遇中被挽救出来,他们从政府手中获得大量津贴并在农产品价格上涨后取得重利,但这是以中小农民更迅速的破产为代价换来的。

“新政”最主要措施是颁布调整工业生产的《全国工业复兴法案》,它是“新政”的核心部分。根据该法案,企业制定全行业遵守的公平经营规章,规定企业的生产规模,分配产品销售市场,核定产品价格和工资水平等等。为了执行这个法案,政府还设立“全国工业复兴委员会”以监督各企业遵守规章,同时大量向大资本家提供贷款,加强他们的竞争能力,因而大批中小企业在此过程中被大垄断资本家吞并,濒于崩溃的大资本家得以摆脱危机。

《全国工业复兴法案》还规定工人有权选派代表与雇主进行“谈判”,签订“集体合同”,雇主不得限制工人加入工会作为雇佣条件,规定了最高工时和最低工资额为每小时 14 到 15 美分。这些规定一方面是美国工人斗争的成果,另一方面也是罗斯福政府实行“让步”的结果。在《全国工业复兴法案》颁布后,全国各地的企业家和工会领袖纷纷签订公平竞争法规,其中棉纺业最先达成协议:每周工作 40 小时,最低工资南方为 12 美元,北方为 13 美元。从 1933 年 10 月到 1935 年初,国内先后共制订 557 个基本法规和 208 个补充法规,它们所取得的共同成果为:确立了每周 40 小时的工作制,取缔童工,规定了最低工资,降低了失业率,使它从 1933 年的 24.9%下降到 1935 年的 20.1%。

“新政”时期,罗斯福还采取了一些减少失业和发放社会救济的措施,1933 年颁布了《社会经济条例》,成立民间工作队,吸收数 10 万失业者参加市政建设。同年 5 月又颁布《联邦紧急救济法》,成立联邦救济总署,拨款 14.5 亿美元救济失业人口。1933 年冬成立公共工程署,拨款 33 亿美元吸收失业人口参加大型工程建设,其中包括筑路、架桥、建房和修建大型发电站等。通过这些措施,政府为失业者提供就业机会,从而提高社会消费能力,刺激工业恢复活力。此外，罗斯福还颁布一系列新税法，并在1935年颁布《社会保障法》，规定建立养老金制度，对病残及贫困母子、流浪儿及失业者予以救济，开始了美国的“福利主义”试验。该法包括三部分：①养老金制度；②失业保险制度；③对残疾、无谋生能力者提供救济。这些措施对缓和危机和社会矛盾起了一定的作用。

罗斯福在“新政”时期还制定了自己的外交政策。罗斯福上台后，企图改变过去美国“大棒”与“金元”外交的丑恶形象，在外交上提出针对拉丁美洲的“睦邻政策”，调整与改善美国同拉丁美洲各国的关系以稳定美国的“后院”。1934年美国废除了与古巴签订的普拉特修正案，撤退了在海地、尼加拉瓜的美国占领军，同拉美各国订立了互惠贸易协定，减少关税，从而使美国在拉美的贸易得到扩大并取得优势。

1933年11月，美国同苏联建立外交关系，该措施一方面是势在必行，是为了同苏联增加贸易，以缓和美国的危机；另一方面也是罗斯福尊重现实，较为开明的表现。美苏建交是美国长期敌视苏联政策的破产，而两国关系的改善，对稳定当时的国际形势也起了一定的积极作用。

罗斯福实行“新政”，救济措施贯穿始终。其内容通常可用“三R”来概括，即RECOVERY（复兴）、RELIEF（救济）、REFORM（改革），主要采用英国著名资产阶级经济学家凯恩斯的经济理论作为理论根据。凯恩斯认为，要避免资本主义经济危机，必须由国家来干预经济生活，实行“有调节的资本主义”，凯思斯主张用降低实际工资，提高资本利润，降低贷款利息，减免税收，国家订货及用津贴来鼓励私人投资；采用通货膨胀，扩大消费，经济军事化等手段缓和经济危机，罗斯福“新政”就是依据这种基本理论制定其各项政策的。

“新政”实施后几年美国经济逐渐复苏，垄断资产阶级又重新获得了高额利润，工业生产指数不断上升，银行金融业也度过了难关。罗斯福“新政”时期，由于劳动人民不断进行斗争，特别是在1933—1935年期间，在工人斗争的压力下，罗斯福政府不得不颁布《社会保障法》和《全国劳工关系法》，即《瓦格纳法》。但政府颁布的许多法案，随着危机的缓和便开始遭到资产阶级的反对，例如全国产业复兴法在1935年5月竟然被最高法院裁定为非法，1936年1月，最高法院又取消了农业调整法，不仅如此，右翼势力还联合起来组成自由同盟，公开与罗斯福倡导的新政相对抗。

在罗斯福“新政”实施前，美国国内的法西斯势力已经开始抬头。反动的“美国军团”、“黑色军团”以及由查尔斯·库格林神甫和参议员休伊·朗为代表的右翼势力曾猖狂地进行过具有法西斯倾向的活动。他们自称有信徒九百万人，企图在美国建立独裁政权。但是“新政”的实施缓和了经济和政治危机，也在一定程度上缓和了阶级矛盾，因此削弱了法西斯主义势力滋生和蔓延的条件。正像美国共产党主席福斯特所说，罗斯福终于被迫采取肯定的立场，来反对那些逼美国走希特勒道路前往法西斯主义的财政资本家，而支持那些赞成温和的改良措施和稍微对工人阶级让步的财政资本家。罗斯福“新政”在美国保证资产阶级民主制度方面起了一定的作用。虽然作为挽救经济大危机的救急药方，其直接效果并不是十分显著,也未能从根本上遏制经济危机,但却留下了深远的影响。

首先,它用国家干预的方式在一定程度上恢复了民众对美国制度的信心,解除了由于经济危机造成的法西斯势力的威胁。其次,由于政府通过国会立法对社会经济生活进行前所未有的干预,从而大大扩大了联邦政府和总统的权力。第三,它在局部改变了美国的生产关系,改善了中小资产阶级和劳动人民的生产生活状况,它的实施不仅使美国的经济得到复苏,生产回升,而且也在一定程度有利于人民生活的改善和社会安定。1936 年后,美国的经济情况已明显好转:工业生产有所回升,对外贸易趋向活跃,失业现象减少,人民生活水平提高,可以说,美国是在比较好的状态下迎来第二次世界大战的。最后,新政采用的国家出面干预经济的政策,开创了资本主义国家加强经济干预的先河。它不仅成为现代美国国家垄断资本主义经济制度的开端,而且对其他许多资本主义国家经济政策的发展产生了重要影响。此后,西方国家陆续放弃了纯粹的自由放任的经济政策,逐渐加强政府对经济的宏观指导。罗斯福新政实质是在维护自由资本主义制度的前提下对资本主义生产关系进行的一次局部调整,加强了国家对经济干预的力度,这是不同于此前资本主义统治政策的最显著之点。新政的措施虽然不能从根本上消除资本主义经济内部的矛盾,但它对资本主义的政治、经济发展都产生了深远的影响。

二、德国经济危机与欧洲战争策源地的形成

与其他国家相比较,经济危机对德国的打击尤为严重。1929 年美国发生经济危机后,1930 年德国即发生危机,随后又引发政治危机,人民对政府强烈不满,而统治阶级则倾向于建立一个独裁政府,对内镇压不断高涨的众运动,以稳定统治秩序,对外继续打破凡尔赛体系的束缚,夺取势力范围和世界霸权,这为希特勒纳粹党夺取政权创造了条件。

从 1929 年开始,德国陷入严重的经济危机之中。德国是第一次世界大战的战败国,其经济危机表现的更为严重。1932 年,德国的经济危机达到高峰,工业产量比 1929 年下降 40.2%,生产倒退至 19 世纪末 20 世纪初的水平,许多大银行倒闭。全国工人失业人数占欧洲第一位,有一半失业,最多时达 800 万人。工业危机引起货币信用危机,对外贸易也大幅度下降,进口减少 70%,出口减少 60.9%。紧接着农业也进入了危机状态,农产品价格猛跌,大批小农破产。在危机期间,政府尝试采取降低工资,削减救济金以及增加新税等措施应付劳动人民,与此同时大力扶持面临危机的垄断资本家和地主,给他们拨出 100 亿马克的贷款和补助金。经济情况的恶化激起阶级斗争的空前高涨,工人大罢工风起云涌。1930 年柏林爆发 13 万人参加的大罢工,1931 年鲁尔地区又有 30 万工人罢工。德国共产党领导工人阶级为反对资本主义制度,反对资产阶级的统治展开了激烈的斗争。在危机中,德国资产阶级政府在 5 年间更迭 5 次,资产阶级的统治开始动摇。

在德国政治和经济的全面危机下,德国垄断资产阶级为了摆脱困境,企图建立一个专制独裁的政权,一方面镇压德国共产党和广大工人与农民的斗争,另一方面借国家的力量来向

外侵略扩张，挽救危机。德国垄断资产阶级积极扶植政治野心家希特勒及法西斯组织“民族社会主义德国工人党”执政，就是由这些目的决定的。

阿道夫·希特勒(1889—1945年)生于奥地利，第一次世界大战时参加德国军队，战后在慕尼黑的陆军特务组织中任职。他参加了“德国工人党”，成为该党首领，并把它改名为“民族社会主义德国工人党”，简称“纳粹党”。希特勒极力煽动德国摆脱“凡尔赛压迫”，鼓吹复仇主义和沙文主义，发表了一系列有关民族主义和反犹太人的煽动性演说。1920年，希特勒抛出纳粹党《二十五点纲领》，宣扬日耳曼民族是“高等民族”，要建立一个所有日耳曼人的中央集权的德意志帝国，要求土地和殖民地，彻底消灭犹太人，彻底毁灭马克思主义等等。1923年，他和陆军元帅鲁登道夫一起参加了慕尼黑的一场暴动，失败后被关押了9个月。当时35岁的希特勒在狱中写了一部夸张的长篇自传体回忆录——《我的奋斗》，在书中他继续发泄对民主政体、马克思主义和犹太人的仇恨。获释后，希特勒继续从事鼓动工作，打着社会主义的幌子欺骗工人、农民及小资产阶级，提出要提高工人工资，消灭失业，企业国有，实行土地改革，减轻税收，严惩奸商和高利贷者，保护小资产阶级，等等。希特勒的欺骗宣传博得了正处于困境的小资产阶级和失业工人的支持，纳粹党员不断增加，1930年达38万人。

纳粹党成为德国垄断资产阶级认为可以依靠其摆脱危机最理想的组织。1930年9月，德国国会进行选举，纳粹党获得640多张选票，议席达107个。成为议会中的第二大党。1931年10月，德国垄断资产阶级代表与希特勒等人在哈尔兹堡召开会议，决定在德国建立法西斯专政。不久希特勒发表演说，鼓吹寻求新的生存空间，建立第三帝国、征服世界。

希特勒的行为引起了国内一部分人的警惕。德国共产党以台尔曼为首积极进行了反法西斯的斗争。1930年德国共产党发表了《德国人民民族解放与社会解放纲领》，随后又宣布了《土地纲领》。这两个文件揭露了法西斯主义的阴谋，指出希特勒企图煽动民族主义、发动侵略战争、建立法西斯独裁专政的险恶目的。同时指出，要解决危机，改善现状，必须进行无产阶级革命，在工人阶级的领导下建立工农联盟。德国共产党的上述纲领团结了广大人民并推进了反法西斯的斗争。

1932年3月德国举行总统选举，德国共产党提出建立反法西斯统一战线的主张，并向德国社会民主党建议采取联合行动，共同提出候选人，但被拒绝。德国工人阶级未能组成统一战线，结果兴登堡被选为总统。至1932年7月，纳粹党势力因为没有遭到有力遏制而更加膨胀，在国会选举中获得1370万票，取得336个议席，成为德国议会中第一大党。1933年1月30日，在垄断资产阶级的支待下总统兴登堡任命希特勒为总理。1934年8月2日，兴登堡病逝，希特勒称“国家元首”，集总统和总理的大权于一身。从此，德国历史上开始了法西斯专政的“德意志第三帝国”的黑暗反动时期。

希特勒取得政权后，首先消灭一切反对派，宣布解散国会，重新选举，并且搜查德国共产党中央办公楼。1933年2月27日，纳粹党头目戈林策划了国会纵火事件，诬陷为共产党所为，借此大肆镇压共产党，逮捕了台尔曼和正在德国侨居的保加利亚共产党领导人季米特洛夫(1882—1949年)等大批共产党人。德国反动当局还以纵火事件为理由,发布紧急命令,宣布停止言论、出版、通信、集会、结社等魏玛宪法中的自由权利,德国陷入白色恐怖之中。从1933年至1939年8月,德国法西斯将22.5万名德国工人判处徒刑和苦役,有100万人被送进法西斯集中营。

1933年3月23日,德国通过《消除人民和国家痛苦法》的授权法,把立法权、国家预算控制权、批准同国外缔约之权、修改宪法等权从国会转给内阁,为期四年。这样国会的最高权力实际上已业已不复存在,议会制度已被埋葬,希特勒可以肆意颁布反动法令,法西斯专政建立。5月,希特勒下令解散一切工会,没收工会财产,逮捕工运领导人,5月10日取缔社会民主党,7月解散除法西斯党以外的一切政党,规定纳粹党为德国的唯一政党。年底,宣布"党和国家合一",此时纳粹党完全控制德国。

从1933年4月开始,纳粹党宣布排犹措施,禁止犹太人经商,禁止担任律师、医生、教师等职业,不准在政府中任职,并且通过3项反犹法,禁止犹太人与德意志人通婚,禁止雇佣犹太妇女从事家务劳动,犹太人被剥夺一切公民权利,从而掀起了全德范围的"排犹"运动,并对犹太人展开残酷的大屠杀,许多犹太人逃离德国,其中包括著名科学家爱因斯坦。希特勒还命令宣传部长戈培尔从事毁灭人类进步文化的罪恶活动。1933年5月10日晚,全国30多所大学在城市广场上焚烧马、恩、列、斯和共产党人以及进步作家的著作,并强迫文化、教育、宣传、出版、新闻等部门以宣传法西斯主义为工作中心,毒害德国人民。

此外,希特勒政权还在经济上积极进行国民经济军事化,以此为中心准备发动对外侵略战争以摆脱经济危机。德国政府对国民经济进行了全面干预,建立了"德国经济委员会",主持制定经济政策和法令强行将大批中小企业并入垄断组织,使各垄断组织控制的股份数占全国股份总额的85%,而垄断组织则必须把原料、资金、劳动力等优先供应于军事生产需要,仅1939年,德国的军火生产量是美英两国的二倍多。

此外,希特勒政府通过增加税收,扩大国债和通货膨胀,扩大军事定货等方式给予垄断资本以巨额利润,使垄断资本家与纳粹政府密切结合起来,纳粹的头目也因此成为亿万富翁。为进一步军事化和向外侵略扩张提供了经济和阶级基础。

在国民经济军事化的同时,战争准备活动也紧锣密鼓地展开了。1933年10月14日德国政府宣布退出日内瓦国际裁军会议,接着又退出国际联盟,放手进行扩军备战,提出"要大炮不要黄油"的反动口号,积极建造巡洋舰、潜水艇以及军用飞机,1934年其正规军已超过29万人。1935年3月,德国政府宣布不受凡尔赛和约禁止德拥有空军的规定,全国施行普遍义务兵役制。到1936年,德国军队激增为100万人。

希特勒完成战争准备后,便开始向外侵略扩张。1936年3月出兵莱茵区宣布废除洛加诺公约。1938年吞并奥地利,1939年侵略捷克斯洛伐克。希特勒还与意大利及日本法西斯勾结,1936年11月,同日本签订《反共产国际协定》,一年后意大利加入,3个法西斯国家结成其自称的所谓"改造世界的轴心",准备发动世界大战。此时的德国已经成为欧洲的世界战争策源地，但德国的这些行动并没有遭到当时实行绥靖政策的英法的反击和遏制。

三、日本经济危机与远东战争策源地的形成

日本一直对中国怀有野心。早在1927年，田中义一内阁就召开东方会议，确定分离满蒙、侵略中国、称霸远东的方针。经济危机爆发后，日本军内法西斯分子更是蠢蠢欲动，打算一方面实行“国家改造”，建立法西斯体制，另一方面发动侵略中国东北的战争

早在第一次世界大战结束不久，战争期间畸形繁荣的日本经济便陷入危机之中。1929年世界经济危机爆发后，由于日本工业大多依赖对外贸易，与世界经济联系密切，因此危机表现得非常严重。1931年其国内工业总产值比1929年下降32.4%，采矿业和重工业下降二分之一，农业生产的总值减少40%，出口主要项目减少一半以上。1931年大米价格比1929年下跌一半多，大批农民破产。在危机期间，由于小企业无法与大垄断组织竞争而迅速破产，生产集中和垄断有了新的发展，原有21个垄断联合组织到1930年增加到31个。垄断资本家在危机期间加强了对工人的剥削，主要工业部门工资下降45%，全日本有300万工人失业。日本广大工人开始为生存而斗争，他们反对解雇，反对降低工资，反对延长工作日，并且展开了罢工斗争。

日本统治阶层为了摆脱经济危机，加快对中国侵略的步伐。当时日本对外投资有一半在中国，中国的东北对日本有着至关重要的经济意义和军事意义。日本依赖中国东北的原料来支持其工业生产，煤、铁、大豆等有二分之一以上来自中国东北。更为重要的是，在军事上中国东北是进一步吞并全中国、进攻苏联的基地和跳板。因此日本首先把侵略矛头对准中国东北。

1931年6月，日本政府制定了“解决满洲问题方案”，接着进一步装备了日本关东军，完成了战争体制的准备。东北地区成为日本扩张主义的第一个目标并不是偶然的。中国东北与南京中央政府联系松散，而且拥有日本觊觎的丰富的自然资源，此外日本之前已通过一些条约取得了在中国东北地区的某些特权，这些特权为其挑起侵略战争创造了机会和借口。1931年9月18日，一颗炸弹将日本人控制的通往沈阳北部的铁路炸毁了一小段，这就是日本在沈阳制造的“九一八事变”，至1932年初，日本侵占了我国东北三省。1932年3月，日本帝国主义为掩盖其侵吞中国东北领土的罪行，抬出了傀儡溥仪，建立伪“满洲国”及其傀儡政权。当时的国际联盟虽然宣布日本侵占“满洲”和建立所谓“满洲国”非法，但对日本的侵略行为并没有采取任何实质性的制裁措施。

日本占领中国东北后，又于1932年1月28日进攻上海，但在上海军民抗击下未能得逞。1933年1月，日本侵略者占领热河省和察哈尔省北部，3月开始包围平津。1933年3月，日本借口国际联盟拒绝承认“满洲国”退出了国际联盟。日本帝国主义积极准备发动侵占全中国的战争使得日本成为世界战争的远东策源地。

日本军国主义占领东北以后，加速了走上军事国家垄断资本主义的道路。1932年日本

统治集团形成不同的两大集团，以荒木贞夫为首的少壮派组成了“少壮军人集团”，亦称“皇道派”，他们主张忠于天皇，用军事政变手段建立军事独裁，“皇道派”受新财阀的支持。另一集团为“统制派”，他们占据军事部门的高级职位，日本政府的实权一直在“统制派”手中，“皇道派”认为“统制派”在向外扩张和建立法西斯政权方面速度太慢，是个“障碍”，因此决定发动政变。

1936 年 2 月 26 日，一批“少壮军官”发动政变，企图通过兵变建立军阀法西斯政府。这次政变虽由于军阀内讧而未能得逞，但军部却利用“二·二六”事件进一步加强了自己左右政局的势力，以东条英机为首的“统制派”在军队中占据了领导地位。1936 年 3 月在三井等财阀的支持下，法西斯分子、前外相广田弘毅组阁，日本法西斯政权的建立。广田内阁加紧实行全面军国主义化，于 8 月 7 日制定出日本的“基本国策纲要”，提出“稳步地海外扩张”，“一方面确保帝国在东亚大陆的地位，另一方面向南方海洋发展”以取得“帝国生存和发展”。法西斯政府加强军事法西斯专政，实行大规模扩军，先后制定陆军五年计划、增兵中国东北，向中国派侵略军 16 个师团。此外，日本还加紧扩大海军，甚至建造了有 73 艘军舰组成的庞大舰队。而在国内，日本的法西斯政府也没有放松对本国的高压控制，例如疯狂镇压劳动人民，禁止劳动者庆祝“五一”劳动节等等。

1937 年 6 月近卫文磨组阁，他和皇道派及统制派关系都很紧密，因此在其任职后日本党、政、军各派势力的矛盾暂时缓和，这为日本发动大规模侵略战争提供了条件。

20 世纪 30 年代，国际局势风云变幻，危机迭起。随着德日两国确立法西斯专政，欧亚两个战争策源地的形成，世界战略格局发生了根本性的变化。1937 年 7 月 7 日，日本帝国主义制造了芦沟桥事件，悍然发动了全面侵华战争，妄图在 3 个月内灭亡中国，然后进兵苏联，南进南洋，称霸世界，此时日本的侵略野心已完全暴露。以此为起点，第二次世界大战爆发，1939 年 9 月 1 日，德军入侵波兰，第二次世界大战全面爆发。

思考题

1. 简析概括经济危机爆发的原因、特点及其影响。
2. 评价罗斯福新政。

第十二章 第二次世界大战

第二次世界大战从1939年9月德国入侵波兰开始，到1945年日本签署无条件投降书结束，历时整整6年。它经过法西斯国家的战略进攻、交战双方攻守互易的战略转折和反法西斯同盟国的战略反攻3个发展阶段，最终以法西斯轴心国的彻底失败而告终。

第一节 战争的爆发与法西斯同盟的建立

1939年德军入侵波兰，第二次世界大战全面爆发。在战争的最初两年，德国法西斯东突西进，迅速占领了欧洲的大部分地区。意大利和日本在德国胜利的鼓舞下也纷纷加紧了各自的侵略活动，三国于1940年正式缔结军事同盟，法西斯势力嚣张一时。

一、德国入侵波兰与各国的反应

1939年9月1日，德军按计划进攻波兰，使用闪击战战术，以两个集团军群分五路实施钳形突击，前锋部队以每天30～50km的速度分割包围波军，9月16日就使波军丧失反击能力，27日攻陷华沙。

英国已将波兰视作对德东战线的主体力量，9月1日当天即要求德国停止进攻，撤出军队，9月3日，英、法对德宣战后英国的殖民地印度及自治领澳大利亚、新西兰、南非、加拿大也先后宣战。但是英、德两国的战争主要发生在海上，德国潜艇开战不久就击沉英国航空母舰和主力舰各1艘，英国则在8个月内击沉27艘德国潜艇，并迫使德军自行凿沉1艘战列舰。但是在陆上，8个月内没有发生过一次真正的战争，英、法军队静静地坐在钢筋水泥工事后面，眼睁睁地看着德国兵士在前线铁路上起卸军火弹药，毫不干涉，被称之为“奇怪的战争”，或“静坐战”“假战争”“晦暗不明的战争”。

美、苏两国继续保持中立，美国通过新《中立法》，取消武器禁运条款。改为“现金购货，运输自理”，使之有利于拥有海上运输能力的英国。苏联按《苏德互不侵犯条约·秘密附属议定书》的规定，出兵进驻波兰东部，随后开始了一系列调整西部疆界的行动，其中包括：把波罗的海三国纳入防御范围，以后又并入苏联；同芬兰调整边界；收回同罗马尼亚有争议的领土比萨拉比亚，并割占北布科维纳作为“补偿”。苏联称这些行动是建立“东方战线”，借此把西部边疆向西推移了150—400km，在苏联同芬兰交涉时，两国爆发了苏芬战争，为此苏联被国际联盟指责为“侵略者”而遭开除。

二、西欧的沦陷与英国的顽强抵抗

1940年4月9日凌晨，德军入侵丹麦和挪威。这是德国西进的序曲。因为占领丹麦和挪威对于控制北海和波罗的海、保护德国侧翼安全有着重要意义，同时还可以保障德国必需的瑞典的铁矿砂的供应。当天的军事行动中德国第一次使用了伞兵。丹麦在半天之内便投降。挪威军民奋起抵抗，英法也派部队参战，但是在苦撑2个月后，挪威还是落入德国的控制之下。

在挪威战局还未结束的时候，德国在5月10日向法国、比利时，荷兰发起了出其不意的大举进攻。德军集中了136个师(其中10个坦克师、7个机械化师)，兵分三路展开进攻。右翼以29个师进攻荷、比、卢，吸引联军主力。左翼19个师在马其诺防线正面实施牵制；中路45个师从卢法比边境的阿登山区突进，14日强渡马斯河，直指英吉利海峡。在德军陆空配合的凌厉攻势下，荷、比、卢不堪一击。5月15日荷兰投降；5月28日比利时投降。与此同时，英法联军主力40个师被德军装甲部队合围在敦刻尔克港口地区。英国政府从26日开始实施“发电机”计划，动员了英国几乎全部船只，从驱逐舰到游艇，甚至小舢板，昼夜不停地帮助联军渡海撤退。到6月4日中午，英法军队从敦刻尔克撤退出33.8万人，其中英军21.5万人，法军8万人，比利时军队1.5万人。尽管部队的辎重装备丢失殆尽，但是撤退为日后英国反攻保留了骨干力量。敦刻尔克撤退是第二次世界大战史上的奇迹之一。

英法联军主力自敦克尔刻撤退后，法国北部已门户大开。6月10日，法国政府撤至图尔，13日巴黎宣布为不设防城市。14日巴黎沦陷，法国政府再撤至波尔多。15日德军合围50万法军，英国在法国剩余的远征军从法国撤退。6月16日，法国改组内阁，由法国一战元勋贝当元帅接替雷诺组建新政府。17日凌晨，法国政府通过西班牙大使向德国请求停战，18日法国宣布停止抵抗。这样，仅仅6个星期，德国就让自己的夙敌法国附首称臣。

6月22日下午，德国受降仪式在贡比涅森林举行，在1919年11月11日德国代表接受法国停战条件的同一节火车车厢里，法德签定停战协定。但德国的条件比法国当年的条件要冷酷得多：阿尔萨斯和洛林划归德国；法国北部和大西洋沿岸相当于法国本土2/3的国土由德国军事占领，费用由法国支付。西南部除机场外由贝当政府管辖，法军解除武装。

7月1日，贝当政府迁往维希，史称维希政府。6月25日，以戴高乐为首的法兰西民族委员会在伦敦成立，6月28日，英国承认戴高乐的自由法国。

法国败降后，英国面临单独对德作战的不利局面。希特勒因此频频挥动橄榄枝实施诱降。但是遭到了以丘吉尔为首的英国内阁的断然拒绝。希特勒因此开始准备渡海作战，武力征服英国。1940 年 7 月 16 日，希特勒签署了针对英国渡海作战的“海狮计划”。由于德国的海军不如英国，空军却比英国强。因此德国希望先夺取英吉利海峡制空权，进而将英国海军逐出海峡，然后再实施“海狮计划”渡海登陆作战。从 1940 年 7 月 10 日开始，德国集结了 2400 多架飞机连续不断地大规模空袭英国本土。

英国方面起初战机不过 700 架，但是由于英国军民同仇敌忾，英勇奋战，而且凭借先进的雷达站与敌周旋，迫使德国争夺制空权的目标始终未能实现，9 月 17 日，希特勒不得不下令推迟“海狮计划”的实施。此后，空战虽持续进行，但是海狮计划的实施却一拖再拖，最终不了了之。至 1941 年 5 月 11 日，德军发动最后一次空袭后，不列颠之战以德国的失败结束。在这次历史上时间最长、规模最大的空战中，英军以 915∶1733 的代价，粉碎了德国的计划，这是反法西斯斗争中的第一次胜利。

三、法西斯同盟的建立

1940 年 6 月 10 日，意大利正式对英法宣战。在 6 月 24 日与法国签订了停战协定后，开始将视线转向地中海和北非。当时英国退守本土，在北非的军队不过 5 万人，而意大利在北非的军队已将近 50 万人，因此，它决定将英国人赶出非洲，建立意大利的非洲帝国。1940 年 7 月—9 月，意大利军队开始向英属索马里、肯尼亚、苏丹和埃及进攻，第二次世界大战的非洲战场因此开辟。最初意大利军队进展顺利，但自年底英军援军赶来后形势就发生了逆转，到 1941 年 5 月中旬，意大利军队被赶出东非。非洲战事只局限于北非地区，而意大利在北非也开始节节败退，在这种情况下，意大利于 1941 年 2 月 1 日要求德国出兵北非。

1941 年 2 月，德国派隆美尔中将率两个师赴北非参战，3 月下旬，德军在北非成功地发动了反攻。此后，北非战场主要变成了英德间的较量。

意大利在进兵非洲的同时还希望将地中海据为己有，首先利用其潜艇的数量优势希望将英国海军逐出地中海。但是配备了雷达的英国舰队在海战中屡屡获胜，特别是 1940 年 11 月 11 日，英军航空兵奇袭停泊在塔兰托军港内的意大利舰队，首开航母舰载机突袭敌军海军基地并获完全胜利的先例。此役消灭了意大利海军一半的力量，使地中海力量对比发生了巨大变化。意大利丧失了在东地中海的立足之地，剩下的两艘战列舰被迫转移至那布勒斯。1940 年 11 月 12 日，德军最高统帅部研究援助意大利，决定派遣一个航空队与意大利协同作战。12 月德国将第十航空军经过对舰攻击训练的 500 多架飞机从挪威调到意大利。由于德军的干预，地中海的形势仅仅一个多月就发生了逆转，英国的光辉号航母遭到重创，被迫赴美国大修，英国只好另调航母支援地中海舰队。

1940 年 10 月，德国出于控制东欧油田的企图，出兵占领了罗马尼亚。此举事先未与意大利沟通，因此墨索里尼以侵略希腊作为回答。1940 年 10 月 28 日，意大利军队入侵希腊，但遭到了希腊军队的顽强抵抗。11 月初，希腊进行反攻，意大利 27 个师反被希腊 16 个师围困并全歼一个师。到 11 月 22 日，意大利军队被赶出希腊。狼狈不堪的意大利只好又请求德国的援助。

德国对于巴尔干的野心由来已久。因为它不仅是从南翼包围苏联的基地，而且是从地中海遏制英国的要地，同时罗马尼亚的石油也是德国所渴求的。二战爆发后，希特勒利用匈牙利和保加利亚与罗马尼亚的领土纠纷，先是支持匈、保要求，后又以对罗马尼亚提供安全保护的方法迫其满足匈、保要求，后支持罗马尼亚法西斯分子安东尼斯库政变，1940 年 5 月 29 日，罗马尼亚宣布参加轴心国集团，10 月德军进驻罗马尼亚产油区。这样，匈、保、罗都站在了德国一边。但好景不长，1941 年，南斯拉夫发生政变，再加上意大利在希腊的失败，迫使德国推迟进攻苏联，先进攻巴尔干。1941 年 4 月 6 日，德国、意大利与匈牙利共同出兵南斯拉夫，连续三昼夜轰炸贝尔格莱德。4 月 14 日，南军队投降，4 月 17 日，南签订投降书，前后仅用 11 天。但南斯拉夫的抵抗并未停止，4 月 15 日，铁托建立军事委员会领导抵抗运动。

在进攻南斯拉夫的同时，德国分兵进攻希腊，经过克里特岛的激战，6 月 1 日希腊全国沦亡，政府流亡英国。

1940 年德意横扫西欧的侵略业绩吸引了日本，也加快了德国、意大利和日本三国彼此勾结、共同瓜分世界的步伐。1940 年 9 月 27 日，德意日签订军事同盟条约。规定“日本承认并尊重德国和意大利在欧洲建立新秩序的领导权，德国和意大利承认并尊重日本在大东亚建立新秩序的领导权”。三国彼此尊重在欧洲和东亚的新秩序中的领导地位，遭第三方攻击时，三国在政治、经济、军事上相互援助。至此法西斯同盟真正建立。三国军事同盟的签订标志着法西斯阵营的确立。

第二节　战争的扩大与反法西斯联盟的建立

1941 年是法西斯国家疯狂侵略扩张进一步升级和反法西斯联盟逐步形成的一年。这期间随着苏德战争爆发和日本偷袭珍珠港，美苏两个大国卷入战争，参战各方彼此宣战，欧亚战场紧密联系起来，二战真正演变为世界规模的大战。

一、苏德战争爆发

希特勒侵略扩张的计划中最重要的内容是向东扩张，从苏联手中夺取生存空间。1940 年 12 月 18 日，希特勒签署了第 21 号作战命令，“在对英作战尚未结束之前，德国三军即应准备用速战速决方式来击败苏联。”该指令代号为“巴巴罗萨”，即十字军东征时神圣罗马帝国皇帝腓特烈一世的绰号(意即红胡子)。最初进攻日期定在 5 月 15 日。但由于德国 4 月发动对巴尔干的进攻，进攻苏联日期推迟。1941 年 4 月 30 日，希特勒将进攻日期定在 6 月

22 日。

1941 年 6 月 22 日，德国如期发动了对苏联的进攻，当时，德军动用了 150 个师的兵力，其中包括匈牙利、罗马尼亚、斯洛伐克和意大利的近 40 个师的军队，共计 550 万人，坦克 4300 辆，飞机 5000 架，在长达 2000 英里的战线上全面推进。

战争初期苏军损失惨重，当天苏军 66 个飞机场被炸，1200 多架飞机被摧毁。一个月内又有 7564 架飞机被击毁。头三个星期，苏军 28 个师被击溃，德军突入苏联 300～500 千米。到 7 月 8 日，苏军 109 个师被消灭，其中坦克师 20 个，步兵师 89 个。到 11 月苏军损失 700 万人，300 万人被俘，损失坦克 2.4 万辆，飞机 1.6 万架。11 月，德军侵入苏联 850～1200 千米。

苏军在苏德战争爆发初期的溃败原因是多方面的，但是苏联政府主观上对德国战略意图的判断失误是重要的原因之一。事实上，战前有确切的情报表明德国的侵略迫在眉睫，但是斯大林过分相信苏德互不侵犯条约的约束力，对于英国提供的情报更是怀有偏见。他曾表示："你看，他们是怎样千方百计地拿德国人吓唬我们；又拿我们当作怪物去吓唬德国人，这显然是要挑唆我们互相残杀。"

1941 年 9 月 6 日，希特勒签订"台风"作战计划，集中 78 个师，180 万人，坦克 1700 辆，飞机近 1390 架进攻莫斯科。10 月 15 日，苏联政府开始撤离，斯大林留守莫斯科，并于 11 月 7 日照常举行阅兵式鼓舞士气。

在苏联军民的顽强抵抗下，德军的进攻受阻。同时由于冬季提前来临，德军没有装备御寒冬装，所以非战斗减员严重。从 11 月 16 日到 12 月 5 日，德军损失 15.5 万人，坦克 777 辆，大炮数百门。12 月 8 日，德军因严冬全线转入防御。"台风"作战计划破产。此后苏军抓住战机，从 1942 年 1 月 8 日开始，苏军全线反击，到 1942 年 4 月，德军损失 83 万人，坦克 1300 多辆，大炮 2500 门，汽车 1.5 万多辆。德军溃败 100～250 千米。莫斯科保卫战是德国陆军在战争中遭到的第一次沉重打击，它标志着德国闪击战的破产，迫使德国进入持久战。

二、太平洋战争爆发

1940 年德国在欧洲的胜利鼓舞了日本，认为英法荷的败退是日本南进的好时机，1940 年 7 月日本决定南进，9 月 23 日派部队进入法属印度之那北部。日本的侵略引起了美国的反应，9 月 26 日美国宣布对日本实行钢铁禁运。但日本在 27 日与德意签署三国军事同盟条约后，有恃无恐继续向南挺进。1941 年 7 月 24 日，再次进兵印度之那南部，以作为南进的桥头堡。对此，美国于 8 月 1 日宣布禁运石油等全部物资(除棉花和粮食)给日本。美日关系行将破裂。

1941 年 10 月，日本主战派代表东条英机出任首相，决心在 12 月初对英美开战。为此，根据山本五十六的计划，日本组建特谴舰队远途偷袭美国太平洋舰队基地珍珠港。

1941 年 12 月 7 日，由山本五十六大将指挥的特遣舰队经过 12 昼夜，3500 海里的长途航行，抵达珍珠港附近。清晨 7 时 55 分开始，从 6 艘巨型航母上起飞的 300 多架飞机对停留在港内的美国舰队发起了两轮猛烈的空袭。当时停泊在珍珠港内的美国战舰包括 8 艘战列舰，7 艘巡洋舰，28 艘驱逐舰，5 艘潜艇在内的大小 86 艘舰只。结果美国损失了 18 艘战舰，包括 8 艘战列舰（4 艘战列舰被炸沉，4 艘遭重创），3 艘巡洋舰和 3 艘驱逐舰，188 架飞机被炸毁，159 架被炸伤，仅剩 43 架可以作战。伤亡 3615 人，其中死亡 2343 人，伤 1272 人，另有 961 人失踪。日本只有 29 架飞机和 5 艘潜水艇被击毁击沉，人员伤亡不足 100 人。这是二战中继德国进攻苏联后又一次举世震惊的突然袭击，它宣告了太平洋战争的爆发。1941 年 12 月 8 日，美国正式对日宣战，此后，中国、英国、加拿大、澳大利亚、荷兰、自由法国也先后对日宣战。

在偷袭珍珠港的同时，日本还于 12 月 8 日开始进攻菲律宾、泰国、香港。同时，天皇表示对英美直接宣战。3 天后，德意对美宣战。同日下午，美国对德意宣战。自此，欧洲战场与亚洲战场连为一体，战争变成了真正意义上的世界大战。

三、世界反法西斯联盟诞生

1941 年苏德战争爆发后，英美都表示援助苏联。丘吉尔在 6 月 22 日当天晚上发表声明说要给予苏联力所能及的一切援助。他说“在过去的 25 年中，没有一个人像我这样始终一贯地反对共产主义。我并不想收回我说过的话。但是，这一切，同正在我们眼前展现的情景对照一下，已黯然失色了。因此苏联人的危险就是我们的危难也是美国人的危难，正如苏联人为保卫家乡而战的事业是世界各地的自由人民和自由民族的事业一样。”7 月 12 日，苏英签订《关于在对德战争中联合行动的决定》，约定双方相互援助，不单独媾和。这是英美苏三大国走向军事同盟的第一步。

8 月 10 至 13 日，罗斯福、丘吉尔进行秘密会晤，14 日发表《大西洋宪章》，宣称两国不承认法西斯国家通过侵略所造成的领土变更，表示了反纳粹暴政的决心。

9 月 29 日到 10 月 1 日，美英苏三国在莫斯科举行三国会议，签订了一项美英向苏联提供武器装备的议定书。10 月 30 日，美国宣布给苏联 10 亿美元无息贷款，11 月 7 日，美国宣布租借法案扩大到苏联。上述事实表明，随着战争的扩大，三大国的联合日益紧密。这为反法西斯阵营的最终建立奠定了前期基础。

珍珠港事件爆发后，欧亚战场从此联系起来，参战双方都在加强自己的联盟。12 月 11 日，德意日三国外长在柏林签定共同作战军事协定《德意日联合行动的协定》，内容共 4 条：一，宣布三国坚持对英美作战直至胜利，否则决不收兵；二，三国允诺不单独与对手媾和；三，三国在战争胜利后重建新秩序的过程中应根据 1940 年 9 月 27 日的同盟条约紧密合作；四，条约立即生效。

1941 年 12 月 22 日，美英首脑在华盛顿举行会议，商讨作战计划。为协调各同盟国联合作战,美国草拟了一项《联合国家宣言》。其内容是:各缔约国支持《大西洋宪章》的宗旨和原则,保证使用全部资源与德意日三国及其仆从国作战,相互约定不与敌人单独缔结停战协定或和约。该方案经英、苏等国修改后,通告当时的 26 个盟国大使。1942 年 1 月 1 日,26 国代表在华盛顿举行签字仪式。26 国联合宣言的签订标志着世界反法西斯同盟的形成。

第三节　战争的转折

1942—1943 年是第二次世界大战的转折阶段。这期间无论是欧洲战场、太平洋战场还是北非战场,都出现了战略性标志。这是反法西斯联盟建立以来敌我双方力量对比消长的必然结果。

一、苏德战场的转折

1942 年苏军莫斯科保卫战和冬季反击战结束后,苏军急需休整,德军也在重新部署,因此在漫长的雨季,苏德战场出现了相对的沉寂。从 6 月 28 日德军发起进攻,苏军且战且退,到 7 月 24 日,苏军后退了 150～400 千米,德军进抵顿河,直接威胁斯大林格勒,由此揭开了斯大林格勒保卫战的序幕。

斯大林格勒保卫战是二战中规模空前的战役。从 1942 年 7 月 17 日德寇进抵顿河大河湾开始,直至 1943 年 2 月 2 日苏军全歼斯大林格勒地区的德军为止,历时 200 天,双方投入兵力达 200 万人以上,战斗进行得异常激烈。

1942 年 11 月～1943 年初,苏军转入战略反攻,包围歼敌 30 万人,其中俘虏 9.1 万人,击毙 14.72 万人,3.4 万名伤员。同时其他方向的反攻使德军损失将近 80 万人,德军司令保卢斯被俘。斯大林格勒战役是二战期间的关键性战役,它是苏德战场战略转折的开始。

德军斯大林格勒战役失败后,德国实行全国总动员,在充实兵力后于 1943 年 7 月再次发动全面进攻。这次德国配备了先进的武器,包括"虎式"、"豹式"坦克在内共集中了 2700 辆坦克和 2000 多架飞机,南北夹击库尔斯克地区向德军防线突出的两个苏联方面军。战斗于 7 月 5 日打响,由于苏联事先获得了准确的情报,因此集中了 3400 多辆坦克和 2100 多架飞机应战。7 月 12 日,在普罗霍罗夫卡地区苏德展开了二战期间最大规模的坦克战,双方投入了大约 1200 辆坦克,结果,德军惨败,损失坦克 400 多辆,伤亡 1 万多人。到 7 月 23 日,战线恢复到战前态势。库尔斯克战役标志着苏德战场战略转折的完成。

二、北非战事结束

非洲的恶劣的自然环境使得战争补给成为获胜的关键。这意味着谁掌握了地中海的制空权，谁就可以保障从欧洲到北非的海上交通线，从而使前线部队获得给养，继续战斗。反之，给养的缺乏将使部队无法作战。事实上，北非的战役主要是围绕着港口和交通干线进行的拉锯战。1942 年 6 月隆美尔率部队攻占了北非重要的港口托卜鲁克港，并进一步逼近离亚历山大港仅 100 千米的阿拉曼，开罗告急，英国朝野震动。但是由于德军战线拉得太长，给养跟不上，所以不得不停下来休整。而英国借机补充装备和人员，派遣蒙哥马利指挥作战。经过周密准备，10 月 23 日晚对英国对德意军队发起反攻。双方共投入 30 多万人，坦克 2000 辆，打了一场二战中最大的消耗战。战斗在 11 月 4 日结束。德军损失 5.9 万人，坦克 350 辆，大炮 400 门；英军损失 1.35 万人，坦克 432 辆。此后，英军乘胜追击，12 月 13 日收复托卜鲁克。

阿拉曼战役是北非战场的转折点，此后德意军队在北非的形势日趋恶化，随着“火炬计划”的实施，德意军队被赶出非洲已现曙光。丘吉尔在回忆录中高度评价了阿拉曼战役的意义：“在阿拉曼战役以前我们是战无不败；在阿拉曼战役以后，我们是战无不胜。”

阿拉曼战役结束后仅 4 天，英美盟军便在北非组织了一次大规模的登陆行动。行动的代号是“火炬计划”。1942 年 11 月 8 日凌晨，11 万英美盟军在 800 多艘军舰和运输船的掩护下分三路登陆。在卡萨布兰卡、奥兰和阿尔及尔同时登陆，维希政府的 20 万驻军纷纷倒戈，联军由西向东直指突尼斯，与英军遥相呼应。1943 年 3 月下旬，英美盟军会师，围歼德意 25 万大军。5 月 13 日，德意军队全部投降，北非战役结束。

从 1940 年 7 月意大利入侵西北非开始，北非战事持续 2 年零 10 个多月。德意军队损失 95 万人，飞机 8000 架，舰船 240 万吨。盟军的胜利彻底扭转了非洲和地中海战场的局势，为日后进入欧洲做好了准备。

北非战事结束后，意大利便直接暴露在盟军的打击之下。1943 年 7 月，在库尔斯克战役进行的同时，英美盟军在意大利的西西里登陆，这是在 1943 年 4 月北非德军被肃清之后的盟军又一重大军事行动。到 8 月 17 日，盟军攻占全岛，德军已被清除出西西里。该役意大利损失 16 万 5 千人，其中 13 万为战俘，另有 10 万人逃回意大利。

盟军西西里岛登陆作战使意大利国内一片慌乱。7 月 25 日，意大利国王拘捕墨索里尼，换上巴多里奥新政府，探求停战的可能。9 月 3 日，意大利与盟军秘密签字停战，9 月 8 日宣布投降。10 月 13 日，巴多里奥政府对德宣战。意大利退出战争是 1943 年盟军的一大胜利，这标志着法西斯轴心集团开始瓦解。

但是，驻意大利的德军在意大利宣布投降后立即采取措施，救出墨索里尼，包围罗马继续顽抗，这使得意大利全境直到 1945 年 5 月才得以解放。在战争胜利即将到来之际，墨索里尼仓皇出逃，途中被意大利游击队逮捕并处死，落了个曝尸街头的下场。

三、太平洋战场的转折

1942年是日本在亚洲陆地肆意扩张、海上屡遭挫折的一年。从1941年12月7日到1942年5月上旬，日本侵占了泰国、香港、马来亚、菲律宾、荷属东印度、缅甸等国。控制面积380万平方公里，人口1亿5千万。而美国参战以来一直遵循先欧后亚的战略方针，在太平洋战场采取守势，对日实施牵制作战，先后经历珊瑚海战、中途岛之战、瓜达尔卡纳尔岛战役，逐渐掌握了海上的主动权。

日本偷袭珍珠港得逞后，急于扩大战果，希望在西南太平洋和中太平洋两个方向上扩大防御圈。1942年5月7日～8日，日本海军与美国舰队在西太平洋的珊瑚海交战，双方损失相当，美国列克星敦号航母被击沉，日本一艘航母也受重创，但客观上阻止了日本对澳大利亚的进攻。珊瑚海战是双方第一次由航空母舰的舰载机进行交战，也是日本发动太平洋战争以来第一次受挫，对于鼓舞盟军士气有很大影响。

珊瑚海战失利后，日军再次集结兵力准备对中途岛发起袭击。为此，日本集结了8艘航空母舰在内的200多艘军舰，配备700多架飞机和7500人的登陆部队，组成日本海军史上最庞大的一支舰队。5月27日，日本进攻美国海军基地中途岛的行动开始，6月4日～5日，美日展开海空大战。

由于美国事先破译了日军密码，因此占据主动。结果美军以少胜多，以损失1艘航母、1艘驱逐舰、147架飞机和307人的代价击沉日本4艘航母、1艘巡洋舰、1艘重型巡洋舰、332架飞机和3500人。此役使得开战以来日本赖以取胜的航母和训练有素的舰载机飞行员损失惨重，从此丧失了太平洋上的战略主动权。中途岛海战成为太平洋上的战略转折点。

1942年8月，美军开始主动出击，在西南太平洋日军控制的瓜达尔卡纳尔岛实施登陆作战。战斗从8月6日开始，一直持续到1943年2月7日，美军取得最后胜利。该战役美军投入6万人，伤亡5800人，日军投入3.6万人，伤亡2.5万人。它标志着日本海陆空联合作战的一次大溃败、也是盟军陆海空协同进行岛屿作战的第一次大捷。其后，盟军掌握了西太平洋的战略主动权，太平洋战场的转折完成。此后，盟军转守为攻。

四、开罗宣言与德黑兰会议

1942—1943年盟军在各大战场上取得的辉煌胜利为反法西斯战争展示了光明的前景。在这种情况下，英美苏中四国首脑开始频繁会晤，为商讨如何加快战争进程和筹划战后和平问题而奔走。

1943年11月22～26日，英美中三国首脑罗斯福、丘吉尔和蒋介石在开罗举行会议，签署了《开罗宣言》。后经苏联同意于12月1日德黑兰会议结束时公布。该宣言庄严宣告：日本所窃取的中国领土，如满洲、台湾、澎湖群岛等归还中国，这意味着中国收复领土的神圣权利得到了国际社会的认可。同时宣言还规定战后朝鲜要恢复自由独立。

1943年11月28～12月1日，斯大林、罗斯福、丘吉尔在德黑兰举行战时第一次英美苏三国首脑会晤。会议的主题是在西欧开辟第二战场的问题。会议决定将于1944年5月在法国北部开辟第二战场。此外，三国首脑还就战后如何处置德国，调整各国边界等问题交换了看法。

《开罗宣言》和德黑兰会议为维护和巩固反法西斯国家的团结和加速战争的胜利起到了重要作用。但是德黑兰会议期间所表现的大国主宰小国的意向则对日后国际关系的发展产生了不容忽视的影响。

第四节　战略反攻与反法西斯战争的胜利

1944—1945年是反法西斯战争的最后一个阶段。这期间，德意日法西斯在强大的反攻面前节节败退，尽管他们不甘心失败，组织了一次又一次垂死的反扑，但最终德国于5月8日宣布投降，而日本在8月15日也宣布无条件投降，反法西斯战争取得了彻底胜利。

一、德国法西斯的覆灭

1943年战略转折后苏联军民士气大振，充分准备为将纳粹赶回老巢而努力。尽管当时德国仍然占领着苏联大片领土，控制着9000万居民，47%的耕地，50%的牲畜和1/3的工业生产，但是在苏联的大后方，生产的能力却由于军民的热情而大大提高。据统计，卫国战争时期，工人的劳动生产率平均提高了2～3倍，总计生产大炮834000门，坦克和强击火炮102800辆，飞机112100架。在1944年，苏联生产的生铁增加了31%，钢增加了29%，制造飞机33200架，坦克和强击火炮29000辆。同时，美国根据租借法案提供的军事援助也极大地增强了苏军的实力。据美国学者统计，美国在战时援助苏联的坦克、自行火炮等战车12161辆，飞机14018架，摩托车32200辆，铁路车辆13041台，卡车和吉普车499526辆，高射炮7944门，冲锋枪108293支，TNT132237吨，食品4291012吨，钢2589766吨，铅261109吨，石油产品2622357吨等，总价值约110亿美元。

此外，苏军在人数上也开始占据优势，当时苏德战场上德军为主的法西斯军队有490万人，而苏军人数已达630多万人，超过对手30%。再加上武器的充足供应，苏军的火炮超过对手70%，飞机超过170%，拥有绝对优势，因此，从1944年1月起，苏军连续发动10次大规模的战略进攻。到年底，经过连续不断的10次打击，苏联共歼敌138个师，160多万人，击毁和缴获坦克6700辆，飞机1.2万架，大炮2.8万门，几乎收复全部领土，解放部分东欧国家，为进攻德国本土作好了准备。

1941 年 7 月 18 日，斯大林第一次向丘吉尔提出开辟欧洲第二战场的问题。其后两年里，英美苏三方就这一个问题进行了一系列的外交活动。有关开辟第二战场的问题一拖再拖。1943 年三大战场相继出现转折，为盟军开始准备登陆作战奠定了条件。1943 年 5 月英美首脑在华盛顿举行会议，代号为“三叉戟”。会上制定了横渡英吉利海峡的作战计划，计划行动命名为“霸王”行动。会后组成的联合参谋部开始起草具体作战计划。8 月，在魁北克会议上，具体作战计划被采纳，时间定在 1944 年 5 月 1 日。

1944 年 6 月 6 日，盟军在法国诺曼底登陆。诺曼底战役是二战期间规模最大的登陆作战行动，英美盟军集中兵力近 288 万人，飞机 15700 架和舰艇 6000 多艘，并准备了由 37 万立方米的混凝土和 300 吨钢材制造的两个人造码头和一条海底输油管。战斗于 6 月 6 日凌晨 1 时 30 分开始，盟军三个空降师先行出动，6 时 30 分，登陆正式展开。由于德国对登陆的方向判断失误和指挥失误，使得盟军在登陆点站稳了脚跟。到 6 月 12 日，各个登陆点已经连成一片。其后，到 7 月 24 日，盟军已经牢牢控制了滩头阵地，并开始向内地挺进。8 月 19 日，巴黎起义。8 月 25 日，法军第二装甲师进入巴黎，30 日戴高乐宣布临时政府成立。

巴黎的光复标志着历时 2 个半月的诺曼底登陆作战胜利结束。在这场历史上最大规模的登陆作战中，盟军伤亡 12.2 万人，其中美军 7.3 万人，英、加 4.9 万人，德军伤亡和被俘 11.4 万人，其中 4.1 万人是战俘。盟军第二战场的成功开辟，对加速纳粹德国崩溃有着重要作用。此后，法西斯德国腹背受敌，面临盟军的东西夹击，战争进入了彻底消灭纳粹德国的最后阶段。虽然，德国法西斯于 1944 年 12 月在阿登地区组织了一次大规模的反扑，但是很快被盟军粉碎。阿登反击战的失败标志着纳粹德国在西线的抵抗已经是强弩之末，德国的全面败降指日可待。

在德国败局已定的情况下，英美苏三国首脑罗斯福、丘吉尔和斯大林于 1945 年 2 月 4 日～11 日，在克里米亚半岛的雅尔塔再次会晤。会晤涉及 4 个方面的问题，第一，关于战后德国的处置问题，三国首脑决定战后对德国实施分区占领，并推行非军国主义化。第二，关于波兰复国的问题。涉及波兰疆界和政府的构成，争论非常激烈。第三，关于建立联合国的问题。三大国在有关联合国的机构和大国否决权等关键问题上达成了一致意见，决定在 1945 年 4 月 25 日召开联合国家会议。第四，关于苏联参加对日作战问题。三国达成了《苏美英三国关于日本的协定》，其主要内容是：苏联承诺在德国投降二三个月内参加对日作战，条件是①外蒙古独立；②全面恢复日俄战争后被日本夺取的权益。即库页岛南部一切岛屿交还苏联，中国大连等商港国际化，旅顺港为苏军海军基地；中东铁路和南满铁路由中苏共同经营。③千岛群岛交予苏联。由于该协定是背着中国签订的，其条款又有损中国的权益，故称为雅尔塔秘密协定或雅尔塔秘约。雅尔塔会议是二战期间反法西斯盟国最重要的一次会议。它对协调盟国的军事行动，最后战胜法西斯起到了非常重要的作用。同时会议上有关战后和平的安排对于二战后国际格局的构建奠定了基础。但是会议期间缔结的以中国领土主权做交易的雅尔塔秘密协定也暴露了雅尔塔会议带有的大国强权政治的色彩，这对战后冷战格局的形成有着深刻的影响。

1945 年 2 月，英美盟军已经前抵莱茵河畔，而苏联军队也攻入德国本土，抵达奥得河一带。为纪念列宁诞辰 75 周年，苏军集中 250 万军队，6250 辆坦克、7500 架飞机、4 万多门大炮在 4 月 16 日开始对柏林发起攻击。经过激战，苏军于 25 日合围柏林，同日苏军与英美盟军会师于易北河。26 日突入市中心，4 月 30 日希特勒自杀身亡。当天傍晚，苏军攻入国会大厦。5 月 2 日，守城德军投降，历时 16 个昼夜的柏林战役结束。其后，各地的德军纷纷投降。该役苏军损失 30 万人，消灭德军 40 万人。5 月 7 日德军代表到西线盟军司令部签署了无条件投降书。次日又在柏林苏军司令部签署投降书。5 月 9 日，投降书生效，欧洲反法西斯战争胜利结束。

二、日本战败投降

1943 年盟军在太平洋战场上调整部署，开始主动出击。日本在瓜达尔卡纳尔岛惨败后则转攻为守，在盟军进攻的线路上层层设防，逐岛争夺。妄图将盟军牵制在辽阔的太平洋上，拖延时日。针对日军的战术，盟军采取越岛战术，即象青蛙跳跃一样绕过某些防守牢固的岛屿，攻击薄弱的后方岛屿，以此避开日军的纠缠，加快进攻速度。1943 年美军运用该战术对日本在西南太平洋上的重要海空军基地腊包尔围而不打，使岛上 12 万日军被封锁孤立，不战自败。美军之所以采用这种办法，一方面是因为 1942 年瓜岛争夺战伤亡惨重，使盟军不愿意与日本进行逐岛争夺，消耗实力。另一方面也是 1943 年后盟军在太平洋上已掌握制海权和制空权，这使得越岛战术可以实施。盟军的这种避实就虚的打法取得了显著的效果。以致日本头号战犯东条英机后来承认，越岛战术使日军逐岛死拼、阻止盟军进攻日本本土的计划破产，是日本战败的主要原因之一。

1944 年盟军的作战目标是夺取马里亚纳群岛，突破日本的外围防御圈。6 月 15 日，美军在日本据守的塞班岛开始登陆作战。6 月 17 日，日本舰队赶来增援，遭美军拦截。19 日，双方在附近的海域进行了一场著名的马里亚纳海空大战。美国参战的航空母舰有 15 艘，飞机 890 架，而日本只有 9 艘航空母舰，450 架飞机。结果美国以占绝对优势的空中力量获得此次战役的胜利。日本参战的 9 艘航母中 3 艘被击沉，4 艘受重创，450 架飞机只剩 25 架。而美军只有两艘航母受伤，损失飞机 100 多架。7 月 7 日，美军宣布占领塞班岛。拿下塞班岛之后，美军又乘胜于 7 月 21 日开始进攻日本在太平洋上的另一军事要地——关岛。经过激烈战斗，美军于 8 月 10 日占领了关岛。马里亚纳海战使美国完全掌握了太平洋的制空权和制海权，而塞班岛和关岛的易手则使得美军获得了可以直接威胁日本本土的潜艇和航空的基地。此后，盟军开始对日本进行大规模的战略轰炸，太平洋战场的局面完全改观。

1944 年 10 月，美军兵分两路进攻菲律宾，力图切断日军的石油供给。17 日，美军先头部队在莱特湾登陆。日本舰队闻风赶来增援，意图南北夹击美军登陆部队。10月23～26日美日舰队在莱特湾附近海面进行了4天恶战。日本投入了几乎全部的海上力量，但是在美国强大的海上力量的打击下，最终难逃失败的命运：日本损失战列舰3艘、航母4艘、巡洋舰10艘、驱逐舰9艘。美国损失轻型航母1艘、护卫航母2艘、驱逐舰3艘。莱特湾海战是二战中规模最大的一次水面舰艇间决战。结果是日本海空军主力丧失殆尽，而盟军进一步逼近日本本土。

1945年2月19日，盟军继续进攻位于日本本土与马里亚纳群岛之间的硫磺岛。该岛面积仅$20km^2$，但却是日本对美军空袭进行预警和拦截的前哨据点，战略位置非常重要。美军集中优势兵力经过36天艰苦奋战后占领该岛。硫磺岛之战是美军海军陆战队有史以来进行的最激烈、伤亡最高的一次战斗，但美军占领它后意味着日本本土已经处于美军战斗机的作战半径之内。

接下来的盟军的兵锋开始指向距日本本土仅600千米的冲绳岛。1945年4月1日，盟军集中了包括英国太平洋舰队在内的59艘各类航母，22艘战列舰、36艘巡洋舰以及2500多架飞机在内的庞大的陆海军力量发起了冲绳岛战役。日本则搜集了残存的10艘大型舰只，包括当时最大的超级战列舰“大和”号，组成神风特攻队，以自杀式袭击的方式负隅顽抗。但船队出航不久即大部被击沉。7月2日，美军占领冲绳岛，日本守军10万人除7800人被俘外，全部战死。冲绳登陆战是二战中最后一次登陆作战，也是美国在太平洋岛屿争夺战中规模最大、损失最严重的一次战役。美军占领冲绳岛后即切断了日本与外界的联系。

在太平洋战场捷报频传的同时，苏美英三国首脑于1945年7月17日至8月2日在柏林附近的波茨坦举行了战争期间第三次、也是最后一次会议。由于美国总统罗斯福于4月12日去世，所以此次代表美国出席会议的是继任总统杜鲁门。而英国方面起初是丘吉尔，但因大选失败，所以在7月28日后由新任首相爱德礼接替他出席会议。会议着重讨论了战后世界的安排问题、苏联出兵参战的问题。1945年7月26日，中、美、英三国发表《波茨坦公告》，公告敦促日本立即无条件投降，并重申《开罗宣言》的条件必须得到实施。苏联对日宣战后也在该公告上签字。

波茨坦会议是在法西斯德国已经被打败，日本已经穷途末路的背景下召开的，虽然三大国首脑有更替，但是并没有影响到盟国之间的团结。这对于加速反法西斯战争彻底胜利的进程有着积极的意义。7月27日～8月1日，盟军飞机在日本上空散发150万张传单和300万张波茨坦公告传单，警告该城将受到猛烈轰炸，事后随即进行空袭，但日本政府没有丝毫接受波茨坦公告的迹象。这迫使美国政府决定使用秘密武器——原子弹。

1945年7月16日，美国试爆原子弹成功。8月6日和9日，美国向日本广岛和长崎分别投掷了两颗原子弹，造成近10几万人伤亡。据当事者回忆，原子弹在离地660码的空中爆炸，形成一个直径110码的大火球，在几分之一秒的时间内散发出高达摄氏30万度的热能，使直径 2000 码内的岩石都融化了。随即出现耀眼的白色闪光，伴随震耳欲聋的爆炸声和直冲云天的蘑菇云。当时广岛人口为 34.3 万人，当日死亡 7.815 万人，负伤和失踪的人数为 5.1408 万人。全市建筑总数为 7.6327 万幢，全毁 4.8 万幢，半毁 2.2 万多幢。长崎人口为 27 万，当天死者 2.3753 万人，伤者 4.302 万人。

1945 年 8 月 8 日下午 5 时，苏联外长莫洛托夫召见日本驻苏大使佐藤尚武，宣布苏联将遵循对联合国的义务，从 8 月 9 日开始对日宣战。次日零时，由苏联远东军总司令华西列夫斯基指挥的三个方面军，包括 11 个混合集团军、1 个坦克集团军、3 个航空集团军，共计 131 个师、117 个旅，174.7 万人。装备飞机 5170 架，坦克等 5250 辆，分 4 路进攻盘踞在中国东北的关东军。到 8 月下旬苏军进占东北三省全部重要城镇，并开始进入朝鲜作战。苏联发起的远东战役前后经过 3 周多的时间，其结果是击毙日军 83737 人，俘获 59.4 万人，缴获大炮 4300 门，坦克 686 辆，飞机 861 架。

苏联对日宣战的同一天，中国共产党领导的抗日武装也响应毛泽东发出"对日寇最后一战"的声明，在全国展开了大规模的反攻。八路军在华北积极打击日军，阻止其增援东北，而东北的抗日联军则积极配合和支援苏军，为苏军迅速击溃日本关东军作出重大贡献。

原子弹的使用以及苏联的出兵加快了日本的投降步伐。广岛受袭后，日本方面很快派出调查小组证实美国使用了原子弹。8 月 8 日下午，日本天皇面谕外相东乡茂德："敌既已使用此种武器，则战争之继续更不可能，为获得有利条件起见，不得丧失结束战争之时机，关于条件，当有协商余地，应努力迅速结束战争，可转告铃木(贯太郎)首相。"次日苏联出兵东北，日本政府紧急开会研究对策，会上主战派和主和派争论激烈。铃木首相声称："投在广岛的原子弹使我们大为震动。今晨苏联的参战，则使人们完全陷入绝境。我们已经没有能力继续战争了。难道我们还不应当立即接受《波茨坦公告》的条件吗？"11 时 30 分，美国向长崎投下了第二颗原子弹，这促使日本于 10 日通过中立国瑞士和瑞典的公使通知盟国要求以保留天皇制为投降条件。当日本的要求遭到盟军拒绝后，日本政府于 8 月 14 日决定接受《波茨坦公告》，8 月 15 日中午天皇广播终战诏书，宣布投降。日本天皇的投降诏书播出后，日军陆续停止抵抗，到 9 月中旬，遍布在远东各国的日本 330 多万军队陆续投降。

9 月 2 日上午 9 时许，在停泊在东京湾的美国战列舰"密苏里号"上举行了日本无条件投降的签字仪式。日本外相重光葵代表天皇和政府、陆军参谋总长梅津梅治浪郎代表帝国大本营在投降书上签字，麦克阿瑟以同盟国最高司令官的身份签字。然后是接受投降的美国、中国、英国、苏联、澳大利亚、加拿大、法国、荷兰、新西兰等 9 个同盟国代表签字。至此，中国抗日战争和反法西斯的第二次大战终于胜利结束。

三、二战的历史影响

第二次世界大战是人类历史上规模最大的一次战争。战火蔓延三大洲、四大洋，波及 61

个国家和地区，人口超过 20 亿人。战争损失难以确切估计。据不完全统计，全球损失 1 亿多人，军民死亡 6000 多万人，军费 13000 多亿美元，物质损失高达 4.27 万亿美元。

在造成上述巨大损失的同时，第二次世界大战也极大地改变了世界历史发展的面貌。首先，随着德意日等法西斯国家的战败投降，曾经嚣张一时的国际帝国主义遭到了沉重打击。同时，曾经是世界一流强国的英法等老牌资本主义国家在战争中也受到了极大的削弱，沦为二流国家。特别是一战后新出现的社会主义国家苏联的国力和政治影响力大增，这导致战后在欧洲和亚洲出现了一系列人民民主国家，社会主义已经越出一国范围，延及东欧等国。此外，原属欧洲列强的殖民地、半殖民地的人民在战争中日益觉醒，争取民族独立的运动此起彼伏，这对于战后亚非拉殖民体系的瓦解起到了直接的推动作用。最后，第二次世界大战期间对武器和技术的需要极大地推进了科学技术的发展，这些新技术在战后转为民用，极大地改变了人民的日常生活。

第二次世界大战给人们带来了深刻苦难的同时，也带来了深刻的启示，主要有下述几方面。

(1)法西斯主义是极端反动的政治思想，与战争可以画等号。法西斯主义的实质是以极端狭隘的民族主义为核心的极富侵略性的极权帝国主义。特征及表现是：一是强调种族优越、本民族利益至上，无视其他民族的生存权利，排外、狂热的群众运动；二是坚持反动的独裁统治，表现为一党专制、思想禁锢、愚民政策、国民军事化等；三是崇尚帝国霸权，自信本民族优越，可以由自己的意志支配和奴役世界，力求称霸世界；四是信奉弱肉强食的强权政治，为维护自身利益不择手段；热衷于武力扩张，不惜发动侵略战争。所以，法西斯主义的本性决定了它必将发动战争。第二次世界大战的最终爆发就是其本质决定的。

(2)防止法西斯死灰复燃，是消除战争隐患的关键。第二次世界大战结束半个多世纪了，尽管战后盟国进行了积极的清除法西斯残余的努力，但是时至今日，法西斯主义并没有从世界上彻底根除。目前，在日本、德国、意大利、法国、奥地利、比利时等 60 多个国家里都存在法西斯组织的活动。目前日本新法西斯组织有“兰色冲锋队”、“夏季冲锋队协会联盟”等；德国新法西斯组织出版《纳粹战斗呼唤》《褐色营》《德意志之声》等多种报刊；英国有“民族阵线”“大英国民族党”“青年民族联盟”等，法国有“法兰西行动”“法国民族社会主义党”等；奥地利的“新权利运动”“欧洲自由集团”“人民觉悟工人党”“人民社会主义运动”等；美国有“反共产主义阵线”“民族社会主义党”；南非“地狱天使协会”；瑞士“民族运动”；芬兰“爱国人民阵线”；挪威“诺尔斯阵线”；葡萄牙“兰色解放阵线”……这些团体大量复制、传播纳粹的宣传品，制作观看电影，唱片，集会，甚至叫嚣发动第三次世界大战。虽然他们的活动影响还不大，但是必须警惕，否则战争的重演并非危言耸听。

(3)二战的事实证明，盲目的绥靖政策是加剧国际紧张局势的重要动因。在处理国际争端问题过程中，妥协、退让虽然是不可避免的手段，但对侵略者的一味姑息、纵容是于事无补的，相反只能加快战争的到来。因此，对于大国争霸可能引发局部战争的行动，必须采取坚决的反对态度，并且与国际社会一道，积极采取措施，努力制止此类战争的发生，这是消除战争隐患的重要手段。

(4)团结建立国际反侵略统一战线，是制止战争或推迟战争或赢得战争的决定性条件。二战前集体安全的失败是未能制止战争爆发的重要原因之一，而反法西斯联盟建立是民主国家取得战争胜利的重要保障。

(5)全民族的团结意志与雄厚的综合国力是赢得反侵略战争胜利的重要基础。国家综合国力的强弱，具体体现在一个国家进行战争能力的强弱上。军事国防力量的大小直接取决于国家的经济实力。尽管二者不能直接作用于某个战役的结局，但是从长远看，其对战争进程的影响是决定性的。

(6)科学技术的发展和应用是决定人类历史进程的根本动力。新近军事科技的发展，不仅可以影响战争的进程，而且可以左右人类历史的进程。二战期间的科技发明象喷气式战斗机、雷达、火箭技术、抗菌素的批量生产等都对战争进程起到了或多或少的作用。

总之，第二次世界大战是一个划时代的历史事件，对人类历史的发展有着深远的影响。此后，世界历史的发展进入了一个新的阶段。

思考题

1. 从第二次世界大战的进程分析认识德、意、日法西斯败降的原因和特点。
2. 简述开罗会议、德黑兰会议、雅尔塔会议和波茨坦会议的主要内容及其作用。
3. 如何认识世界反法西斯战争胜利的历史影响和伟大意义？

世界历史大事年表

大约三百万年前　地球上出现人类

公元前3100年左右　埃及形成统一的奴隶制国家

公元前3000年左右　两河流域出现奴隶制城市国家

公元前3000年代中期　印度河流域哈拉帕文化

公元前2100年左右　埃及奴隶河贫民大起义

公元前1894年　古巴比伦王国建立

公元前1000年左右　努比亚建立奴隶制国家

公元前594年　雅典的梭伦改革

公元前6世纪　居鲁士统一波斯，佛教在印度产生

公元前539年　波斯占领巴比伦

公元前525年　波斯灭埃及

公元前509年　罗马成立贵族专政的奴隶制共和国

公元前330年　波斯被马其顿灭亡

公元前3世纪　摩揭陀国统一印度大部分地区

公元前73—前71年　斯巴达克起义

公元前27年　屋大维建立罗马的元首制，共和国转为帝国

公元前后　朝鲜半岛出现高句丽奴隶制国家

公元初　东非阿克苏姆奴隶制国家兴起

1世纪　基督教产生

3世纪　日本大和奴隶制国家兴起

313年　基督教在罗马取得合法地位

4世纪　北非发生“阿哥尼斯特”运动

378年　西哥特人在阿德里亚堡击败罗马军队

395年　罗马分裂为东西两部

410年　西哥特人一度占领罗马

476年　西罗马帝国灭亡，西欧奴隶制度崩溃

6世纪初　法兰克王国建立

622 年　穆罕默德从麦加出走麦地拉，伊斯兰教纪元
8 世纪中叶　阿拉伯帝国形成
646 年　日本大化改新
767 年　新罗统一朝鲜
9 世纪早期　英吉利王国形成
843 年　查里曼帝国分裂，法兰西、德意志、意大利雏形产生
9 世纪　封建制度在西欧确立
962 年　神圣罗马帝国建立
1054 年　基督教会分裂
1066 年　法国诺曼底公爵征服英国
11 世纪中叶　加纳王国全盛时期
1192 年　日本幕府政治建立
13 世纪　埃塞俄比亚封建国家兴起
14 世纪　马里王国全盛时期，意大利出现资本主义萌芽
14～16 世纪　欧洲文艺复兴运动
1337 年　英法百年战争开始
1358 年　法国农民起义
1381 年　英国瓦特·泰勒起义
1453 年　东罗马帝国灭亡，英法百年战争结束
15 世纪晚期　英法中央集权国家形成，圈地运动开始
1480 年　俄罗斯摆脱蒙古控制
1487 年　迪亚士到达好望角
1492 年　哥伦布初次航行到美洲
1497—1498 年　达加马开辟西欧到印度的新航路
1517 年　马丁·路德发动宗教改革
1519—1522 年　麦哲伦船队环航地球
16 世纪　葡萄牙和西班牙殖民者在亚、美强占殖民地
1524—1525　德意志农民起义
1588 年　英国海军击败西班牙“无敌舰队”
1592—1598 年　朝鲜军民抗击日本侵略的卫国战争
1600 年　英国东印度公司建立
17 世纪初　法国殖民者开始在北美拓殖
1607 年　英国殖民者开始在北美拓殖
1632 年　沙俄在西伯利亚修建侵略扩张的基地——雅库次克

1640 年　英国资产阶级革命开始
1649 年　英国王查理一世被处死
1660 年　英国斯图亚特王朝复辟
1688 年　英国政变,资产阶级和新贵族的统治确立
1689 年　中俄签订《尼布楚条约》
18 世纪中期　英国打败法国,成为最强大的殖民国家
18 世纪　罪恶的奴隶贸易达到最猖獗的地步
18 世纪 60 年代　英国工业革命开始
1773—1775 年　俄国普加乔夫起义
1775—1783 年　北美独立战争
1776 年 7 月 4 日　北美大陆会议发表《独立宣言》,美国成立
1785 年　瓦特改良蒸汽机作为纺纱机的动力
1789 年 7 月 14 日　巴黎人民攻占巴士底狱,法国资产阶级革命开始
1792 年 8 月　巴黎人民起义推翻法国君主政体
1792 年 9 月　国民公会宣布成立法兰西共和国——法兰西第一共和国
1793 年 5 月—6 月　巴黎人民起义推翻吉伦特派政权
1793 年 6 月—1794 年 7 月　法国雅各宾派专政
1794 年 7 月　法国热月反革命政变,法国资产阶级革命结束
1799 年 11 月 9 日　拿破仑发动热月政变
1804 年元旦　海地宣布独立
1804 年　拿破仑称帝,法兰西第一帝国开始
19 世纪早期　圣西门、傅立叶和欧文宣传空想社会主义
1807 年　富尔敦制造第一艘汽船试航
1810—1826 年　拉丁美洲反对西班牙殖民统治的独立运动
1818 年 5 月 5 日　卡儿·马克思出生
1820 年 11 月 28 日　弗里德里希·恩格斯出生
1825 年　史蒂芬孙制造的第一台蒸汽机车试行
1831 年和 1834 年　法国里昂工人起义
1836—1848 年　英国宪章运动
1844 年　法国西里西亚工人起义
1847—1852 年　共产主义者同盟
1848—1849 年　欧洲革命
1848 年 2 月　法国二次革命
1848 年 6 月　法国巴黎工人六月起义

1853—1856 年　俄英法克里木战争

1857—1859 年　印度民族起义

1858 年　《中俄爱晖条约》签订，沙俄占领我国领土 60 多万平方千米

1860 年　《中俄北京条约》签订，沙俄又强占我国 40 多万平方千米领土

1861 年　俄国农奴制改革

1861—1865 年　美国内战

19 世纪 60～80 年代　沙俄侵占我国西北地区 40 万 km^2

1864 年 9 月 28 日　第一国际成立

1866 年　第一国际日内瓦大会，反对蒲鲁东主义的斗争

1867 年　《资本论》第一卷出版

1868 年　日本明治维新开始

1869 年　第一国际巴塞儿大会，反对巴枯宁主义的斗争开始

1870—1871 年　普法战争

1871 年 3 月 18 日—5 月 28 日　巴黎公社

1876 年　第一国际宣布解散

1881—1899 年　苏丹马赫迪反英大起义

1882 年　德、奥、意三国同盟形成

1883 年 3 月 14 日　马克思逝世

1886 年 5 月 1 日　美国工人举行争取 11 小时工作日的总罢工

1889 年　第二国际建立

1892 年　俄法签订军事协定

1894 年　朝鲜甲午农民战争

1895—1896 年　埃塞俄比亚抗意卫国战争

1903 年　俄国社会民主党第二次代表大会，布尔什维克党形成

1905 年　俄国爆发资产阶级民主革命

1905—1908 年　印度民主解放运动高涨

1907 年　英法俄协约最后形成

1910—1917 年　墨西哥资产阶级革命

1914—1918 年　第一次世界大战

1917 年 11 月 7 日(俄历 10 月 25)　十月革命胜利

1918—1920 年　苏俄粉碎外国武装干涉和国内反革命叛乱

1918 年 11 月　德国 11 月革命爆发

1918—1922 年　印度民族解放运动高涨

1919 年 1 月　德国柏林起义

1919—1922 年　土耳其基马尔资产阶级革命
1919 年 3 月　埃及人民武装起义
1919 年 3 月—8 月　匈牙利苏维埃共和国时期
1919 年 3 月　共产国际成立
1919 年 1 月—6 月　巴黎和会
1921 年　苏共第十次代表大会通过过渡到新经济政策的决议
1921 年 7 月 1 日　中国共产党成立
1921 年 11 月—1922 年 2 月　帝国主义争夺远东和太平洋地区的华盛顿会议
1922 年 10 月　意大利墨索里尼上台
1922 年 12 月　苏维埃社会主义共和国联盟成立
1923 年 10 月　土耳其共和国成立
1926 年 10 月　洛加诺会议
1929—1933 年　资本主义世界经济危机
1931 年 9 月 18 日　日本开始侵略中国东北地区
1932 年 4 月　朝鲜抗日游击队诞生
1933 年 1 月　德国希特勒上台
1933 年 3 月　罗斯福就任总统,实行“新政”
1935 年 10 月—1936 年 5 月　埃塞俄比亚反意大利侵略的民族解放战争
1936 年 7 月—1939 年 3 月　西班牙反法西斯的民族革命战争
1937 年 7 月 7 日　中国全面抗日爆发
1938 年 9 月　英法德意宰割捷克斯洛伐克的慕尼黑会议
1939 年 9 月 3 日　第二次世界大战全面爆发
1940 年　法国投降
1940 年 9 月　德意日三国同盟条约签订
1941 年 6 月 22 日　苏联卫国战争开始
1942 年 7 月—1943 年 2 月　苏联斯大林格勒保卫战
1943 年 12 月 1 日　中美英发表“开罗宣言”
1943 年 11 月—12 月　苏英美德黑兰会议
1944 年 6 月 6 日　诺曼底登陆,欧洲第二战场开辟
1945 年 2 月　苏英美雅尔塔会议
1945 年 5 月 8 日　德国签订无条件投降书
1945 年 7 月—8 日　苏美英举行波茨坦会议
1945 年 9 月 2 日　日本签订无条件投降书
1945 年 10 月　联合国建立